유교 인문학의
이념과 방법

# 유교 인문학의 이념과 방법

2019년 2월 23일 초판 1쇄 인쇄
2019년 2월 28일 초판 1쇄 발행

지은이 | 임헌규
펴낸이 | 김태화
펴낸곳 | 파라아카데미
기획 · 편집 | 전지영
디자인 | 김현제

등록번호 | 제313-2004-000003호
등록일자 | 2004년 1월 7일
주소 | 서울 특별시 마포구 와우산로 29가길 83 (서교동)
전화 | 02) 322-5353   팩스 | 070) 4103-5353

ISBN 979-11-88509-20-1 (93150)

* 이 도서의 국립중앙도서관 출판예정도서목록(CIP)은 서지정보유통지원시스템 홈페이지(http://seoji.nl.go.kr)와 국가자료종합목록시스템(http://www.nl.go.kr/kolis-net)에서 이용하실 수 있습니다. (CIP제어번호 : CIP2019006282)

* 파라아카데미는 파라북스의 학술 관련 전문 브랜드입니다
* 값은 표지 뒷면에 있습니다.

# 유교 인문학의
# 이념과 방법

임헌규 지음

파라아카데미

인문학人文學이란 "인간이 그 본성(人本)으로부터 유래한 결과 길(人道)을 따라 감으로써 아름답고 선하고 빛나는 인간다운 문화(人文) 세계를 함께 건설하기 위해 널리 배우고, 살펴 묻고, 신중히 사려하고, 밝게 분별하여, 돈독하게 실천하는 행위의 총체이다." 따라서 인문학에서는 인간의 본성(人性), 그리고 그에 말미암은 인간이 가야 할 길(人道), 그리고 그 도리를 실천함으로써 구현될 인간문화(人文) 등이 중요한 개념이다.

이 책은 저자가 유교를 중심으로 공부한 기록들 가운데 유교 인문학에 대한 학술적 가치 혹은 교양적 의미를 지니는 글들을 모은 것이다.

이 책은 모두 아홉 편의 글로 구성되어 있다.

먼저 제1장의 "유교 인문학의 이념과 목표"에서는 현행 인문학의 위기 담론과 연관하여 유교 인문학의 정체 해명과 그 필요성을 피력한 글이다. 당초 원고청탁자(계명대 인문역량강화사업단)의 요청에 따라, 동서비교철학의 관점에서 서양의 파이데이아와 휴마니타스 개념과의 대비를 통해 유교인문학의 이념·방법·목표 등에 대해 개괄적으로 서술하였다.

2장의 "유가철학의 이념과 방법"에서는 지혜와 덕 혹은 학문과 인격의 일치를 주장하는 고전철학(특히 플라톤의 동굴의 비유, 선분의 비유, 태양의 비유 등)을 비교 모형으로 삼으면서, 공자의 학문여정「위정」2:4을 중심으로 유가철학의 출발(기본이념과 문제의식)에서 철학과정과 방법(철학적 전회, 인식성취), 그리고 그 지향점(성인)에 대해 서술하고, 학문과 교육의 성격이 변한 21세기 정보화 사회에서 (유가)철학이 복명復命되어야 하는 이유에 대해 기술하였다.

3장과 4장은 "유교란 무엇인가?" 하는 문제에 대답으로서 유교의 정의·근본교의·기본입장·중심개념 등에 대해 논하였다. 여기서는 유교의 궁극존재(천), 종지(천과 인간의 관계), 도통설(중용), 그리고 일관지도 등에 관해 논하면서 학문으로서의 유학와 종교로서의 유교에 대해 논하였다.

5장에서는 유교의 핵심이자 다른 학파와 차별되는 개념인 인仁이 어떻게 형성·전개·발전되었는지에 대해 기술하였다. 공자는 그 이전에 여러 덕목들 중의 하나였던 인을 기본 덕이자 보편 덕으로 정립하였으면, 맹자는 공자가 제시한 인이 인간본성이라는 것을 증명하면서 의義 개념(사회윤리)으로 보완하였으며, 나아가 주자는 인에 대한 형이상학적 정초를 시도하였다는 점에 대해 밝혔다.

"유교의 인간관계론"으로 표제된 6장은 공자의 일관지도인 충서(忠恕) 개념을 중심으로 유교에서의 자기정립과 타자정립에 대해 기술하였다. 이 장에서는 공자의 위기지학, 맹자의 구방심지학, 그리고 『대학』의 삼강령·팔조목 등에 주목하면서 유교의 자타관계를 자유주의와 비교·논구하였다.

7장은 공자 정치철학의 기저를 형성하는 정명론을 중심으로 유교 정치철학의 특징을 논하였다. 여기서는 공자가 정명론을 도입한 배경에서 출발하여, 정명의 이념·논리·내용·방법 등을 논하였다. 그런 다음 공자의 인정 혹은 덕치이념이 법가의 법치, 철인왕정치, 근현대 제헌입법주의 등과 어떻게 대비되는 지에 대해 살폈다.

8장의 "유교, 보편적 가족주의의 이념"에서는 유교 가족주의의 논리와 현대적 시각에서의 비판에 대해 논하였다. 여기서는 유교가 가족주의를 제시하는 배경이 되는 유교적 인간이상에서 출발하여 유교의 보편적 가족주의의 논리를 제시한 다음, 유교 가족주의에 대한 여러 비판을 살피면서 그에 대한 반론을 피력하였다.

그리고 마지막 "유교 도덕철학의 학적 정당성"에 관한 장에서는 유교의 핵심을 형성하는 윤리학(특히 주자의 도덕철학)이 칸트가 제시한 도덕의 형이상학이 갖추어야 할 요건(보편·목적·자율의 정식)을 구비하고 있는지를 살피면서, 유교 윤리학의 비교철학적 정초를 시도하였다.

이 책은 처음부터 하나의 단행본으로 기획된 것이 아니기 때문에 구성하는 부분들 간의 다소 중복이나 공백이 있고, 전체적으로 구조적 체계성과 조화 또한 부족한 것이 사실이다. 그러나 이러한 여러 결점에서 불구하여 이 책을 세상에 내놓는 것은 저자의 지난 연구를 중간 점검·성찰하는 동시에 세상에 대하여 유교 인문학의 문제와 관심을 환기시키는 데에 그 목적이 있다.

저자가 이 책을 내기까지의 많은 소중한 인연들에 감사한다. 나를 낳아주고 길러주신 부모님과 가족들, 철학의 세계로 인도하여 주신 낙도재樂道齋 선생님, 그리고 직장을 주신 강남대학교와 사랑하는 학생들. 특히 어려운 이 시기에 사명감 하나로 경제성도 없는 이 책을 기획하고 난삽한 글의 다듬어 주신 파라북스의 김태화 대표님께 감사의 뜻을 전한다. 더욱 정진함으로 보답하겠다고 다짐해 본다. 많은 질정 있으시기 바란다.

2019년 2월

임헌규 손모음

# 1장

## 유교 인문학의 이념과 목표

### '휴마니타스' 개념과 연관하여

# 1
# 인문학이란 무엇인가?

## 인문학의 위기 담론

오늘날 인문학의 위기에 관한 담론이 성행하고 있다. 인문학의 위기의 진단과 처방 대한 다음 언명은 중요한 지적이라 하지 않을 수 없다.

"인문학의 위기는 끊임없는 담론의 재생산으로 인해 식상함에도 불구하고, 실상 심도 있는 인문학적 논의는 제대로 이루어지지 않았다. 놀랍게도 인문학의 위기라는 현상이 사회경제학적으로 접근되었을 뿐, 인문학적으로 고찰된 적이 별로 없다. …… 위기에 처한 것은 인문학인데 분석의 틀이 인문학 대신 정치·경제·사회학적 접근방법을 사용하고, 해결방식조차 거기에 의존하고 있어 그야말로 인문학이 인문학자들 자신으로부터 버림받는 꼴이 되어버렸고, 스스로 인문학적 방법론의 무용성無用性을 증명하는 비참한 꼴이 되어버렸다."[1]

요컨대 현행 인문학의 위기를 진단하면서 그 원인으로 실용적 대세·빈약한 투자를 꼽으면서, 그 방안으로 "실용주의가 대세이니 대세에 적응하여 인문학도 좀 더 실용적인 학문으로 변용해보자"는 것은 위기의 인문학 혹은 인문학의 위기를 가중시키는 것, 즉 오히려 그 말 자체가 인문학의 현실적 무용성을 증명해 주고 있는 것은 아닐까? 인문학의 위기는 시대적 상황에서 초래하기도 했지만, 또한 인문학의 본업과 그 방법론에 충실하지 못하거나 해명하지 못하여 그 진정한 의미를 드러내지 못한 인문학자들에게 있는 것은 아닐까?

기실 인문학(철학)은 발생에서부터 그 성격 자체가 수단적 · 실용적 기능의 측면에서 보면 무용 · 무익하지만, 의미와 목적의 측면에서 보면 무용지용無用之用으로서 대용大用 혹은 묘용妙用이 있다고 주장되어 왔다.[2] 어쩌면 인문학자들은 인문학이 지닌 무용지용에 대용 혹은 묘용이 있다는 것, 단순한 헛된 학문이 아니라 그것을 터득했을 때 그 응용이 무궁하여 언제나 작동하는 실학[3]으로서 인문학의 진면목을 제시하지 못하고 있기 때문에 인문학의 위기상황이 초래되었는지도 모르겠다. 어쨌든 우리 인문학자는 진정한 인문학이란 무엇인지를 풀어 밝히고, 그 방법과 목적에 충실히 종사하여 그것이 지닌 교화적 목적론pedagogical Teleology(↔ 기계적 인과론)의 성격을 충분히 드러낸 이후에, 그 위기의 극복과 치유 혹은 방기放棄를 처방해야 할 것이다. 그렇다면 인문학이란 무엇인가?

## 파이데이아와 휴머니타스

그리스적 전통에서 인문학은 아폴론 신이 "너 자신을 알라gnothi sauton!" 고 인간에게 경고한 것에서 시작하였다. 신들은 인간을 인간답게 살도록 가르치기 위해 먼저 수치audos를, 다음으로 정의dike를 내려보내고, 마지막으로 홍수와 지진으로 협박도 해보았지만, 삼라만상 가운데 오직 인간만은 어떻게 할 도리가 없었다. 신들마저도 포기하고 떠나버린, 인간들의 분탕질로 가득한 아수라장에서 인간답게 사는 법에 대한 반성이 인간 스스로부터 자생으로 생겨나기 시작한다. 물론 아폴론 신의 경고에 대해 소피스트 프로타고라스는 "인간이 만물의 척도이다"라고 강력하게 반발했지만, 이러한 반발에 대해 소크라테스는 아폴론 신의 경고를 새롭게 해석하면서 강열하게 반박했다. 그는 '자신'에 대한 깊은 통찰을 통해 자신이 모른다는 것을 아는(무지無知의 지知) 존재임을 깨달았다. 이제 인간은 자기 자신에 대한 앎을 지니게 되었는데, 그것은 신과의 대비를 통해 발견되었다.[4]

> "파이드로스여, 그를 지혜 있는 자sophon라고 부르는 것은 내가 보기엔 너무 높이 올라간 것 같고, 그런 말은 신神에나 적용하면 적절한 것 같네. 그러나 지혜를 사랑하는 자philosophon 혹은 그 비슷한 말로 부른다면, 그 자신도 차라리 동의할 것이고, 보다 더 합당할 것 같네."[5]

여기서 '그'란 풍요의 신(프로스Poros)과 가난의 신(페니아Penia)을 부모로 하여 태어난 에로스Eros이다.[6] 자신에게 결핍된 것(진·선·미)에 대한 사랑으로서 에로스는 가난한 어머니에게서 태어났기에 궁핍하고 유한하여 가사적可死的이지만, 풍요한 아버지의 피를 이어 받았기에 풍요와 무한 그리고 불사不死를 희구希求한다. 인간이란 바로 이러한 에로스와 같은 운명을 지니고 태어난 존재로서 비록 진선미를 완전히 갖춘 신神과 같은 존재는 아니지만, 그렇다고 우둔한 동물처럼 그것을 희구할 수 없는 것도 아니다. 요컨대 인간이란 진선미를 희구하고, 지혜를 사랑하는 존재이다. '지혜사랑愛智'을 지시하는 철학이란 원리상 지혜 그 자체로서 불멸不滅하는 신神에게는 필요하지 않으며, 또한 동물처럼 우둔한 자에게는 아직 불가능한 것으로, 오직 이성을 지니고 진리를 사랑하여 관조觀照에 참여하는 인간만이 추구할 수 있는 고유한 삶의 방식이다. 진선미 자체인 신과 우둔한 동물의 중간 존재로서의 인간, 이것이 바로 그리스 인문학의 핵심이다.

그런데 로마의 인문학은 인간을 중심으로 형성되었다. 그들은 신의 경고와 연관하여 내가 누구인지를 묻지 않았다. 그들의 관심사는 오직 인간과 인간 사이에 벌어지는 사건이며, 그들의 최대 화두는 인간답게 사는 것과 그 방법이었다.

로마의 키케로Cicero, BC 106~43는 그리스의 자유교양교육paideia: artes liberales을 아우르기 위해 오늘날 인문학으로 번역되는 'humanitas'라는 명칭을 처음 조어 · 사용하였다.[7] 그런데 그리스적 '파이데이아'란 인간이 다른 동물과 구별되기 위하여 자유인이 훈련을 통하여 습득해야 하는 교양교육이었다.

> "한 사람이 생업을 위해 전문적 기술techne을 배우는 것이 아니라, 자유인으로서 스스로 살아나가는 데 합당하기 위하여 파이데이아를 배우려 한다."[8]

자연의 일부 혹은 자연의 산물로서 인간 역시 자연 가운데에서 삶을 영위하면서 생존을 위해 단순한 생존기술을 발전시켜 왔다. 목수가 나무를 베고 깎고 다듬어 가구와 집을 만들고, 여자가 실을 뽑고 베를 짜서 옷을 짓는 등과 같은 이른바 기술 활동을 발전시켜 왔다. 그래서 데모크리토스는 이렇게 말했다고 전해진다.

인간은 가장 중요한 일들에 있어 동물의 제자가 되었다. 베를 짜고 수선하는 일은 거미를 모방하여 배우고, 집짓는 일은 제비로부터 배웠으며, 노래하는 일은 새나 백로 또는 꾀꼬리의 지저귐을 모방하여 배우게 되었다.[9]

이렇게 자연이나 동물을 모방하여 배워서, 원재료를 가공하여 인간에게 편리한 수단을 만드는 것이 바로 그리스의 테크네의 원뜻이며, 동양의 공부工夫 및 학學(習)의 원뜻이다. 기술技術로 번역되는 'technique'는 그리스어 'techne'에서 근원을 두고 있는데, 'techne'는 베를 짜서 옷을 만들고 나무를 깎아 집을 건축하는 것과 같은 공작 혹은 제작활동을 말한다. 즉 인간 이외의 대상적 자연에 인간의 의지를 투여하여, 인간의 욕망을 충족시킬 수 있는 생활 수단을 만드는 것이 바로 technique이다. 그리고 이러한 technique의 방법적·체계적 이론화를 과학기술이론technology이라 한다. 즉 과학기술이란 인간이 제작활동을 통하여 자연세계를 인공적으로 빚어내는 행위이다. 과학기술이 더욱더 발전함에 따라 인간 활동은 더욱더 세분화·전문화되고, 자연적인 것과 사물적인 것은 점차 인위적인 것으로 개조되어 왔다. 기실 문화의 발전이란 곧 사물세계를 인공적인 것으로 만들면서 세계를 인간의 사물적·기술적 대상으로 바꾸는 과정이다. 이러한 기술과 연관되는 앎을 바로 지식知識이라고 한다. 지(知=口+矢)는 화살矢이 과녁을 꿰뚫듯 상황을 날카롭게 판단하고 의중을 정확하게 파악하여 말(口)할 수 있는 능력을 지니고 있음을, 그리고 '식(識)'이란 言+戠찰진 흙로서 말(言)을 머리에 새긴다(戠) 혹은 말(言)+소리(音)+싸움(戈)으로 존재 혹은 실재를 인간의 말이나 소리로 가져오기 위한 부단한 싸움(노력)을 통하여 식별識別하여 아는 힘을 소유하는 것을 말한다.

공부工夫라는 말은 '여공전부女工田夫'의 준말로 부녀자들이 쉬지 않고 길쌈을 해서 아름다운 옷감을 만들고, 남정네들이 땀을 흘리며 밭을 일궈서 곡식을 만들듯이 힘들게 쉬지 않고 정성을 다해야 한다는 의미에서 형성되었다. 그런데 공부工夫의 원래 어원은 공부功夫였다는 것이 일반적으로 받아들여지고 있는 정설이다. 여기서 공工(功)은 공사工事, 공정工程을 뜻하고, 부夫는 부역賦役, 노역勞役이라고 하겠다. 따라서 공부의 원뜻은 '토목이나 건축공사와 관련한 노역', 그리고 '어떤 일을 하는 데 들이는 정력과 시간'을 뜻한다. 그런데 주로 육체노동에 관련되어 쓰이던 '공부'라는 표현은 성리학性理學의 영향을 받으면서 '도학道學을 배우고 익히는 데 들이는 정력과 시간'이란 뜻으로 쓰이게 되고, 자연스럽게 '학문이나 기술을 배우고 익힘'을 뜻하게 되었다. 중국에서는 표기가 혼용되었으며 한국에서는 점차 공부工夫로 표기가 고정되는 한편 일상적인 용법으로는 현재 우리가 아는 개념으로 굳어지게 된다. 중국에서는 공부는 여가나 시간을 뜻하고, 공부功夫는 원래의 의미 이외에도 중국무술을 의미하는 것으로도 확장된다. 우리말 '공부工夫'를 뜻하는 말로 중국에서는 쉬시學習, 두수讀書, 녠수念書, 융쿵用功이라 하고, 일본에서도 벤쿄勉強라고 쓰고, 공부工夫는 아이디어라는 뜻으로 쓰인다.

그런데 그리스의 파이데이아는 전문기술이 아닌 인간의 이념에 접근하는 것으로, 이성적 인간의 자기자각과 공동체적 형식의 존재의 자각으로서 ① 정신을 돌보는 일과 ② 공동체를 위한 훌륭한 사람의 육성을 목적으로 하였다.[10] 그런데 키케로는 학문의 중심에 진리veritas가 아니라, 사람됨 humanitas을 두고, '사람답게 사는 법humaniter vivera'을 가르쳐 '인간을 인간답게 해주는 목적에 봉사하는 학문'으로서 인문학을 구상했다.

인간을 인간답게 해주는 목적에 봉사하는 모든 학문들은 서로가 서로를 연결고리를 지니고 마치 혈연에 의해 연결된 것인 양 상호 결속되어 있다.[11]

그래서 휴머니타스humanitas란 ① 학문방법론으로서 교양교육, ② 그리스어 philanthrophia(인간사랑, 인본주의, 박애) 정신을 의미하는 개념으로 발전하였다.[12] 키케로는 인식 혹은 관조의 세계만을 중시하는 학문세계에 비판적으로 접근하면서, 삶의 영역 속에서 앎의 문제를 본격적으로 논의하면서 철학을 정초했다.

> 철학에 의해 삶 전체는 교정되고 지도되어야 한다. 사람의 지도자인 철학이여, 덕의 탐구자여, 악덕의 방어자여! 철학 없이 우리 자신을, 우리의 삶을 도대체 어떻게 유지할 수 있으랴![13]

소크라테스는 삶의 길잡이로 철학을 내세웠고, 키케로는 삶 속에서 "삶 일반에 대한 앎의 체계"로서의 인문학을 열었다. 삶에 대한 앎을 배우는 인문학은 삶의 매 순간 삶의 의미를 결정짓는 지혜로 작동한다는 점에서 단순히 삶의 장식에 그치는 것이 아니라, 삶의 필수불가결한 부분이라는 점에서 일종의 삶의 강제라고 할 수 있다.


## 르네상스 이후의 인문학

그런데 근대 인문학의 발생과 관하여 다음과 같은 지적이 있다.

"인문학은 서구의 경우 인문주의에서 유래한다. 15,16세기 무렵 중세의 교회 중심적 사고에 반발해 고대 그리스 로마 세계의 사상에 주목하면서, 인간성을 중시하고 문화적 교양의 발전을 위해 일어난 사조이다. 그리스 로마의 고전적

인 저작에 주목하고, 이것을 번역하고 보급하는데 인문학이 시작되었다."[14]

물론 인문주의의 시조로 일컬어지는 프란체스코 페트라르카[1304~74]가 르네상스[renascens, 다시 태어남]란 용어를 처음 사용하여, 좁은 의미의 고전 원전의 복원과 넓은 의미의 humanitas의 부활을 뜻했다. 그런데 현행 인문학의 위기와 관련하여, 다음 지적이 오히려 인문학 전개의 역사와 연관하여 더욱더 타당하다고 생각한다.

르네상스를 기점으로 인문학은 결정적으로 자연과학에 밀리기 시작했으며 인문학의 시대는 서서히 종말을 고하게 된다. …… 본래 공동체 속에서 참된 인간됨을 지향했던 실천적 성격의 인문학은 여러 역사적 계기를 거쳐 현실과 유리된 이론 중심의 순수 학문으로 자신의 존재를 유지하게 된다. 즉 플라톤이 추구한 객관주의적 지식의 이념이 근대에 이르러 자연과학에 의해 성공적으로 관철되자마자 …… 인문학의 핵심 분과는 급격한 쇠퇴의 길을 걷게 된다. 근대의 자연과학이 수학에 기초를 두고 있는 한, 인문학의 중심영역은 …… 수학에 의해 결정적 타격을 게 되어, 말하자면, 인문학이 자연과학적 실증의 세례를 받은 인문과학人文科學이 되고 말았다."[15]

인문학이 인문과학이 되었다는 말에 오늘날 인문학 위기의 본질이 내포되어 있는 것이 아닐까? 인문학의 위기를 진단하면서도 사회'과학'의 방법을 사용하고, 나아가 마땅히 학문이라고 번역해야 할 Science(Wissenschaft)라는 말을 과학이라고 번역하는 것은 오늘날 위기에 처한 인문학의 상황을 확연하게 드러내 준다. 주지하듯이 Science는 라틴어 scientia에서 유래했으며, 라틴어 scientia는 그리스어 episteme의 번역어인데, episteme는

"체계적인 인식(앎) 혹은 인식의 체계"를 의미한다. 그런데 "체계적 인식을 통해 형성된 인식의 체계"인 Science를 (분)과학(문)(分)科學(問)으로 번역하고, 이를 학문의 전형 혹은 전형적인 학문이라고 단정한다면, 과학의 대상이 아닌 주체로서의 인간은 그 영역에서 배제되고 만다. 현상학자인 에드문드 후설Edmund. Husserl이 그 최후의 대저를 『유럽학문의 위기와 선험적 현상학』이라고 명명한 것은 바로 이런 이유에 연유한다. 요컨대 오늘날 Science를 과학科學이라고 번역하고, 과학을 학문의 전형 혹은 전형적인 학문으로 간주하는 것은 과학주의의 횡포라고 하겠다. 여기서 우리는 科과(禾화+斗두) 자가 '벼(禾)를 말(斗)로 측량한다'는 뜻을 지니고 있다는 점에 특히 유의해야 한다. '과학'이란 인간의 감각기관에 의해 측정되는 그 무엇을 실험과 관찰을 통해 계량하여 거기에서 유래하는 일반적인 법칙을 귀납하여 유용한 어떤 지식 혹은 정보를 확보하려는 것이다. 그런데 인문학이 만일 대상화되기 이전의 주체로서의 인간의 정체성에 대한 자기 물음과 그 대답으로 구성된 것이라고 한다면 이는 실증과학의 방법으로 확인되기 이전의 원 사태라고 할 수 있다. 인간의 자기 정체성에 관한 질문을 근본으로 하여 인간의 인식은 어떻게 해서 가능한가? 인간은 왜 그렇게 판단하고 행위하고 질서를 이루고 살아야 하는가? 나아가 사람이란 무엇이며 그 삶의 의미는 무엇인가? 인간은 어떻게 살아야 하고 왜 그렇게 행위 해야 하는가? 그리고 도대체 '존재한다'는 것은 무엇을 뜻하며, '가치'는 어떻게 성립하는 것인가? 등과 같은 문제들은 실증적 측량도구에 의해서 정립된 실증과학에 의해서는 완전하게 대답할 수 없는 인문학적 질문이라고 할 수도 있으리라!

# 2
# 유교 인문학

그리스의 파이데이아는 인간의 이념으로서, 인간 자신이 이성적·공동체적 존재라는 것을 자각하고 지성을 계발하여 자신의 영혼을 치유하는 동시에 타자의 영혼을 치유해 주는 공동체를 위한 훌륭한 인간의 육성을 목적으로 하였다. 로마인 키케로의 humanitas는 그리스의 파이데이아를 아우르면서 '인간을 인간답게 해주는 목적에 봉사하는 학문'을 의미했다. 어쩌면 금수禽獸와 구별되게 인간(人)에게 필수적인 것(수儒)을 배우고 가르치는 것을 표방한 유교儒教(유학儒學)는 동양의 전형적인 인문학의 이념을 역설하고 있다고 생각된다. 지선至善의 공동체를 건설하고자 하는 유학儒學 또한 특정 존재자나 수단 세계에 봉사하는 전문지식이 아니라, 모든 전문지식과 수단들이 인간의 목적에 봉사하도록 수단에 가치 질서를 부여하고 수단에 종사하는 사람들이 조화롭고 통일적인 인간 공동체에 가장 적절하게 봉사할 수 있도록 이들을 통치하는 가장 높고 가장 포괄적인 지혜의 학문이며, 목적의 학문이라 할 수 있다.[16] 여기서 한자권漢字圈의 문헌과 문자를 단서로 하여, 오늘날 우리가 humanitas의 번역어로 사용하는 인문학人文學의 의미를 살펴보자.

# 동양적 인문학의 의미

'인문人文'이란 말은 "천문天文을 관찰하여 천시天時의 변화를 살피고, 인
문人文을 살펴 천하를 교화한다."[17]는 언명에서 처음 나왔다. 그리고 이 구
절에 대해, 삼봉 정도전은 "일월성신日月星辰은 천문天文이고, 산천초목山川
草木은 지문地文이고, 시서예악詩書禮樂은 인문人文이다. 하늘은 기운으로, 땅
은 형세로, 그리고 인간은 도道로써 문文을 이룬다."[18]고 해석해주고 있
다. 그런데 자전을 찾아보면 文이란 ① 무엇을 빛나게 드러내 보이다(문
채文采, 문식文飾), ② 현상(천문天文), ③ 법도(절문節文, 번문繁文), ④ 결이나
길(문리文理, 물리物理), ⑤ 선善이나 미美(문덕文德, 숭문崇文) 등을 의미하는
데, 총괄하면 "어떤 것이 그것의 본성이 지니는 법法과 이치에 따라 드러나
는 것"을 의미하며, 또한 "그 본성에 따라 드러나는 것이 빛나고, 아름답
고, 선하다."는 뜻이다.[19] 그렇다면 '인문人文'이란 "인간이 그 본성에서 유
래한 결(理)을 따라 길(道)을 감으로써 빛나고 아름답고 선하게 표창表彰되는
사태"를 지칭한다고 하겠다. 따라서 인문학人文學이란 "인간이 그 본성(人
本)으로부터 유래한 결과 길(人道)을 따라 감으로써 아름답고 선하고 빛나는
인간다운 문화人文 세계를 함께 건설하기 위해 널리 배우고, 깊고 자세히
묻고, 신중하게 사려하고, 밝게 분별하여, 돈독하게 실천하는 행위의 총
체"[20]라고 정의할 수 있다. 따라서 인문학人文學에서 인간의 본성(인성人性),
그리고 그에 말미암은 인간의 도(인도人道), 그리고 그 도리를 실천함으로
써 구현될 인간문화(인문人文) 등이 중요한 개념이라고 할 수 있다.

공자는 『시詩』·『서書』·『예禮』·『악樂』·『역易』으로 대표되는 동양적 인문
교과를 산(刪定)·교육함으로써 동양적 인문학의 최초 정립자가 되었다.[21]
여기서 『시경』은 오늘날 문학, 『서경』은 역사학, 『역경』은 철학으로 분류할

수 있을 것이다. 시詩로 구성된『시경』은 악樂의 가사로서 읊는 사이에 감정을 순화시켜 사악한 생각이 일어나지 않게 하여(사무사思无邪) 풍속을 교화하는 역할을 한다(흥어시興於詩). 역사책으로서『서경』은 인물비평 등을 통해 선악善惡·시비是非를 알게 한다. 그래서 공자는 "옛 것을 알아 (현재와) 소통하게 하는 것이『서』의 가르침이다."고 말하였다.[22] 그런데 인사人事의 의직儀則으로서 예禮는 친소와 도덕체득 정도에 따라 인간들을 구분하기 때문에 조화를 통한 통합이 필요한대 이것이 바로 악樂의 역할이다. 즉 구분된 인간관계를 조화시켜 윤리倫理와 통하는 것이 바로 악樂이다.[24] 예禮는 인간 행위의 표준을 제시해 주고, 악樂은 사악하고 더러운 성정性情을 씻어내고 인의仁義가 더욱 완숙·정밀해져서 인도人道의 바름을 회복하게 하기에 공자는 "예에서 일어서고, 악에서 완성된다"고 말했다. 그리고 변화의 이치를 제시한『역경』은 중정中正의 의리義理를 알게 해줌으로써 인간 완성을 기하고자 하였다. 그래서 공자는 "나에게 만일 나이를 몇 해만 연장해 주어 끝내『역』을 배울 수 있다면 큰 허물이 없을 것이다."[25]라고 하였다.

이렇게 공자는 인문학을 통해 문文·행行·충忠·신信(공문사과孔門四科)을 가르쳐 각각 덕행·언어·정사·문학 등에 장점이 있도록 하여[26] 제자들로 하여금 자신이 인仁의 덕을 지닌 공동체적 존재라는 것을 자각하고, 수기치인修己治人을 통해 평천하平天下로 나아갈 훌륭한 사람, 즉 군자가 되도록 가르쳤다. 이렇게 공자는『시』·『서』·『예』·『악』·『역』이라고 하는 이른바 인문학교과를 산정·개발하여, 제자들로 하여금 각자 인간의 도리를 실천하여 인간다운 인격을 갖추도록 가르쳤다.

그런데 공자의 언행으로 구성된『논어』의 첫 언명이 말해주듯이, 유교는 그 어느 학파보다도 '학學'의 중요성을 설파하였다. 그래서 주자朱子,

1130~1200는 "학이란 말은 성인 공자의 가르침을 기록해 놓은 유일한 책인 『논어』를 읽는 자가 반드시 가장 먼저 강구하지 않을 수 없는 것이다."[27]고 말했다. 학學이란 미몽(冖=蒙)의 자식(子)을 손으로(曰) 학교(冖)에 밀어 (성현을) 본받게 하다(효效), 혹은 집안(冖)에서 두 손으로 새끼 매듭(효爻, 결승문자)을 지우는 법을 아이(子)가 배운다는 뜻에서 모방하다(효效)의 뜻을 지닌 회의자이다. 『설문』에서는 각오覺悟라고 하고 하여, 배워서 깨친다는 뜻이라 했고,[28] 『백호통白虎通』에서도 "학學이란 깨달음覺으로, 아직 알지 못한 바를 깨닫는 것이다(각오소미지야覺悟所未知也)"라 풀이했다.[29] 그리고 다산 정약용은 여기서 "학이란 알기 위하여(학소이지學所以知) 가르침을 받는(수교受教) 일체의 행위"[30]라 했다. 그렇다면 학이란 어떤 무엇을 무엇에게서 배워서 깨달아 알고, (성현 등을) 본받아 체득하여 자기화하는 종합 활동이라고 하겠다. 즉 자신에게 가리어져 있어(몽蒙) 알지 못했던 세계를 조명하여 알고(식識)·깨닫고(각覺)·본받는(효效) 등의 종합적인 활동을 의미한다.

그런데 주자朱子는 의식주衣食住를 충족하기 위한 활동과 인간의 도리를 실천하기 위한 육예六藝, 그리고 삼경三經의 문文 등을 배우는 일도 거기에 대응하여 '○○학'이라 할 수 있지만, 『논어』 1:1장의 학學은 무엇에 대응하는 수단의 학이 아니라, 단적인 학 그 자체로서 이른바 '목적의 학'을 의미한다고 말한다. 이는 처음부터 선비가 배워 성인聖人에 이르고자 하는 것으로, 정이천程伊川이 말한 바 (사장詞章·훈고訓詁의 학과 유를 달리하는) 유자지학儒者之學을 말한다. 요컨대, 윤돈尹焞이 적절하게 말했듯이, 이른바 학學이란 인간이 되는 바를 배우는 것인데, 배워 성인에 이르는 길 또한 인도人道의 실천을 극진히 하는 것에 불과하다.[31] 그리고 다산 또한 "이 장은 자기를 이루고 다른 사람을 이루어주는 전체(성기성물지전체成己成物之全體)를 말한 것이다. 첫 번째 절은 자기를 이루는 일에 관한 것이다."라고 말하여,

여기서의 학學이란 바로 자기완성과 연관된다고 주석하고 있다. 그렇다면 『논어』 1:1장의 학學이란 곧 techne가 아니라, 인간 이념으로서 이성적 인간의 자기자각(성기成己)과 공동체적 형식의 존재의 자각(성물成物)"을 목적으로 하는 그리스적 파이데이아 및 사람답게 사는 법을 가르쳐 인간을 인간답게 해주는(진위인지도盡爲人之道) 목적에 봉사하는 학문인 저 키케로의 휴마니타스의 이념에 상당히 근접하는 것이라고 할 수 있을 것이다.

## 인문학의 목적

그렇다면 인간이 되는 도를 극진히 하여 인간의 이상인 성인의 경지에 도달하기 위해서, 궁극적으로 자기를 완성하고 타자마저도 완성하기 위해서 먼저 배워 깨달아야 하는 것은 무엇일까? 그것은 바로 인간의 본성이다. 그래서 주자는 "학學이란 말은 본받는다(효效)는 뜻이다"고 말하면서 "인간의 본성은 모두 선하지만, 깨달음에는 선후가 있기 때문에 뒤에 깨닫는 사람은 먼저 깨달은 사람의 한 바를 본받아서 (본성의) 선함을 밝혀 그 처음을 회복하는 것이다"[32]라고 말하고 있다. 요컨대 인도人道를 극진히 하여 성인聖人에 이르기 위해서는 인간 본성의 선함을 깨닫고, 선각자가 했던 바를 본받아 처음의 선한 본성을 회복함으로써 자기를 완성하고, 궁극적으로 다른 사람도 완성시켜야 한다는 말이다.

그렇다면 유교에서 말하는 인간본성의 문제는 왜 제기되었고, 인간 본성이란 무엇을 내용으로 하는가?

만일 우리에게 인간을 인간답게 하는 본성이 없다고 한다면, 우리는 무엇을 기준으로 어떻게 살아야 하는 것일까? 우리에게 본성本性이 존재하지 않는다면, 우리에게는 생生 즉 생물학적 몸만이 존재한다. 이러한 생물학적 몸을 절대시한 사람들이 바로 양주楊朱로 대표되는 양생학파養生學派(쾌락주의)이다. 그런데 우리의 생물학적 몸은 사적私的인 것이고, 따라서 사적인 자신의 몸을 절대시하는 입장(위아주의爲我主義)은 인간이 지닌 공동체적·사회적 측면을 무시할 수밖에 없다. 그런데 쾌락의 역설paradox of pleasure이 말해주듯이, 우리에게서 쾌락이란 더 많이 추구할수록 오히려 감소하며, 사회로부터 자신을 고립시키거나 즉자적 자연 상태에 들어갈수록 오히려 자신의 생명을 온전히 보존할 수 없다.

우리의 생물학적 몸에서 우리 삶의 정당한 표준을 찾을 수 없다면, 우리 외부의 어떤 객관적 기준(지표)을 정립하여 거기에 따르는 삶이 올바른 삶이라고 할 수도 있으리라. 그 기준으로 여러 가지를 제시할 수 있지만, 가장 대표적인 것이 공리주의자들이 제시하고 있는 이익(유용성, 효율성 등)일 것이다. 실제로 맹자의 표적이었던 묵자墨子는 이익과 성과를 계량하여 최대 이익을 가져오는 것에 따라 행하는 것이 옳다고 말했다(의義 리야利也).[33] 묵자가 겸애兼愛, 비공非攻, 절장節葬, 무용節用 등의 실천원리를 주장한 것은 바로 이러한 공리주의적 기준에 의한 것이었다. 그가 제시한 삼표三表(성왕의 사적에 근거했는가, 실제 경험에서 실증되었는가, 정치제도에 응용되어 국가와 인민의 이익에 알맞게 적용되었는가?)[34]는 바로 공리주의적 검증의 기준에 의해 유교적 실천윤리를 비판하고, 무성론無性論에 입각한 새로운 윤리를 주창한 것이었다. 그러나 공功과 리利를 도덕행위의 판단기준으로 제시한 묵자의 입장은 "누구를 위한 효용이고, 무엇을 위한 이익인가?" 하는 목적에 대한 물음을 제기하지 않는다는 치명적인 난점을 지닐 수밖에 없다. 인간이 행위의 기준을 효용에 두고 오로지 이익만을 추구한다면, 그 어디에서 인간의 참모습, 인간다움을 발견할 수 있을까? 맹자는 묵자의 공리주의를 인간이 지닌 가장 자연스런 감정인 가족간의 일차적 사랑을 도외시하는, 부모가 없다고 하는 이른바 무부無父의 윤리학이라고 비판한다. 바로 이 점에서 우리는 도덕의 기준을 생물학적 몸에서 찾을 수도 없고, 외적 효용성에서 찾을 수도 없다. 바로 이런 상황에서 성性의 개념이 출현한 것이라 할 수 있다.

주지하듯이 성性이란 글자는 그 이전에 존재하였던 생生(땅에서 초목이 진출進出하는 형상)에서 심心 자가 추가되어 나왔다. 처음 출현했던『논어』에 단지 두 차례밖에 출현하지 않았던 성性 개념은『중용』에서는 그 연원이 천명으로 확인되고(천명지위성天命之謂性),『맹자』의 탁월한 공적에 힘입어 유가의 인간 이해에서 가장 중요한 교리(성선설性善說)로 정립된다.[35] 성性 자의 의미를 형성하는 심心이란 갑골문과『황제내경』에서 "우리 몸의 정중앙에 위치하여 오장육부의 대주大主(오행五行의 중심으로 만물을 생성하는 토土에 해당하는 장기)로서 군주의 기관"[36]으로 인간 신체의 중추이자 사유주체로 간주된다.[37] 그리고『설문』에서는 "사람의 양陽의 기운으로 성性은 선善하다. 심心에서 유래하여 생生으로 발음한다"[38]라고 하였다. 따라서 성性(심心+생生: 생生에 대한 심心의 주재主宰)이란 우리의 생물학적 몸(生)을 주관하여(心), 인간을 (금수禽獸와 구별되게) 인간답게 해주는 선善한 것이다. 바로 이 점에 근거하여 맹자는 성선性善[39]을 말하여, 후대 정통으로 인정받았다. 물론 성性 개념은 다른 한편으로 우리의 생물학적 특성에 의해 발출하는 자연적·생물적 마음(생生하는 심心으로)으로 볼 수도 있기 때문에, 이에 대한 다양한 입론이 가능하다. 그러나 우리는 인성人性이란 말이 형성된 이론사적인 측면에서 본다면, 맹자적인 입장이 정통 유가의 관점이라고 생각한다. 어쨌든 공자가 성性 개념을 제기함에 따라 인간은 단순히 생물학적 신체를 넘어서, 금수와 구별되는 자신의 고유본성을 찾으면서 자신의 정체성을 정립하여 인간의 길(도리)를 모색할 단서를 마련하였다.

## 인간의 본성

그렇다면 인간의 본성은 무엇을 내용으로 하고 어떻게 실현되는 것일까? 이에 대해 서양의 파이데이아–휴마니타스적 전통에서는 이성의 능력에 초점을 두었다. 인간은 이성을 지니기 때문에 그 본성상 여타 동물과 구별되며, 또한 이성적 존재이기 때문에 본능에 의해 군거群居하는 것이 아니라 공동체를 구성하여 합목적적 생활을 영위할 수 있다는 것이다. 그래서 아리스토텔레스는 다음과 같이 말했다.

"인간은 본성상 다른 사람과 함께 살아야 하는 운명을 지니고 태어난 '폴리스적' 존재이며, 인간의 목표인 행복은 폴리스적 삶에서 유래하며, 또한 사회적 본성이 자연적으로 모든 인간에게 심어져 있다." [40]

요컨대 동물은 아직 공동체를 구성할 능력이 없고, 신神은 이미 공동체를 형성하지 않기 때문에, 오직 인간만이 이성을 지니고 공동체를 형성·영위한다. 그런데 유교 또한 이와 유사하게 인간의 본성은 인仁(人+二)하기 때문에 금수禽獸와 구별되는 공동체적 생활을 영위하며, 나아가 그 관계에서 형성되는 도리의 실천을 추구한다고 대답한다. 즉 유적 존재로서 인간은 인仁의 본성을 지니고 있기 때문에 잔인殘忍한 금수와 구별되게 타인에 대한 사랑(인仁 애인야愛人也)·의무義務·공경(예禮) 등을 통해 인간다운 품성을 실현할 줄 아는(知) 존재라는 것이다. 유교의 이러한 인간관은 "공동체적 존재로서 개별적인 인간 안에 국가가 존재하며, 국가는 인간성의 실현일 따름이다"는 그리스적 관점과 그 논리적 맥락이 유사하다고 할 수 있다. 나아가 이 양자는 같은 논리로 이상적 인간이념(仁)은 이상적 국가 공동체의 인륜적 목표가 되며, 이상적 국가공동체의 인륜적 이념은 이상적 인간이 실현해야 할 이념적 목표가 된다고 주장하고 있다.

주지하듯이 인仁의 ① 고형古型은 임석온난衽席溫暖(따뜻한 방석 위에 앉은 온난한 사람의 모습)으로, ② 사람됨(인야자仁也者 인야人也), ③ 두 사람(人二)에서 인신引伸하여 인간관계와 그 도리, ④ 추상화되어 인간들 간의 마음(인仁 인심야人心也)을 의미한다.[41] 『설문』에서도 "인仁이란 친애親愛의 의미를 지니며, 인人과 이二에서 유래한다."[42]라고 설명했다. 『논어』에서 공자는 인仁을 불인不忍·불안不安의 감정 및 타자에 대한 사랑(애인愛人)과 연관지우면서 인간의 보편덕으로 정립하였다.[43] 『맹자』는 측은지심惻隱之心을 단서로 인간의 본성이 인仁하다는 것을 증명하였다. 여기서 측惻이란 마음의 아픔(심통心痛) 혹은 간절히 가련하게 여김(상지절傷之切)을, 은隱이란 깊이 아픔(통지심痛之深)을 나타낸다.[44]

인仁이 깊이 가련하게 여기는 마음(측은지심)으로 확인된다는 말은 곧 인간은 잔殘(歹알+戔천: 죽은 시체(歹)를 조각내는 것(戔))·인忍(心심+刃인: 칼날로 마음을 찌름)한 금수禽獸와 구별되는 본성을 지니고 있음을 나타낸다. 무릇 인간이란 다른 사람에게 동정심同情心을 지니면서 차마 잔인하지 못하고, 불안不安해 하며, 깊이 가련히 여기며, 친애하는 마음의 본성을 지닌 존재라는 것이 유교의 주장이다.

# 인간의 길

인간에게 인간다운 본성이 내재되어 있다면, 인간의 길(인도人道)이란 그 본성에 따라 삶을 영위하는 것이다. 『중용』과 『맹자』에서는 천명과 인간 본성의 덕, 그리고 인도의 관계를 다음과 같이 규정하고 있다.

천명天命을 일러 성性이라 하고, 성性에 따르는 것을 도道라고 한다.[45]
인仁이 바로 사람됨이다. 인仁과 인간(人)을 합하면 도道가 된다.[46]

천명으로 인간이 품부稟賦 받은 본성은 바로 인의예지로 대표되는 사덕四德이다. 마치 뜨거운(조燥) 본성을 지닌 불(火)은 뜨거워야 하고, 습濕한 본성을 지닌 물(水)은 습해야 명실이 상부하듯이, 인간은 인의예지의 본성을 구현해야만 인간다운 인간이라고 할 수 있다. 그리고 뜨거운 것이 불의 당연이고, 습한 것은 물의 당연이듯이, 인의예지의 본성을 따르는 삶이 바로 인간의 당위적인 길이라 할 수 있다. 그런데 사덕四德에서 인仁은 인간의 존재근거이기 때문에 도덕 행위의 근거가 되며(거인居仁: 인仁 인지안택人之安宅), 의義는 도덕행위의 동기로서 인간이 마땅히 가야 할 바른 길이며(유의由義: 의義 인지정로人之正路, 당행지로當行之路), 예禮는 도덕 행위의 표준(천리지절문天理之節文 인사지의칙人事之儀則)이며, 지智란 도덕행위의 근거·동기·표준을 자각·실천하는 충분조건의 역할을 한다. 그런데 도덕의 동기와 연관하여 보았을 때, '리利' 개념과 상관되는 것은 '의義'라고 할 수 있다. 그래서 공자는 인의예지 중에서 행위의 동기가 되는 의義를 도에 달통하는 방법으로 제시하고,[47] 도리상 옳기 때문에 행하는 군자와 이익이 되기 때문에 취하는 소인을 구분하였다.[48]

유교에서 의義는 인간이 자기정립(아我+양羊=선善·미美)하는 근본이자 행위의 최고 원리이기 때문에, 인간의 이상이자 이상의 인간인 군자는 오직 의義에 의거하여 행위할 뿐이다.[49]

'의義'란 '양羊'과 '아我(手수+戈과)' 자의 조합으로 기본적으로 톱날이 있는 칼을 손에 들고(手+戈) 희생물(羊)을 잡아 신神이 흠향할 수 있도록 잘 다듬어놓은 것으로, ① 알맞다·적당하다·마땅하다(의宜)의 뜻이다.[50] 나아가 '양을 잡아서 제사를 지니고 고기를 나눈 것(분分)'이란 의미에서 ② 분배分配한 것이 이치에 알맞음, 즉 공평한 분배(공분公分)의 의미를 지니게 되었다.[51] 그리고 ③『설문』에서는 "의義는 자신의 위엄 있는 거동(위의威儀)로 我아+羊양을 따른다"고 되어 있다.[52] 즉 의義(양羊+아我)에서 '아我'는 자기 자신을, '양羊'은 선善이나 미美를 상징한다는 점에서 "인간 자신의 선하고 착한 본성에서 나온 위의威儀" 혹은 '정의正義의 구현으로서의 의식과 형벌'을 의미한다.[53] 사람이 인仁의 본성을 지니고 태어났다면, 그 본성의 구현을 위해 현실적으로 마땅히 실행해야 할 의무 및 그 본성에서 나온 선미善美한 위의威儀가 바로 유교의 의義이다. 그래서 맹자는 인仁을 인심人心 혹은 단적인 사람(인人)으로서[54] 사람의 편안한 집(인仁 인지안택人之安宅)이며, 의義는 인仁에서 유래하는 인간의 바른 길(의義 인지정도人之正道) 혹은 마땅히 가야 할 길(당행지로當行之路)이라고 거듭 주장하면서, '인에 기거하고 의로 말미암는다(거인유의居仁由義)'[55]라는 표현을 자주 사용했다. 그래서 장대년은 의義와 리利에 대한 유가와 묵자의 주장을 다음과 같이 구분하여 잘 지적해 주고 있다.

의義는 당위이며 또한 행위를 제한하는 것이다. 그러면 의義의 표준은 어디에 있는가? 무엇이 당위이며, 무엇이 당위가 아닌 것인가? 이런 점에 관해서는 대립되는 두 학설이 있다. 하나는 당위의 표준이란 사람들의 대리大利, 또는 인류사회 전체의 리利라고 여기는 것이다. 그러므로 모든 대다수 사람들의 행위를 이利롭게 하는 것은 당위적인 것이며, 그것에 반대되는 당위의 표준이 아닌 것이다. 이것은 묵가의 학설이다. 다른 하나는 당위의 표준이 사람을 사람답게 하는 조건, 즉 사람을 금수와 구분하는 조건에 있다고 보는 것이다. 그러므로 모든 사람을 사람답게 하는 조건을 표현하거나 발휘하는 행위는 당위적인 것이다. 그것에 반대되는 것은 당위가 아닌 것이다. 이것이 유가의 학설이다.[56]

이렇게 인간의 당위를 지향하는 유교는 인간됨의 도리실현을 목적으로 하면서, 그 도리에 말미암은 의무義務를 부과하는 윤리체계를 지니고 있다. 일찍이 칸트는 의무에 대해 다음과 같이 예찬하며 그 유래를 묻고 있다.

의무여! 우리에게 복종을 요구하는 숭고하고도 위대한 이름이여! …… 우리 의지를 움직이기 위해 우리 마음속에 들어온 자연 성향들을 쫓아내지 않으면서도 …… 너에게 저항하는 그 모든 성향들을 침묵하게 만드는 너의 존귀함은 어디에서 유래하는가? 자연적인 성향들과의 모든 유착을 늠름하게 거부하는 너의 고귀한 혈통은 어디에서 시작되는가? 오직 인간만이 자신에게 부여할 수 있는 가치, 그러한 가치의 필수적 조건은 도대체 어느 근원에서 유래하는 것인가?[57]

여기서 칸트는 우선 우리에게는 '의무'와 '마음의 자연적인 성향'이 있음을 지적하고, 인간은 그 의지에 의해 의무를 선택하여 복종하여야 함을 말하고 있다. 그리고 그는 의무의 근원에 대한 문제를 제기하는데, 그에 따르면 의무란 정언명법定言命法에서 유래한다.[58] 칸트는 정언명법에서 의무가 도출된다고 말하지만, 유교에서는 인간 본성과 도리에 근거를 두고 마땅히 가야 할 길(당행지로當行之路)로 의무가 부여된다고 말한다. 그런데 여기서 우리는 칸트가 말하는 우리의 마음속에는 의무 이외에 자연적인 성향들인데, 칸트의 이른바 '자연적인 성향들'은 유교에서 말하는 (소체小體의) 리利 혹은 이욕지심利欲之心과 맥락을 같이 한다. 요컨대 유교는 도덕적인 인간인 군자와 그렇지 못한 소인小人을 행위의 동기에서 구분하여 의義를 지향하는가 아니면 리利를 지향하는가에 따라 구분하였다면, 칸트는 정언명법에 따른 의무를 지향하는가 아니면 자연적 성향들을 지향하는가에 따라 구별하였다.

# 3
# 유교 인본주의의 목표

생명보존의 본능에 의해 신체의 자체동일성自體同一性을 유지하기에 급급하게 살아가는 것이 자연적 동물들의 일반적인 존재방식이다. 동물적 신체 속에서 인간 마음이 자기반성(반사反思)[59]으로 본성本性(자기동일성)을 문제시함으로써 자신을 의식하는 대자존재對自存在로서의 인간의 자기자각이 시작된다. 자신을 의식하는 인간은 동물적 자연 상태로 전락하지 않으면서 인간적인 지평을 확보하기 위해서는 과거를 발판으로 삼아 미래를 향해 끊임없이 자기존재의 의미를 선택 · 실현해야 한다. 바로 여기에서 자연과 사실에 대립되는 문화와 가치의 세계가 출현하며, 본능에 대립하는 의지가 추동되어 자연의 문명화 · 사실의 가치화를 시도하는 인간적인 지평이 의미를 지니게 된다. 이것이 바로 인간의 인간화의 본질인 자유의 영역이며, 이 영역이 있었기에 인간은 부단히 자기동일성과 자기완성을 기도하는 인격적인 존재가 될 수 있었다.[60]

유자儒者들이 바라본 자연 · 사실 · 본능이 지배하는 금수의 세계는 잔인殘忍함을 그 특성으로 한다. 그래서 이들은 자기반성의 능력을 지닌 인간 마음(心)으로 자기반성의 능력이 없는 생물학적 신체(生)를 주재主宰하여 인간을 인간답게 하는 가치를 지닌 선(가욕지위선可欲之謂善)으로 인간본성을 정립하였다. 공자의 후예들은 이러한 인간 본성에 근거를 두고(인본人本), 인간 본성에 따르는 인간의 길을 제시하고(인도人道), 함께 그 길을 감으로써 지선至善의 공동체라는 찬란한 인문세계를 건설하려고 하였다. 이른바 존덕성尊德性과 도문학道問學을 겸하고, 거경居敬과 궁리窮理를 양 날개로 하여 추구되는 유교 인문학의 목표는 바로 이것이었다.

주지하듯이 공자는 자신의 가르침의 목표를 "유교무류有敎無類"(5:38)라고 표현하였다. 이 구절에 대해 고주의 마융은 "사람은 가르침을 받는 처지에 있는데, 종류가 있지 않다고 말한 것이다(형병은 이르기를 '귀천貴賤의 종류가 있지 않다.'라고 하였다.)"[61]라고 해석하였다. 즉 공자께서는 "사람이 있는 곳이면 가르침을 나타내었고(인소재현교人所在見敎) (귀천과 같은) 종류를 구별함이 없었다."라고 해설하고 있다. 즉 공자가 신분에 차별을 두지 않고 보통 교육을 실시했다는 전거로 인용되어 왔다. 그러나 주자와 다산 정약용은 이와 다른 주석을 시도하고 있다.

**주자:** 사람의 본성은 모두 선하지만, 사람의 종류에는 선악의 다름이 있는 것은 기질과 습관에 물들었기 때문이다. 그러므로 군자의 가르침이 있으면 사람은 모두 선으로 돌아갈 수 있으니, 마땅히 다시 그런 종류의 악함을 논할 필요는 없다.[62]

**다산:** 유류有類에는 두 가지가 있다. 하나는 족류族類이니, 백관과 만민을 귀천貴賤으로 구별한 것이다. 다른 하나는 구주九州와 사이四夷를 원근으로 구별한 것이다. 가르침이 있으면 모두 대도大道에 돌아갈 수 있으니, 이것이 바로 유류有類가 없어지는 것이다.[63]

즉 주자는 "(기질과 습관에 물들어 선악의 구별이 있었지만) 가르침이 있으면, 모두 선으로 돌아가니, 선과 악의 종류가 없어진다"고 해석하고 있고, 다산은 "가르침이 있으면, 모두가 대도大道로 돌아가니 귀천貴賤·화이華夷의 종류가 없어진다"고 하였다. 요컨대 유교의 목표는 모두가 선한 본성을 회복하여 기질에 물들었던 선악의 차이가 없어지고, 귀천貴賤·화이華夷의 차별이 없어져서 대도大道가 운행되는 세계를 재건하는 것이 바로 유교가 추구한 인문학·인문주의 이념이자 목표라고 하겠다.

유교는 이러한 이념과 목표 하에 강제적·타율적 정치를 자발적·자율적 교화로, 자연적 존재를 당위의 윤리적 차원으로, 필연의 사실을 목적적 가치의 영역으로 인도·승화시키려고 시도하였으며, 신체적 본능에서 자기부정을 통한 본성의 의지를 추동시켜, 궁극적으로 덕과 인식이 일치하는 완성된 궁극경지 지향하였다. 우리는 여기서 유교의 숭고한 인본주의 이념을 보게 된다. 그러나 역으로 우리는 이러한 이념에는 인간성의 우열이 도덕성에 의해 좌우되고, 보편적·규제적 인간 일반의 이념이 개별적·현실적 인간 생활을 역지배하여 인간의 이념을 지향하는 인문학이 현실적 경험과학에 위에 군림君臨하는 폐단을 우리의 역사 속에서 목도하였다. 그래서 이른바 군자는 수단의 세계에 종사하는 그릇이 아니다(군자불기君子不器)는 구호아래 사士·농農·공工·상商의 계급화와 유학儒學 이외의 여타 학문을 혹세무민惑世誣民의 이단사설異端邪說 혹은 사문난적斯文亂賊으로 선언하는 극단적 배타주의가 지배적인 경향이었다. 바로 이러한 경향이 유교의 진보적·혁신적 요소를 상실하게 만들었으며, 보수주의 및 복고주의의 전형물이 되어 오늘날 회복불능의 와해 상태를 초래하였다. 따라서 당면한 과제는 유교적 구제도의 원형회복이 아니라, 현실적인 정리와 재구성에 있으며, 유학의 근본정신을 오늘의 현실에 비추어 선명하게 재인식할 때 비로소 그 정당한 역사적 평가가 가능해지며, 전통과 반전통의 대면도 그 진면목을 선명하게 드러내게 될 것이다. 서양에서 꽃피웠던 인문주의의 한계에 대한 다음 지적은 과거 유교에도 어느 정도 타당했을 뿐만 아니라, 오늘날 유학을 공부하는 우리들 또한 명심하지 않을 수 없는 것이라 생각하며, 결론을 대신하여 인용하면서 이 글을 맺고자 한다.

> 인문주의에는 인민이 존재하지 않았기 때문에, 그리고 인문주의는 인민을 천하게 간주하고, 대중에게 은혜를 구한다는 것, 교육받지 못한 '야만인'과 관계를 맺는다는 것을 교양인으로서 체면이 깎이는 일로 간주했기 때문에 항상 얼마 안 되는 행복한 몇 사람만을 위해 존재했고 결코 인민을 위해 존재하지는 않았다. 단지 잠시 동안만 온 세상을 비추고 그 높은 위치에서 은총을 내리는 태도로 어두워진 세상을 굽어보면서 창조 정신의 순수한 모습을 경이롭게 바라보았던 인문주의의 플라톤적 인류 제국은 결국 구름의 제국으로 남아야 했다. 이 차갑고 인위적인 형상은 현실의 폭풍을 견디지 못할 것이며 — 인문주의는 이미 어둠 속에서 몸을 웅크리고 있다 — 싸워 보지도 못하고 허무의 소유가 돼버릴 것이다.
>
> 바로 이것이 인문주의의 가장 큰 비극이었고, 그 빠른 몰락의 근본 이유였다. 인문주의의 이념은 위대했지만 그것을 알리는 사람들은 그렇지 못했다. 방에만 틀어박혀 있는 이 이상주의자들에겐, 학자연하는 세계 개선자들이 늘 그러하듯, 조롱거리가 조금씩 붙어 있다. 그들 모두는 시든 영혼들이며, 라틴어 이름을 마치 정신의 가면처럼 달고 다니는 고상하고 품위 있는, 그리고 약간은 허황된 옹졸한 현학자들이다.[64]

# 2장

## 유가철학의 이념과 방법

### 플라톤과의 대비를 통하여

# 1

## 정보화 사회에서
## 학문과 교육의 성격변화

'정보화 시대'라고 일컬어지는 21세기적 사회는 근대 산업사회와 여러 가지 면에서 그 성격을 달리하기 때문에 '포스트모던 사회'라고 칭해진다. 여기서 문제의 관건은 'modernity'의 개념이다. 일반적으로 '모더너티'는 인간 주체성의 강조(인간중심주의), 진보와 해방의 이념, 자연의 착취와 산업화 등으로 이해된다. 그래서 '포스트모던 조건'을 탐색한 리오타르는 '모던modern'이란 "메타담론meta-discourse의 측면에서 보았을 때, 정신의 변증법, 의미의 해석학, 이성적 또는 능동적으로 행동하는 주체의 해방, 혹은 부의 창조와 같은 모종의 거대설화grand narrative에 정당성을 호소하는 것"으로서, 다음과 같은 의미를 지닌다고 말하였다.

"진리와 정의에 관한 담론을 거대한 역사적, 그리고 과학적 설화에 포박시켜 놓은 사회를 '모던modern'이라고 한다. …… (모던에서) 정의와 선은 거대한 진보적 오디세이odyssey에서 확보된다."[1]

그리고 "'포스트모던의 조건'이란 모더니티의 거대설화 - 정신의 변증법, 노동자의 해방, 부의 축적, 계급 없는 사회－가 그 신뢰성을 완전히 상실해 버린 상태"를 지칭한다. 그래서 이른바 '포스트모더니즘'에 속하는 철학자들은 ① 인간주체, ② 역사주의, ③ 전통적 언어 의미론, 나아가 ④ 전통 철학(형이상학) 등의 해체를 시도하면서 그 종말을 외치고 있다.[2]

여기서 우리의 관심은 '포스트모던 조건'에서 지식과 교육의 본성 변화이다. 이 조건에서 지식은 이미 자체 목적이 아니라 팔리기 위해서 생산되고, 따라서 정보로서 가치를 지니고 저장될 필요가 있는 것만이 생명력을 유지하게 된다. 컴퓨터가 가장 중요한 생산도구로 간주되는 정보화된 이 시대에는 새로운 탐구방법 또한 컴퓨터 언어로의 번역가능성에 의해 규정된다. 과거에는 민족·국가가 영토 점유를 위해 싸웠지만, 이제는 정보를 지배하기 위해 전쟁을 하고 있다. 실로 지식의 상업화Merchantilization가 만연해 있다고 할 것이다. 학문의 목표는 더 이상 진리의 자각이 아니라, 가장 이상적인 투자－산출을 가져오는 것이다. 학문연구는 이제 진리眞, 정의善, 아름다움美 등을 추구하는 것이 아니라, 능률성에 부속하는 게임이다. 따라서 부富, 능률성, 그리고 진리 사이의 동치 관계가 성립한다. 목적에서 수단으로, 진리에서 능률성으로 관심이 옮겨감에 따라 이제 학교에서 질문은 "이것이 진리입니까?"가 아니라, "이것은 어디에 쓰입니까?"로 변형되었다. 아니, 지식 상업화의 맥락에서 본다면, "이것은 팔릴 수 있겠습니까?" 혹은 "그것은 효율적입니까?"라는 방식으로 행해진다고 하겠다.

오늘날 교육은 과학기술의 재생산과 발전에 공헌하는 '기능'으로서의 역할을 수행해야 한다. 학생들에게 실제로 중요한 것은 곧바로 문제를 해결하는데 필요한 해당 자료를 수집·활용할 수 있는 능력, 그리고 그 자료를 효율적으로 이용할 수 있도록 구성하는 것이다. 자료은행은 내일의 백과사전으로, 포스트모던 시대에 사는 인간의 본성이 된다. 학습은 컴퓨터 언어로 번역되고, 전통적 교사는 기억 장치에 의해 대치되며, 그리고 전통적 수업은 기억 장치와 컴퓨터의 자료은행에 학생이 임의로 설치해 놓은 단말기를 연결한 기계에게 위임되고 있다.

그런데 이러한 '포스트모던 조건'이야말로 오히려 철학이란 학문의 정당성과 철학교육의 필요성을 제공하는 조건이 되고 있다고 생각된다. 주지하듯이 서양철학은 선천적으로 알기를 좋아하는 인간의 존재에 대한 경이감驚異感에서 출발했다. 그리고 유가·불가·도가 등으로 대표되는 동양철학에서는 학문과 교육이 개인의 수양과 분리될 수 없다는 논지를 피력해 왔다. 존재에 대한 경이감에서 우러나오는 자기목적으로서의 순수한 앎과 인격형성, 그리고 도덕적 행위가 일체가 되는 학문과 교육이 '포스트모던 조건'에서 역설적으로 절실히 요청되고 있는 것이 아닐까? 실로 순수한 앎, 혹은 교육과 자아형성의 일치를 모색하는 학문(철학)을 폐기하는 현 상황은, 오히려 그러한 앎과 학문을 절실하게 요청하는 시대라고 하겠다. 바로 이러한 문제 상황에서 이 글은 학문과 인격성장의 일치 및 완성을 지향하는 서양의 고전적 철학이념과의 대비를 통해 유가 철학교육의 이념과 방법을 복명復命하여 그 의미를 드러내고 그 현실적 필요성을 역설함으로써 온전한 철학교과교육론을 정립하는 데에 일조하고자 한다.

# 2
# 고전 철학의 이념과 유가철학

"철학이란 무엇인가?" 하는 물음은 철학 입문자뿐만 아니라, 이른바 철학 전문가를 자부하는 사람에게도 끊임없이 제기되는 철학의 근본 질문 중의 하나이다. 여타 학문과는 달리, 유독 철학에서만 제기되는 이 정체성에 대한 질문은 학문으로서 철학의 특수성에 기인한다. 그렇다면 철학은 여타 분과학문分科學問과 달리 어떠한 특수성을 지니고 있는 것일까?

일반적으로 과학과 철학의 가장 중요한 차이점으로 지적되는 것 중의 하나는 과학은 지식知識을 소유하는 것을 목적으로 하지만, 철학은 '지혜智慧사랑'이라고 하는 서양철학의 어원이 암시하듯 우선 무지無知의 자각에서 출발하여 끊임없는 자기계발을 희구하는 주체의 태도를 지시한다는 것이다. 요컨대 고전적 의미의 철학이란 과학처럼 주관에 대립하는 어떤 대상에 대한 지식을 소유 혹은 모방하려는 것이 아니라, 주객 분리 이전의 근원적인 주체를 계발啓發하여 온전한 자기정립과 자기실현을 추구하도록 이끌어주는 것을 목적으로 시설된 화두話頭라고 할 수 있을 것이다.

철학이라는 학문은 발생한 이래 '만학의 여왕', '무전제의 근본학', '제일학문', '통일학' 등과 같은 여러 수식어가 붙어 왔다. 그렇다면 왜 이런 수

식어가 철학과 결부되어 왔던 것일까? 주지하듯이 모든 학문은 모종의 실재에 대한 체계적인 인식(인식의 체계)을 추구한다. 그리고 분과과학分科學問(科學)[3]은 특정한 대상 영역에서 고유한 탐구방법(실험, 관찰, 조작)을 통해 인과적 관계에 있는 대상들에 대한 체계적 지식을 형성하려고 한다. 그렇다면 철학은 진정 무엇에 대한 인식의 체계이고자 하는가?

일반적으로 철학적 인식은 '진선미眞善美, 혹은 만물의 존재근원이자 인식의 가능근거로서의 태양'(플라톤), '天'(큰 하나-+大, 혹은 하늘·땅·사람- + - + 人: 유기儒家), '천지보다 앞서는 도'(수道+척척, 우주의 궁극존재의 진행원리: 도가)와 같은 궁극적인 것에 대한 절대 확실한 인식을 목표로 한다고 말해왔다. 그래서 하이데거는 헤라클레이토스의 단편의 용례를 전거로 들면서, 사랑의 대상인 '지혜'를 '궁극적으로 우주만물을 하나 되게 하는 것'(일즉전-卽全)[4]으로 풀이하였을 것이다. 그런데 불완전한 인간에게 철학적 인식은 결코 완결되거나 소유될 수 없고, 부단히 추구되어야 할 영구 이념이다. 바로 이 점에서 그리스의 소크라테스-플라톤적인 전통에서 철학하는 자들은 그들의 학문과 그 자신들을 지칭하여 '지혜sophia'나 '지혜주의자들sophistes'이 아니라, '지혜사랑philosophia'과 '지혜를 사랑하는 자philosophos'라고 규정하였다.[5] 요컨대 애지자愛智者는 모든 것을 아는 지자智者와 자신의 무지無知조차 알지 못하는 우둔한 자(동물)의 중간 존재이다.[6] 그것은 바로 '사랑'의 성격에 기인한다. 플라톤은 이 '사랑'을 "풍요의 신poros: 아버지과 가난의 신penia: 어머니의 아들"로서의 에로스Eros라고 표현한다.[7] 에로스는 우선 가난의 신을 어머니로 하기 때문에 본성상 결핍의 존재이지만, 풍요의 신을 아버지로 하기에 풍요의 아름다움 또한 감지하고 있다. 즉 "에로스란 결핍해 있는 무엇에 대한 사랑이다."[8] 그런데 가난한 어머니와 부유한 아버지의 아들로서 에로스는 궁핍하고 유한하지만 그

것을 넘어서 풍요, 무한, 불사不死를 희구하는 우리의 영혼을 말한다. 유한 속에서 무한을, 세간 속에서 출세간을, 순간 속에서 영원을 동경하는 영혼이다.[9] 그것은 곧 유한한 존재만도 아니고 무한한 존재도 아닌 그 중간적 존재, 즉 "죽음을 면치 못하는 자와 죽지 않는 자(신神)의 중간에 있는 영혼"[10]으로서 곧 인간 존재이다. 요컨대 지혜를 사랑하는 자는 지자로서 불멸인 신도, 지혜사랑을 할 수 없는 동물도 아닌 인간이다. 오직 인간만이 지혜사랑을 할 수 있기에, 철학은 인간의 고유한 삶의 방식이다.

그런데 기실 2500년 이상의 역사를 지니는 '지혜사랑'의 전통에서 결정적으로 중요한 '지혜'란 구체적으로 무엇이고, '사랑'이란 진정 어떤 태도를 말하는 것인가 하는 점과 연관하여 대표적인 철학자들조차도 서로 다른 다양한 의견을 개진한다. 그렇지만 "모든 서양철학은 플라톤에 대한 주석이다"는 말이 함축하듯이, 서양 철학사에서 '지혜사랑'으로서 고전적 철학개념의 전형을 제시한 플라톤의 공로는 그 누구도 부정하지 못하리라. 그의 저서 『국가』편에 제시된 「태양의 비유」, 「선분의 비유」, 「동굴의 비유」[1] 등은 '지혜'란 무엇이며, 철학적 학문과 인식의 성격, 그리고 철학적인 사유와 삶의 전형을 제시했다. 그것은 모상과 그 영상들을 참된 존재라고 착각하는 환상과 상상, 감각의 단계에서 물리적 대상들을 참된 존재라고 주장하는 신념들, 지성(판단)의 단계에서 현상계가 구성되고 운용되는 원리에 대한 부분적이고 전문적으로 파악하는 수학적 추론 등을 지양하여, 마침내 세계 자체를 스스로 조명하는 동시에 이를 양육하는 근원(태양)을 체득하여 사고와 존재가 온전히 일치하는 경지에 도달하는 철학하는 정신의 자기고양의 과정을 나타낸다. 일언이폐지하면, 서양철학의 원의를 지시하는 '지혜사랑'이란 지혜(진선미眞善美의 통일)에 대한 에로스적 희구, 즉 "완전한 정신을 향한(이루기 위한) 불안전한 정신의 자기초월적 귀향편력mentis itinerarium ad deum이다."[12]

저러한 플라톤적인 철학개념은 문명의 기축基軸시대를 배경으로 거의 같은 시기에 등장했던 다른 지역의 대표적인 철학에도 그대로 드러나 있다. 지혜를 통해 완전한 깨달음을 증득하여 불타(각자覺者)가 되고자 하는 보디샤트바(보살菩薩: 깨달음을 구하는 사람), 편협한 분별지(소지小知)와 아집을 버리고 대자유의 지인至人을 희구하는 도가적 철학하는 자(도사道士), 그리고 성인聖人을 목표로 학문을 좋아하는 군자君子 등은 비록 언어와 지역을 달리하지만 모두가 하나같이 "불완전한 정신의 완전한 정신을 향한 자기초월적 귀향과정이다"고 말할 수 있겠다. 그런데 여기서 우리의 과제는 고전적 철학이념의 전형이 나타나 있는 소크라테스·플라톤의 철학이념과 공자·맹자의 호학好學을 통한 성인에 대한 희구希求를 제시함으로써 철학교과교육론의 전형을 제시하고자 한다.

'자기정립의 학문(위기지학爲己之學)'[13]으로서 유가철학은 가장 온전한 인간인 성인에 이르는 길을 배우는 학문(성학聖學)이라고 말해져 왔다. 그래서 성인이 되기를 희구하는 유가의 "군자는 자기에게서 구하고, 소인처럼 타인에게 변명하지 않는다."[14]고 공자는 말하고 있다. 플라톤의 철학이념에서 철학하는 정신은 지혜를 사랑한다면, 유가의 철학하는 자인 군자는 "성인에 도달하는 학문을 좋아한다." 그런데 "군자가 좋아하는 학문"이란, "안회라는 사람이 있어 학문을 좋아하여(호학好學), 노여움을 옮기지 않고(불천노不遷怒), 잘못을 되풀이하지 않았다(불이과不貳過)"[15]라는 공자의 언명과 『중용』의 "널리 배우고, 깊이 묻고, 신중히 생각하고, 밝게 분별하며, 돈독하게 행한다"[16]는 말이 암시하듯이, 지행知行 혹은 지덕智德의 일치를 지향하는 개념이라고 할 수 있다. 공자의 일생에 대한 회고는 플라톤의 「동굴의 비유」와 그 방식은 다르지만, 철학하는 정신의 자기완성, 즉 성인에 이르는 길을 제시해 주는 언명이라고 판단된다.

"나는 15세에 학문에 뜻을 두었고(지우학志于學), 30세에 뜻을 세웠고(이립 而立), 40세에 의혹되지 않았고(불혹不惑), 50세에 천명을 깨달았고(지천명知天 命), 60세에 귀가 순해졌고(이순耳順), 70세에 마음이 하고자 하는 바를 쫓아도 법도를 넘지 않았다."[17]

공자의 이러한 일생에 대한 회고는 "불완전한 정신이 끊임없는 호학好學 과 자기극복(극기복례克己復禮)을 통해 완전한 정신(존재와 당위의 일치)에 도달하는 것을 목표로 하는 유가철학 전형"을 말해 주고 있다. 이렇게 유 가의 철학하는 자인 군자는 학문을 좋아하여 뜻을 세우고(호학好學, 지우 학志于學, 이립而立)', 궁극자를 인식하고(지천명知天命)', 끊임없는 극기를 통 하여 "사사로운 의지와 기필하는 마음, 그리고 고집과 아상이 없어져서"[18] 마침내 "자연스런 마음(존재)이 우주적 법도(당위)와 온전히 일치하는 삶" 을 목표로 한다.

# 3
## 철학의 과정과 방법

앞서 우리는 '지혜사랑'으로서 고전적 철학은 "완전한 정신을 향한 불안전한 정신의 자기초월적 귀향에의 편력이다"고 정의하고, 플라톤의 「태양의 비유」, 「선분의 비유」, 그리고 「동물의 비유」는 그 전형이라고 주장하였다. 그런데 이 비유와 불가佛家의 「십(심)우도+(尋)牛圖」 등을 보면 철학하는 정신은 다음과 같은 4단계의 과정을 겪는다고 할 수 있다.

① 철학은 존재에 대한 경이감, 혹은 현실의 자기 존재에 대한 우환의식에서 출발한다(문제상황과 초발심).
② 철학은 자연적 태도로부터 일대 변혁을 요구한다(태도전환 : 지혜사랑).
③ 철학은 궁극적인 것에 대한 절대적인 인식을 목표로 한다(궁극적인 진리 증득).
④ 궁극자에 대한 절대적인 인식을 수행한 철학자는 자비행으로 중생을 교화한다(이타행).

우리는 이 과정을 상술하면서 이와 대비되는 유가철학의 과정과 방법을 제시하고자 한다. 여기서 우리는 편의상 ① ~ ②를 '문제상황과 철학적 전회'로, ③ ~ ④를 '철학적 인식과 삶'으로 명명해 나누어 기술하고자 한다.


## 문제상황과 철학적 전회

플라톤은 「동굴의 비유」에서 일상적 태도의 인간상황과 철학적 태도전환을 다음과 같이 묘사하고 있다.

비유하자면, 지하의 동굴과 같은 거처에서 살아가는 인간들을 상상해 보자. …… 그들은 어려서부터 목과 사지가 결박당한 채로 있어 그곳에서만 머물면서 단지 그 앞의 벽면만 볼 수 있다. 그들 위에는 저 멀리 높은 곳에서는 불빛이 빛나고 있다. 이 빛과 그들 사이에는 위쪽으로 길이 하나 뻗어 있고, 이 길을 따라 나지막한 벽이 세워져 있다. 마치 인형극을 공연하는 사람이 앞에 휘장이 쳐져 있어 이 휘장 위로 인형들을 보여 주듯이. …… 불빛에 의해 수인囚人들이 보고 있는 벽에 그림자를 드리우고 있는데, 수인들은 고개를 뒤로 돌릴 수 없기 때문에 오직 이 그림자만을 볼 수 있을 뿐, 자신이나 서로가 누구인지도 본 적이 없다. 그러면서 그 그림자를 실물로 확고하게 믿는다. …… 그런데 누군가가 결박에서 풀려나 일어나 목을 돌리고 걸어가 그 빛을 쳐다보도록 강요당한다. 그러나 어둠에 익숙해져 있던 그는 이 모든 것을 고통스러워하면서, 눈이 부셔서 실물들은 잘 볼 수 없다. 그래서 차라리 빛을 외면하고 전에 본 그림자들이 실물이고 지금 보는 것이 환영이라고 믿고 싶어 한다.[19]

여기서 비유되고 있는 "동굴 속에서 모형의 그림자를 실물實物로 여기고 사는 수인囚人들"이란 일상적·자연적 태도로 삶을 영위하는 우리 일반인들을 상징한다. 이들은 자신들이 동굴 속에 결박되어 있다는 것, 그들 앞에 현상되는 것이 모상의 그림자라는 것, 그리고 동굴 밖에 실제 세계가 있다는 사실을 모른다. '모상'이 실상을 모방하여 만들어진 것이라는 점에서 전승된 인식체계라고 한다면, '모상의 그림자'란 곧 전승된 인식체계의 그림자라 할 수 있다. 이들은 "나는 누구인가?", "타인은 누구인가?" 그리고 "세계 및 존재자란 무엇인가?" 하는 물음에 대하여 단지 다른 사람의 해석을 모방하여 대답할 뿐, 한 번도 스스로 보거나 사유해서 답한 적이 없는 일상적인 태도로 살아가는 세인들을 상징한다.

그렇다면 이 수인들은 어떻게 참된 자기인식, 타자인식, 세계인식에 도달할 수 있을까? 이러한 인식에 도달하기 위해서는 일상적·자연적 태도에서 철학적 사유로 태도전환을 수행하여야 한다.[20] 이 태도전환의 단초를 소크라테스-플라톤-아리스토텔레스는 '경이감'이라고 표현하였다. 그래서 철학은 '존재에 대한 경이감'에서 출발한다고 말한다. 여기에서 '경이감'이란 우리가 일상에서 당연하게 받아들이고 있는 것의 근거가 의심스럽기 때문에 당혹해 하면서 판단중지epoche하는 것을 말한다. 우리가 실상으로 간주하여 보고 믿은 것과 그 가치체계는 인습된 것으로 기실 뿌리 없는 허상이라는 것을 자각하는 것이다. 그것은 자신이 누구인지를 질문해 보고, 타자란 누구인지를 돌아보며, 동굴 밖의 실재 세계와 그 근원으로 정향하는 것이다.

플라톤이 제시한 수인囚人, 즉 기성의 가치체계를 맹신하고, 자신과 타자를 돌아볼 줄 모르는 수인적인 삶의 태도를 지닌 사람을 공자는 '소인小人'이라는 말로 표현하였다고 생각된다. 공자는 다음과 같이 말하고 있다.

"군자는 자기에게 구하고, 소인은 남에게서 구한다."[21]

요컨대 '소인小人'이란 자기정립을 이루지 못하고 가치 준거를 타인에게 두고 눈치를 살피면서, 외적 대상인 세속의 이익추구에 몰두하는 사람이다.[22] 이들은 자신의 이익에 치우쳐 두루 통하지 못하고,[23] 형이하의 인사人事에 골몰하여 형이상의 궁극 존재와 그 명령을 알지 못한다.[24] 하늘의 명령(본성本性)을 자각하지 못하기에 자기 정립을 이루고 못하고, 따라서 인의仁義롭지 못한 사람이다.[25] 우리는 일차적 대체적으로 '일상적 태도'로 삶을 영위하고, 반성적 태도를 견지하지 못하기 때문에 외적 존재자에 이끌려 사물화되기 마련이다. 자기의 주체성을 정립하지 못했기에 평균적 존재자로 살기를 원하며, 맹자가 지적했듯이, 손가락이 남과 같이 않으면 천리를 멀다고 여기지 않고 가서 고치려 하지만, 마음을 잃고서는 찾을 줄 모른다. 바로 이러한 삶을 공자—맹자는 남에 의존하는 '소인'의 태도라고 말한 것이다.

그렇다면 이러한 소인小人으로 사는 우리에게 다른 방식의 삶(대인大人)으로 나아갈 근거는 그 어디에 있는가? 그것은 인간의 본성으로 인의仁義가 인간의 편안한 집(인지안택人之安宅)이며 바른 길(정로正路)로 인간에게 내재해 있다는 사실에서 찾을 수 있다. 즉 소인의 삶은 본래 기거할 곳이 아니기 때문에 불안不安하고 불편하다. 그렇지만 인간의 편안한 집에 기거하고 인간의 바른 길을 가는 본래적인 삶을 영위하는 대인은 오히려 떳떳하고 당당하다.[26] 유가에서 이러한 자기존재에 대한 자각을 일반적으로 '우환(불안)의식'이라고 말한다. 그것은 바로 같은 인간(동류同類)으로 이 세상에 태어났는데, 다음과 같은 존재방식을 묻는 질문으로 제기된다.

"순임금은 어떤 사람이고, 나는 어떤 사람인가?"[27]

즉 "어떻게 해서 순임금은 성인의 삶을 영위하였지만, 나는 단순히 범인凡人으로만 살고 있는가?" 하는 문제의식이다. 공사는 바로 이러한 문제의식에서 열다섯에 성인을 지향한 학문에 뜻을 두고, 서른에는 성인이 되고자 하는 의지를 세웠다. 그래서 그는 소인小人이 전혀 알지 못하거나 관심을 기울이지 않는 형이상자인 천天과 천명天命에로 시선을 지향하고(상달上達), 천명의 본성으로 자기정립을 이루어, 마침내 일흔에 이르러서 온전한 자기완성을 이루었다.

## 철학적 인식과 삶

철학적 '태도전환'이란 철학적 문제의식을 갖고 초발심初發心을 일으킨 정신이 철학적인 태도로 관점을 바꾸는 것이다. 플라톤은 그것을 동굴의 수인囚人이 모상의 그림자를 실재로 간주하던 동굴로부터 회향하여 태양이 비추는 광명세계로 시선을 전향하는 것으로 묘사하였다. 이제 동굴에서 탈출한 이후의 단계에 대한 그의 계속된 비유를 살펴보자.

그러나 처음에는 볼 수 없었지만, 점차 태양 아래 보이는 지상의 광경들에 익숙해진다. 처음에는 그림자들을 쉽게 보게 되고, 그 다음으로 물속에 비친 사람들이나 다른 것들의 영상들을 보게 되고, 그리고 실물들을 보고, 마지막으로 그는 태양을 물속이나 다른 자리에 있는 투영으로서가 아니라 제자리에 있는 태양을 그 자체로서 보게 된다. …… 그런 다음 그는 태양에 대해 다음과 같은 결론을 내리게 된다. 즉 계절과 세월을 가져다주며, 보이는 영역에 대한 모든 것을 다스리며, 또한 모든 면에서 그를 포함한 동료들이 보았던 모든 것

의 원인이 되는 것이라는 것. ······

　그러나 옛날에 살던 동굴을 생각하면서 그 곳에서의 지혜, 그곳에서의 수인
囚人들을 생각하고는 자신의 변화로 인해 자신은 행복하다고 여기면서도 그곳
의 수인들을 연민하게 된다. ······ 그래서 그는 다시 수인들을 구하기 위하여
동굴로 다시 내려간다. 다시 어둠 속으로 내려가 이전의 자리에 앉지만, 갑자
기 햇빛에서 벗어나왔으므로 그의 눈은 어둠으로 가득하게 된다. ······ 그래서
다른 사람들의 비웃음을 사고 만다. 그들은 이 사람이 어리석게 된 것은 동굴
에서 나가 눈을 버렸기 때문이라고 생각하고 동굴에서 탈출하는 것은 가치 없
는 것이라고 한다. 그래서 그들의 결박을 풀어주고 동굴 밖으로 탈출하게 하
려고 시도한다면 그를 죽여 버릴 것이다.[28]

　플라톤의 이 비유를 그 자신의 「선분의 비유」와 연관하여 해석한다면,
수인囚人이 동굴에서는 희미하게 보았으나 탈출하여 좀 더 확실하게 보게
되는 실물의 그림자는 곧 감각경험에 근원을 두고 성립된 과학적 인식을
말한다. 이러한 경험적 인식은 엄밀한 법칙에 토대를 둔 것이 아니라, 개
연적 확률인 가설에 불과하다. 바로 이 점을 오늘날 과학주의, 내지는 물
리주의자들은 망각하고 있다고 할 것이다. 그 다음으로 물속에 비친 사람
들이나 다른 것들의 영상들이란 바로 수학적 인식을 말한다. 수학 혹은 기
하학이 플라톤이 말하는 수호자 이상의 계급이 최종적인 변증법을 배우기
이전에 필수적으로 배워야 하는 예비학[29]으로 인정되는 것은 "수학자들이
정작 생각하고 있는 것이 눈에 보이는 도형들이 아니라 그것들이 닮아 보
이는 원래의 것들이고, 그들이 논의하고 있는 것이 정사각형 자체나 대각
선 자체이기 때문이다."[30] 다시 말하면 '원'이나 '수직'과 같은 기하학자들
이 다루는 기하학적 표현들은 단순히 경험적 대상들이 아니라, 이론적 대

상들, 즉 '이데아들' 혹은 기하학적 형태들에 요청되는 이념적 속성들에 관계한다. 그런데 수학적 인식은 보편타당하다고 할 수 있지만, 일련의 근본 개념을 무비판적으로 전제하고 있다. 그래서 플라톤은 수학자들은 "홀수와 짝수, 도형들과 세 종류의 각을 전제하고서, 마치 이것들이 이미 모든 사람들에게 명백하다는 듯, 가정들에서 출발하여 …… 애초에 그들이 고찰을 시작하게 된 대상에 이르러 결론을 내린다"[31]고 주장한다. 요컨대 플라톤에 따르면, 철학적 인식은 어떠한 전제도 무비판적으로 수용하지 않을 때 가능하지만, 수학은 그렇지 못하다. 즉 '철학적 인식'이란 "가정(전제)들에서 원리(근원)로 나아가는 것이 아니라, …… 무가정(무전제) 원리로 나아가는 것으로서, 앞부분의 영상(모상)없이 형상(eidos)들 자체를 이용하여 탐구하는 것으로 진행"[32]하여, "무전제의 시초"까지 물어보면서 전제前提의 진리성을 절대 확실하게 인식할 때에 성립된다. "무전제의 시초는 그 어떤 감각적인 것도 전혀 이용하지 않고 형상들 자체만을 이용하여"[33] 지성에 의해 직접 명증적明證的으로 확인되는 이데아이다. 이 이데아의 직관을 플라톤은 실상을 보는 것으로 묘사하였다. 그런데 이데아는 태양의 조명에 의해 비로소 드러나기 때문에, 태양이 인식을 가능하게 하는 궁극 기원이라고 할 수 있다. 따라서 이데아의 인식은 최종 근원인 태양을 볼 때 비로소 완성된다. 플라톤은 이러한 태양에 대해 "가지적 세계에서는 빛과 주인을 주고, 예지적 세계에서는 그 자신이 스스로 주인이 되어 우리가 진리와 통찰을 가지도록 도와주는"[34] "인식과 진리의 기원"[35]이며, 선의 이데아로서 "모든 면에서 가장 좋은 자"로서 "무질서를 질서 지우며",[36] "만물 중의 일물이 아니라, 장엄함과 힘에 있어서 일체 존재자를 넘어선다"[37]고 기술하고 있다.

철학하는 정신의 자기 초월적 귀향에의 편력은 모든 만물의 존재 근원이며, 인식의 가능근거인 이데아들의 이데아인 태양을 직관하는 것으로 모든 것이 끝나지는 않는다. 동굴 밖으로 탈출하여 태양 빛을 맞본 자는 다시 반드시 동굴 안으로 되돌아와 타인의 교화를 수행하여야 한다. 플라톤은 그 이유를 철학자의 '수인囚人들에 대한 연민', '사회적 의무', 혹은 국가의 근본 원리는 "전체로서의 사회의 행복을 증진시키는 데에 있다는 것"[38] 등으로 설명하고 있다. 그것은 곧 인간은 고립된 존재자가 아니라, 그 본성상 사회적(공동체적 · 정치적) 존재이기 때문에, 철학하는 자는 사회에서 그 철학을 실현해야 한다는 뜻일 것이다.

플라톤의 동굴의 비유에서 만물의 존재근원이자 인식근거인 이데아로서 태양은 공맹孔孟으로 대표되는 원시유교에서는 '천天'으로 묘사되고 있다. 공자의 다음 언명은 만물과 덕의 근원으로서의 천 개념을 드러내주고 있다고 할 것이다.

공자가 말하기를, "나는 말을 하지 않으려고 한다." 자공이 말하기를, "선생님께서 말씀을 하지 않으시면 저희들은 어떻게 기술하겠습니까?" 공자가 말하기를, "하늘(天)이 무슨 말을 하던가? 사시四時가 운행되고 온갖 만물이 생장하는데, 하늘이 무슨 말을 하던가?"[39]

공자가 말하길, "하늘이 나에게 덕을 주셨는데, 환퇴가 나에게 어떻게 하겠는가?"[40]

이 글에서 보이듯이, 유교에서 천天은 사계절을 운행하면서 만물을 생장시키는 만물의 존재근거이고, 도덕성의 근원으로서 선의 이데아와 같은 역할을 하는 언어적 표상을 초월한 형이상자이다. 이러한 유가의 '천天' 개념은 신유가新儒家들에 의해 천리天理, 태극太極(조화지추뉴造化之樞紐, 품휘지근지品彙之根砥), 리理(소이연지고이소당연지칙所以然之故而所當然之則) 등과 같은 개념으로 구체화되어 발전하였다.

앞서 인용했던, 공자의 학문여정에서 가장 중요한 분기점은 '지천명知天命'이며, 그 이전의 '지우학志于學', '이립而立', '불혹不惑' 등은 동굴에서의 탈출과정에 유비할 수 있겠다. 그런데 플라톤이 철학의 예비학을 배우고 나서 마치고, 최종학이자 보편학인 변증술을 배움으로써 "만물의 존재근거이자 인식근거로서 이데아들의 이데아인 태양, 즉 선의 이데아를 인식해야만 온전한 인식이 이루어진다"고 말하고 있듯이, 공자 또한 다음과 같이 말하고 있다.

"나를 아는 자가 없을 것이다. …… 하늘을 원망하지 않고, 남을 탓하지 않고, 아래로 인사人事를 배워 위로 하늘과 통했으니, 나를 아는 자는 하늘일 것이다."[41]

여기서 공자는 형이하자 곧 일상에서 실현되는 인사人事에 대한 공부(예비학)는 형이상자에 대한 통달로 나아가야 진정한 인식이 될 수 있다고 말하고 있다. 형이상적 원리에 대한 인식(상달上達)이란 미혹되지 않고(불혹不惑) 천명天命을 아는 것이다. 소인은 수단으로서 세상사에 골몰한 나머지 형이상자에 관심을 두지 않기 때문에 천명을 알지 못하며,[42] "천명을 두려워하지 않고, 천명을 실천하고자 하는 대인大人에게 버릇없이 굴고, 성인의 말씀을 업신여긴다."[43] 형이하의 인사에 대한 추구에서, (중인中人이상이어야 말할 수 있는) 형이상으로 관점전환을 수행하기 위해 노력하고,[44] "힘써 행하여, …… 선을 선택하여 굳게 잡고" "성실하고자 노력하는 자

(성지자誠之者, 사성자思誠者)의 일들"[45]은 모두가 철학적 방식으로 관점전환을 완수하기 위한 군자의 끊임없는 노력이라고 할 수 있다.

플라톤의 「동굴의 비유」에서 동굴을 탈출한 수인囚人이 절대적 진리의 원천인 태양을 처음으로 보게 되지만, 눈이 멀어지게 되고, 차츰차츰 낮은 단계에서부터 서서히 적응하여 마침내 만물의 실상과 그 근거로서 태양(선의 이데아, 신)을 보게 되는 단계는 유가에서 '지천명知天命'을 실현한 이후의 '이순耳順'과 '종심소욕불유구從心所欲不踰矩'로 나아가는 단계와 유사하다고 할 수 있다. 즉 형이하자에 대한 배움(하학下學)을 지양止揚하면서 형이상자에 달통(상달上達)하여 절대적인 궁극자로서 진선미眞善美의 근원인 하늘과 그 명령(천명天命), 그리고 우리가 품부받고 태어난 천명의 본성을 인식하고(지천명知天命), 거기에 점차 적응하여(이순耳順), 마침내 "마음이 하고자 하는 바를 좇아도 법도와 일치하는" 경지로 변화하는 것은 "만물의 존재근거이자 인식의 가능근거인 태양에 대한 인식"을 온전히 성취하여 지덕智德의 완전한 일치에 도달하는 것에 유비할 수 있다. 유가는 이를 '사사로운 자기를 극복하고 예를 회복(극기복례克己復禮)'하는 것과 같은 노력을 지극히 한 이후에 오랜 성숙의 과정을 거쳐 실현되는 정신의 일대 변화라고 말하고 있다. 그래서 맹자는 이렇게 정의하고 있다.

"선에 충실하여 빛나는 사람을 일러 대인大人이라 하고, 대인大人이면서 변화(化)된 사람을 성인聖人이라고 하며, 성인聖人이면서 알아볼 수 없는 경지에 도달한 사람 신인神人이라고 한다."[46]

『중용』에서 "편안하게 (도를) 행하고, …… 힘쓰지 않아도 적중하고, 생각하지 않아도 얻고, 넉넉히 도에 알맞은 단계"[47]라고 기술하고 있다. 그런데 유교의 정치철학서인『대학』은 이를 삼강령의 첫 번째 단계인 '명명덕明明德'으로 제시하면서 본성의 덕이라는 측면에서 조명하고 있다.

대인의 학문의 길은 밝은 덕을 밝히고(명명덕明明德), 백성을 새롭게 하고, 지극한 선善에 머무르는 데에 있다.[48]

'덕德'이란 '천명의 본성'으로 하늘로부터 우리가 부여받아 체득하고 태어난 것(덕德득야得也)이기 때문에, 보편자에게서 유래한다고 할 수 있다. 따라서 이 덕을 지니고 태어났기 때문에 인간은 개인적 특수성을 넘어 보편자의 화육의 역사에 동참할 수 있게 된다. 그리고 '명덕明德'이란 인간이 천天으로부터 부여받은 덕이 가장 온전하다는 것, 즉 (맹자가 말했듯이) 그 자체 선善하다는 것을 함축한다. 그렇기에 천天이 우주 전체의 자연自然이라면, 인간은 천덕天德(천성天性, 천리天理)을 가장 온전하게 구비하고 태어난 이른바 '소우주小宇宙'로서의 지위를 갖는다. 주자朱子가 "일상의 인간은 '무지無知' 혹은 '미망迷妄'때문에 본성을 자각하지 못하고 있지만, 마치 구름을 걷어내면 밝은 태양이 드러나듯이, 무지 혹은 미망의 베일이 벗겨지면 완전하고 선한 명덕이 밝게 드러나 현실화된다"[49]고 해설하고 있듯이, 유가의 '명명덕明明德'에 관한 이론은 소우주로서 인간관, 인식상기설認識想起說,[50] 그리고 지덕일체智德一體를 주장하는 플라톤의 학설에 상당히 부합한다고 생각된다. 마치 플라톤의 이데아Idea가 "인간의 자기 이해와 세계 이해의 목표이며 조명이자 동시에 원동력"이 되듯이, 즉 이데아는 세계cosmos를 질서 짓는 조명인 동시에 세계의 구성, 창조, 변조를 위한 원동력"이 되듯이, 유가의 천天 또는 천리天理는 "자연을 자연으로 나타나게 하는 빛인 동시에 자연이 자연으로 화생化生하는 원천이다."[51] 따라서 인간이자기완성을 지향하는 큰 배움의 길은 천天(리理)을 온전히 인식하고, 천명天命(덕성德性)을 실천하여 천지의 화육을 돕는 일이라고 할 수 있는데, 그것을 '명명덕明明德'이라고 말하고 있다. 그리고 『대학』은 이 '명명덕'을 격물格物, 치지致知, 성의誠意, 정심正心, 수신修身의 조목으로 세분화시켜 제시하고 있다.[52]

『대학』의 팔조목을 살펴보면, "사물의 이치를 탐구하는 것과 마음의 자질(명덕明德)을 함양하는 것이 일치하는 차원에서 제가齊家－치국治國－평천하平天下가 이루어지며, 인간 완성의 정도에 비례해서 이상 국가가 성취된다"고 주장하고 있다. 즉 『대학』의 큰 배움의 첫 번째 관문으로서 '명명덕'(격물, 치지, 성의, 정심, 수신)으로 표현되는 내면의 수양은 두 번째 관문인 친민親民(제가, 치국, 평천하)으로 외현外現된다. 바로 이 점에 근거를 두고, 유학을 세칭 '수기치인지학修己治人之學' 혹은 '내성외왕지도內聖外王之道'라고 말하는데, 이는 "모든 수단 세계에 가치 질서를 부여하고, 수단에 종사하는 사람들(농공상農工商)이 조화롭고 통일적인 인간 공동체에 가장 적절하게 봉사할 수 있도록 통치하는 지혜의 학이자 목적의 학"[53]을 표방하고 있음을 드러낸다. 이는 플라톤이 "태양과 광명세계를 맛본 자가 연민에 의해 다시 동굴로 들어가 동굴 속의 수인囚人들에게 동굴 밖에 광명세계가 있다는 것을 가르쳐주는 단계"와 맥락이 상통한다고 생각된다. 따라서 유가의 내성외왕의 이념은 플라톤의 철인왕哲人王의 이념에 비견될 수 있고, 『대학』의 지극히 선한 국가에 정주(지어지선止於至善)하고자 하는 열망은 플라톤의 '이상국가'에 비견된다고 할 수 있다. 그러나 플라톤은 이상국가를 다음과 같이 비극적으로 전망하고 만다.

비록 이와 같이 이루어진 이상국가는 동요하기 어렵다 하더라도 생자는 필멸이라. 이러한 조직도 영속될 수 없을 것이니, 정녕 와해될 수밖에 없으리라.[54]

곧 정치를 통해 정치가 더 이상 필요 없는 사회를 창출하고자 하는 이상 국가론은 '인간적인 사회'를 주창하고 있지만, 그런 사회란 '현실적 역사 적 인간의 사회'라고는 할 수 없을 것이다. 바로 여기서 우리는 플라톤의 이상국가, 그리고 유가가 지향하는 '지선至善의 공동체'란 사회과학인 정치 학의 대상이 아니라, 정치미학의 차원에서 제기된 현실 비판의 준거라는 것을 확인할 수 있다.

# 4

# 철학의 복명

앞서 말했듯이 정보화된 과학기술, 혹은 지식산업사회로 규정되는 현시대에서 학문學問은 과거와 본질적으로 다른 방식으로 추구되고 다루어진다. 이제 학문은 더 이상 "세계의 경이로움에 대한 알고자 하는 인간 본성"에서 유래하여 진리의 추구하는 것이 아니다. 그것은 유통되는 지식을 생산하기 위한 수단으로 치부되며, 효율성과 부富를 창출하기 때문에 생명을 유지하고 재생산 된다. 지식은 정보로 가공되어 팔리기 위해 생산되고, 따라서 목적으로서 인간이란 이미 상실된 시대가 바로 현재 우리의 상황이다. 이 시대의 모든 정보와 지식은 이제 상품일 뿐만 아니라, 그것 자체가 또한 권력이다. 상품화될 수 없는 지식, 권력으로 작용하지 않는 정보는 이제 더 이상 지식으로서도, 정보로서도 의미가 없는 것으로 간주하는 시대가 바로 지금이라고 하겠다.

학문의 전당이라고 하는 대학 또한 이러한 사회의 변화에서 예외일 수 없었다. 전문화, 세분화를 추구하는 시대와 사회적 요구에 발맞추어 그 동안 대학의 학문 또한 분화를 가져왔으며, 지금도 그리고 미래에서도 끝없이 분과학문이 파생될 것이다. 그리고 이러한 사회의 요구에 발맞추어 대학의 학문 또한 끝없이 영욕을 되풀이하고 있다. 이른바 인간 자신을 탐구하고, 지혜를 추구하던 고전적인 학과들은 쇠락을 거듭하고 있으며, 사회가 요구하는 기술 인력을 양성하는 학과는 번영을 구가하고 있다. 그런데 큰 배움의 전당으로서 대학은 완전히 대중화되기 이전까지는 사회적인 지도자 혹은 전문가 양성소로서의 역할을 수행하였다. 그러나 완전히 대중화된 지금의 시점에서는 이제 마치 기능인 양성소 즉 직업인의 예비 교육의 장으로 탈바꿈하였다. 그렇다면 이제 우리는 현재의 대학은 대학이 아니라고 하는 역설을 주장해야 하는 상황에 처해 있다고 말해야 할 것이다.

"모든 전문 지식과 수단의 세계가 인간의 목적에 봉사하도록 수단의 세계에 목적을 부여하고, 수단에 종사하는 사람들로 하여금 그 모든 전문직이 하나의 조화롭고 통일적인 인간 공동체에 가장 적절하게 봉사할 수 있도록 이들을 통치하는 가장 높고 가장 포괄적인 지혜의 학이자 목적의 학"은 그 어디에 있는가? 교육이 과학기술의 재생산과 발전에 공헌하는 기능적인 역할만을 수행할 것을 강요하는 이 시대야 말로 오히려 역설적으로 '학문과 인격', 즉 지덕智德의 일치와 완성을 지향하는 철학교육이 절실히 요구되고 있지는 않는가?

고등 교육 또한 마찬가지이다. 정보화시대인 이 시대는 지식과 정보가 진정 차고 넘치는 시대이다. 진정한 문제는 얼마나 많이 배웠는가 하는 것에 있는 것이 아니라 무엇을 어떻게 배우는가 하는가 하는 것에, 정보와 지식의 양적 축적만이 아니라 정보와 지식을 관리하는 주체 자신의 자기정립(지혜智慧)에 있다고 할 수는 없는 것인가? 철학 교육의 이념과 방향은 바로 이 점을 충실화하는 방향으로 진행되어야 한다고 생각된다. 철학교육은 "① 논리적 사고능력 함양, ② 인간, 사회, 그리고 자연을 포함한 모든 존재에 대한 전체적 조망을 갖게 하고, ③ 사회 행위 및 사회 현상에 대한 가치 판단에 필요한 지적 능력 함양, ④ 철학사를 통하여 전승된 인류의 지적 유산의 정체를 확인하게 하고, 이 모든 것의 결과로서 ⑤ 인간을 편견과 오류로부터 해방시켜 비판적 사고능력을 함양하는 것"을 목표로 한다.[55] 그리고 아마도 이런 이념과 지침에 따라 현행 철학교과는 대체로 ① 철학의 개념, ② 인식론, ③ 형이상학, ④ 윤리학, ⑤ 정치철학, ⑥ 문화, 자연, 미학, ⑦ 동양 및 한국철학 등으로 구성되어 있다.[56] 물론 이러한 이념과 지침, 그리고 이에 따른 교재의 구성은 모두 필수불가결한 것이라고 할 수 있다. 그런데 진정 중요한 것은 "철학이란 무엇이고, 무슨 목적을 위해 존재해야 하는가?" 하는 일차적이고 근본적인 문제를 잘 교육하는 것이라고 판단된다. 우리는 철학의 이념 및 개념 규정은 단순한 어원적 설명만 아니라, 그 본래적인 지혜사랑의 정신에서, 나아가 현대 우리가 처해 있는 인간문제의 관점에서 제기되어야 한다고 본다. 정보화시대인 우리 시대는 실로 정보라고 하는 수단만이 만연하고, 목적으로서 인간은 상실된 시대라고 하겠다. 과학기술의 발전과 재생산에 공헌하는 것으로서 교육이란 그 과학기술을 이용하여 행복한 삶을 영위해야 할 인간을 오히려 방기放棄하고 있다. 바로 이런 시대에는 "대화술과 산파술로 자신의 무지無知를 자각하고, 대상 세계를 바라보면서 자료와 정보를 해석하는 관점 자체(인간 자신)를 정립하는 학문, 학문과 인격이 함께 성장하는 교과"를 필요로 한다. 이것이 바로 "사물의 이치를 탐구하는 것과 마음의 자질을 함양하는 것이 일치하는 차원에서 정의로운 국가를 구성하고자 했던" '지혜의 학'이자 '목적의 학'인 철학이 현실에서 복명復命되어야 하는 이유라고 하겠다.

# 3장

## 유교의 근본 이념과 개념

### 종지(宗旨)와 도통(道統)

# 1
# 보편 종교의 형성

이른바 문명의 '기축시대'axial age: BC 800 ~ AD 200년 이래, 인류 역사에서 오랜 세월 동안 주도적인 위치를 점하며 보편 철학 혹은 종교로 인정받고 상당한 영향을 끼쳐온 여러 종파 및 학파들은 어떤 '궁극 존재' 혹은 '절대 진리'를 설파해 오고 있다. 그런데 '궁극 존재'가 자신을 드러내는(계시啓示) 절대 진리를 보고(관조觀照), 깨달아(자각自覺), 몸소 체득하여 실천함으로써 진리의 표상이 된 인물들을 흔히들 세계의 위대한 성인聖人(공자, 석가, 소크라테스, 예수 등)이라고 부른다. 이들의 언행을 원 자료로 경전(장藏)과 여러 고전古典들이 형성되고, 이론화 작업을 통해 교의敎義(론論)로 정립되고, 나아가 윤리적 행위 규범으로서 계율戒律이 성립되면, 그에 대한 해설로서 여러 주소註疏들이 출현하게 되고, 추종하는 수많은 대중들로부터 정통성과 권위를 인정받으면서 보편 종교 및 학파로 발전하여 인류 문화 형성에 지대한 기여를 하거나 수많은 폐단을 끼치게 된다. 다음의 사전적 정의는 이러한 사실을 잘 기술해 주고 있다.

세계적 종교란 특정의 교조에 의해 개창되어 개조의 행적이나 교설을 중심으로 경전을 갖는 교단이 초민족적인 정신을 바탕으로 창립된 종교를 말한다. 곧 인류 전체가 바르게 사는 길, 전 인류 중생을 구제하는 세계성과 보편성을 지니고 있으면서도, 또한 개인을 구제하는데 기초한 개인적 내면적 성격을 아울러 뚜렷이 하고 있다. 불교, 기독교, 유교, 이슬람교 등이 그 대표적인 종교이다.[1]

동아시아의 보편 종교로서 유교의 근본 특성을 제시하려는 우리는 우선 ① 절대 진리의 근원이 되는 유교적 '궁극 존재'란 무엇인가, ② 그 교의敎義의 핵심을 형성하는 종지宗旨 및 토동道統 그리고 일관지도一貫之道란 어떤 것인가 하는 점에 대해 살펴보고자 한다. 나아가 ③ 이러한 유교의 궁극자 개념과 교의가 지니는 특성을 요약해 보고자 한다.

# 2
# 궁극 존재, 하늘

## 공자의 천 개념

주지하듯이 유교의 창시자인 공자는 궁극 절대존재로 하늘(天)을 천하 만물을 조화·발육시키면서 인간에게 덕을 부여하는 근원이라고 말하였다.[2] 그가 하늘에 대한 언명 가운데 대표적인 것은 다음과 같은 것들이다.

"나는 말을 하지 않으려고 한다. …… 하늘이 무슨 말을 하던가? 사시四時가 운행되고 온갖 만물이 생장하는데, 하늘이 무슨 말을 하던가?"[3]

"하늘이 나에게 덕을 주셨다."[4]

"쉰에 하늘의 명령을 알았다."[5]

"하늘의 명령을 알지 못하면 군자가 되지 못한다."[6]

"나를 아는 자가 없을 것이다. …… 하늘을 원망하지 않고, 남을 탓하지 않고, 아래로 인사人事를 배워 위로 하늘과 통했으니, 나를 아는 자는 하늘일 것이다."[7]

유교에 따르면, 하늘은 스스로 이름을 내고(名), 길을 트며(도道), 결(리理)을 낸다. 하늘은 스스로를 이루면서 만물을 조화발육進化發育한다. 혹은 시간성時間性으로서 하늘은 공간성으로서 땅과 짝을 이루어 춘하추동春夏秋冬으로 운행되면서 원형리정元亨利貞의 덕으로 만물을 조화발육한다. 유가의 천天에 대해서는 '물리적인 자연천自然天(창창유형지천蒼蒼有形之天)', '의리義理의 담지자로서의 도덕천道德天'과 '인격적인 주재천主宰天(영명주재지천靈明主宰之天)' 등과 같은 다양한 논의와 정의가 있다. 그런데 공자 이전의『시경』과『서경』에서 '천'은 인간에게 화복禍福을 주는 인격신의 의미를 지니는 것으로 나타나기도 하지만,[8] 공자 및 맹자에 의해서는 주로 의리 및 도덕의 근원으로 언급된 경우가 많다. 그래서『맹자』는 다음과 같이 천天을 인간의 선한 마음과 본성의 근원이라고 말하고 있다.

"그 마음을 다하는 자는 그 본성本性을 알고 그 본성을 아는 자는 천天을 안다. 그 마음을 보존하고 본성을 양성하면 천天을 섬기는 방법이 된다."[9]

공맹의 천天 개념은 소크라테스–플라톤의 '태양으로 비유되는 선善의 이데아Idea'와 비교하면 흥미로운 일치를 나타낸다. 이들에 따르면, 선善의 이데아로서 태양은 "가시적 세계에는 빛과 주인을 주고, 예지적 세계에는 그 자신이 주인이 되어 우리가 진리를 통찰할 수 있도록 이끌어 주는 인식과 진리의 기원"이며, "모든 면에서 가장 좋은 자로서 무질서를 질서 지우며" "단순히 만물 가운데 하나의 사물이 아니라, 장엄함과 힘에 있어서 모든 존재자를 초월한다."[10] 따라서 "선의 이데아는 우주cosmos를 질서지우는 조명인 동시에 세계의 구성·창조·변조를 위한 원동력이 되며, 나아가 인간의 자기 이해와 세계 이해의 목표이며 조명이자 동시에 원동력이 된다."[11] 이와 마찬가지로 공맹의 천天 또한 만물을 화생하는 존재근거인 동시에 도덕적인 선한 본성의 원천이다. 인간은 천명의 본성을 인식할 때 비로소 자기 정립이 가능하며, 그 본성을 온전히 실현할 때 자기완성을 할 뿐만 아니라 타자를 완성시켜면서, 천지의 화육 작용에 능동적으로 참여(능참能參)하여 천지와 더불어 우주의 삼재三才가 될 수 있다.

그런데 공맹의 이러한 천天과 삼재三才 이념과 연관해서, 전국시대 말기의 순자荀子는 도덕천道德天을 '물리적인 자연천自然天'으로 변형시켜 또 다른 방식의 우주론 및 삼재론을 전개하였다. 그는 "하늘의 운행에는 일정한 자연적 법칙이 있는데,"[12] 이 운행법칙은 인간의 도덕성과 전혀 관계가 없다고 말하여, 맹자의 천인합일天人合一의 도덕적 세계관을 비판한다. 즉 순자는 '하늘과 인간은 그 직분을 달리한다(천인지분天人之分)'고 주장함으로써, 자연과학이 독립적인 학문으로 형성될 수 있는 길을 열어 놓았다. 결국 그의 삼재론三才論은 다음과 같이 표현된다.

"하늘은 춘하추동의 사시四時의 변화를, 땅은 깊이 간직하고 있는 재원을, 그리고 인간은 사물을 다스리는 방법을 가지고 있다. 대처 이를 일러 인간이 천지와 나란히 참여하여 셋이 되는 것(능삼能參)이라고 한다."[13]


## 노자의 천 개념

공맹의 천天 개념에 대해 이미 도가道家의 노자老子는 다음과 같이 비판하여, 일견 유가보다 한층 심오한 형이상학을 제시하고 있다.

말로 언표된 것은 항상된 도가 아니며, 이름으로 명명된 것은 항상된 이름이 아니다. 무無는 천지의 시작을 말하면, 유有는 만물의 어머니이다. …… 이 양자(무無와 유有)는 같이 나와서 이름을 달리하니 같이 그윽하다고 말한다. 그윽하고 또 그윽하니 온갖 신묘한 작용이 나오는 문이다.[14]

노자에 따르면, 천지만물을 끊임없이 생성하는(생생불이生生不已) 도道(가이위천하모可以爲天下母: 5장)는 형상을 지닌 '만물 중의 한 사물'(소산적 자연所産的自然, natura naturata)일 수 없다는 점에서 "그것이 어떠하다"고 설명할 수 없다. 나아가 도는 고정된 형상을 지닌 어떤 무엇이 아니라는 점에서 "그것은 무엇이다"고 명명할 수도 없다. 이렇게 설명하거나 명명할 수 없기 때문에, 마지못해 자字를 지어 '도道'[15]라고 하지만, 형상이 없다는 측면에서는 차라리 무無(무명無名, 무물無物: 1, 14, 32장)이다. 그러나 이 '무無'는 '유有'에 대립되는 무無(도무都無 혹은 공무空無)가 아니라는 점에서 오히려 유有(1장), 대大(강이지명왈대强謂之名曰大: 25장), 혹은 일—(10, 14, 22장)이라고 말할 수밖에 없다. 요컨대 스스로 그와 같이(自然) 본래 자재하며 자기 충족적인 도道(독립이불개獨立而不改 수행이불태周行而不殆 …… 도법자연道法自然: 25장)는 물리적 시간을 생성하는 시간성 자체이기 때문에 물리적 시간을 초월한다. 이 점에서 도는 불생불멸不生不滅 혹은 무시무종無始無終이며, 논리적으로는 "천지보다 선재하며"(선천지생先天地生: 25장), 나아가 천지를 가동시켜(천지지시天地之始: 1장) 만물을 낳은 어머니(만물지모萬物之母, 만물지종萬物之宗: 4장)라고 할 수 있다.

노자의 논리에 따르면, 우주의 궁극 근원을 어떤 '유有'라고 한다면, 우리는 그 유有의 근원을 다시 물어야 하기 때문에 무한연쇄의 악순환에 빠진다. 따라서 마지못해 '유有'는 '무無'에서 나왔다고 말할 수밖에 없다.[16] 그런데 '유有'에 대립되는 그야말로 아무것도 없는 '공무空無'에서는 아무것도 발생할 수 없다ex nihilo nihil는 것은 자명한 공리公理이다. 이렇게 존재의 근원을 대립된 '유' 혹은 '무'라고도 할 수 없는 상황에서 노자는 "유와 무를 대립되는 양자가 아니라 하나이면서 전체인 도道가 시간적으로 작용하여 천지를 가동시키는 무형상적인 측면(은隱)을 무無 혹은 무명無名이라 말하고(무명천지지시無名天地之始), 공간적으로 전개되면서 만물을 낳는 측면(현顯)을 유有 혹은 유명有名이다"고 말한다. 요컨대 노장의 도교는 유교의 천天 혹은 천지天地는 형상을 지닌 존재자로서 '만물 가운데 하나의 사물'(만물중일물萬物中一物)에 지나지 않기 때문에 우주의 궁극 근원이 될 수 없다고 비판하고, 일체 형상을 넘어서는 '도道'를 우주의 궁극 근원으로 간주하고, 도 → 천지 → 만물로 내려오는 한층 깊은 우주발생론적 체계를 구성한다.

그리고 유교는 하늘이 원형리정元亨利貞을 덕을 지니면서 시간상 춘하추동으로 전개되고, 인간 또한 인의예지의 덕을 지닌다고 말한 것을 노자는 다음과 같이 비판한다.

천지는 어질지 않아(불인不仁) 만물을 풀강아지처럼 여긴다. 성인은 어질지 않아 백성을 풀강아지처럼 여긴다. 하늘과 땅 사이는 아마도 풀무에 비유할 수 있을 것이다. 텅 비어 있으면서 다함이 없어 움직일수록 더욱더 나온다.[17]

최상의 덕은 덕스럽지 않으므로 진정한 덕이 있지만, 낮은 덕은 덕스러움을 잃지 않으니 진정한 덕이 없다.[18]

그러나 이러한 노자의 유가 천天 개념 비판은 단지 외면적인 것에 대한 것일 따름이다. 다음의 노자의 도道에 대한 언명을 살펴보자.

나는 그것을 무엇이라고 명명하지 못하여 '자宇'를 지어 '도'라고 부르고, 억지로 이름하여 (무한히) '크다'고 한다. (무한히) 크면 (끝없이) 흘러 작용하며, (끝없이) 흘러 작용하면 아주 멀리(궁극窮極)에 도달하고, 아주 멀리에 도달하면 다시 (자기 자신으로) 되돌아온다. 그러므로 도는 크고, 하늘도 크고, 땅도 크고, 왕 또한 크다. 드넓은 세계에 네 가지 큰 것이 있으니, 왕은 그 하나를 차지한다. 사람은 땅을 본받고, 땅은 하늘을 본받고, 하늘을 도를 본받고, 도는 스스로 그와 같다.[19]

노자는 도를 억지로 이름 붙여 '크다(대大)'고 말하고 있는데, 이는 지극히 커서 밖이 없다(지대무외至大無外)는 말이다. 따라서 도는 지극히 커서 모든 것을 포용하며(대大), 모든 것을 포용하면 모든 곳에 작용하며(서逝), 모든 것에 작용하면 궁극에 도달하며, 궁극에 도달하면 그 궁극이란 곧 자기 자신 곧 자연自然일 따름이다. 그리고 천天은 우주의 모든 만물을 위에서 덮어주고, 지地는 모든 만물을 싣는 것을 상징하므로 이 양자 또한 지극히 크다고 할 수 있다. 왕王 역시 문자상(二++)으로 보아도[20] 천지天地의 계승자라고 할 수 있기 때문에 천지가 크듯이, 왕王 또한 크다. 따라서 우주(역域)에 네 가지 지극히 큰 것이 있는데, 그것은 천天, 지地, 도道, 왕王(人)이다. 천지인天地人, 삼재三才는 같은 뿌리(동근同根)인 도에서 생겨났던 바, 도를 본받아(법法), 도에로 복귀하여 스스로 그와 같은 자기自己, 자유自由, 자재自在, 자화自化한다. 노자의 이 말은 결국, 일반적으로 유교에서 말하는 궁극존재인 '천天'이 '一일 + 大대'의 합성어로 하나의 큰 존재 즉 우주 전체를 포괄하며 모든 곳에 작용하며(서逝), 나아가 만물 각각에 그 본성으로 부여되어 있다는 것과 그 의미가 다르지 않다. 나아가 노자가 천지인天地人, 삼재三才는 같은 뿌리인 도에서 생겨나 도를 본받는다고 말하고 있듯이, 유가의 '천天'에는 하늘과 땅(二), 그리고 사람(人)을 포괄하는 의미 또한 내포하고 있다고 하겠다.

## 불교의 전래와 신유학의 천리

유가의 천天 개념에 대한 또 다른 강력한 비판적 대안이 있었으니, 바로 인도에서 들어온 불교였다. 일반적으로 AD 1세기에 중국에 들어왔다고 전해지는 불교의 연기緣起의 논리는 유교에 중대한 도전이 되었다. 주지하듯이 연기緣起를 설하는 불교의 팔불중도론八不中道論은 다음과 같이 표현된다.

멸滅하는 것도 없고, 생生하는 것도 없다. 단멸斷滅하는 것도 없고, 상주常住 하는 것도 없다. 동일한 것도 없고, 다른 것도 없다. 오는 것도 없고, 가는 것도 없다. 희론戲論에 지멸止滅한 길상吉祥한 연기를 설하신 정각자正覺者, 설법자 중에서 가장 수승하신 부처님께 나는 경배한다.[21]

불교의 중도中道란 "존재를 고정적으로 한정해서 생각하는 경험주의자들의 상대적 입장을 지양한 절대의 진실" 즉 연기緣起된 세계를 말한다. 즉 불교의 세계관에 따르면, '자성自性'이란 '다른 것에 의해 만들어지지 않은 것(비소작非所作)'과 '다른 것과 어떠한 연緣을 맺지 않은 것'을 말한다. 그런데 모든 대상세계의 존재자들은 모두 다른 존재자들과 연緣을 맺고 생기生 起한다는 점에서, 자성自性을 지닌 존재는 없다. 따라서 "모든 존재는 무자성無自性이며 무아無我이다(제법무아諸法無我)"는 것이 불교의 입장이다. 모든 존재는 인연因緣의 소생이라는 연기법은 "이것이 있으니 저것이 있고, 이

것이 일어나니 저것이 일어난다."고 표현된다. 이러한 불교의 우주론을 접한 중국의 지식인들은 점차 불교의 논리에 심취해 갔으며, 특히 선불교의 등장 이래 더욱더 융성해진 동시에 정치와 종교의 결합으로 인해 그 사회적 폐단 또한 심각한 상황에 도달하게 된다. 따라서 상대적으로 유교儒教는 단지 과거시험을 보기 위한 도구(훈고학訓詁學), 문장을 짓기 위한 수단(사장학辭章學)으로 전락될 위기에 처해 있었다.

쇠락한 당나라의 국운과 불교의 폐해를 절감한 상황에서 이른바 신진사대부들이 등장하여 중국 정통학문으로서 유학의 부흥을 통해 새로운 시대를 열고자 하였다. 이들은 정교한 도가와 불교의 형이상학을 접하면서, 그것을 비판적으로 극복하는 유학, 즉 말하자면 형이상학적으로 정초된 새로운 유학을 구상하게 되는데, 당말(한유韓愈, 이고李翱) 혹은 송대 북송오자北宋五子 이래 이른바 이학理學 혹은 신유학新儒學의 흐름이 바로 그것이다. 이들은 '리理' 개념을 통해 유학을 형이상학적으로 정립하고, 불교를 허무적멸지도虛無寂滅之道라고 비판하면서 수기치인修己治人하는 실학實學으로서 유교를 재정립하고자 했다. 이들의 유교이론이 새롭게 정립된 것이라는 것은 송대宋代에 신유학의 정립에 결정적인 기여를 했던 이정二程 형제가 다음과 같은 말을 한 것에서 분명히 알 수 있다.

"우리의 학문은 비록 전수 받은 바가 있으나, '천리天理'라는 두 글자는 우리들이 체득한 것이다."[22]

따라서 불교의 공空 개념과 도교의 무無 개념 등 현허玄虛한 형이상학의 논리를 비판적으로 수용하여 성립된 신유학에서 천天은 이제 "형상形象과 운동運動, 정의情意와 계탁計度, 그리고 조작造作 등이 없는 전혀 없는 '리理'로 재정립되고(천즉리天卽理), 기존의 인간의 화복을 주관하던 인격적 천天의 성격은 완전히 사상捨象된다. 그래서 그 완성자인 주자朱子는 기존의 '천天'의 자리를 대치하는 '리理'를 다음과 같이 정의한다.

리理는 느낌 · 헤아림 · 움직임이 없다. …… 리理는 하나의 깨끗하고 텅비고 넓은 세계일 따름이며 형체나 흔적이 없고 능동적으로 움직이지 않는다.[23]

상천上天의 일(리理)은 소리도 없고 냄새도 없지만 진실로 온갖 조화造化의 지도리이면 모든 만물의 뿌리이다. 그러므로 무극無極이면서 태극太極이라고 말한다. 무극 외에 또다시 태극이 있는 것은 아니다.[24]

천하 만물은 반드시 각각 그러한 바의 까닭(소당연지고所以然之故)과 마땅히 그렇게 해야만 하는 법칙(所當然之則)이 있는데, 이것이 이른바 리理이다.[25]

요컨대 리理는 형상을 넘어서는 형이상자形而上者이기 때문에 '무극無極'이라고 말하지만, 만물이 화생하는 근거(품휘지근지品彙之根柢)로서 존재근거(소이연지고所以然之故)이며, 모든 변화의 지도리(조화지추뉴造化之樞紐)라는 점에서 태극太極이라고 한다. 만물은 존재 근거로서의 리理를 지니고 태어났기 때문에 바로 '그' 만물이 된다. 따라서 자각적으로 행위하는 인간의 경우, 인간의 존재근거에 합당한 행위를 통해 인간다운 인간이 되어가는 존재라고 할 수 있는데, 이때 그 행위의 준칙을 '소당연지칙所當然之則'이라고 한다. 이렇게 존재론적인 존재의 근거(소이연지고)와 윤리적인 당위법칙(소당연지칙)을 일치시킴으로써 신유학은 존재와 당위, 사실과 가치, 존재론과 윤리학, 이론과 실천 등 일견 상호 대립되는 차원을 조화하려는 이상주의적 성향을 지녔다.

## 다산 정약용의 상제

'천즉리天卽理'로 정립된 신유학(리학理學)은 원시유학原始儒學으로부터의 일탈이라고 간주하고, 본원유학 정신의 부활을 기획한 사람은 바로 다산茶山 정약용丁若鏞, 1762~1836이다. 그는 리理의 자의字義를 해석하여, "리理는 본래 옥석玉石의 결을 가리킨다. …… 침잠하여 그 의미를 고찰하면 모두 맥리脈理, 치리治理, 법리法理라는 뜻을 차용한 글자이다."[26]라고 말하여, 신유학적인 현허玄虛한 리理가 궁극 실재가 될 수 없다고 말한다.

대저 리理는 어떤 것인가? 리理는 애증도 없고 희로도 없고, 텅 비고 막막하여 이름도 없고 형체도 없는데, '우리들이 리理에서 품부된 성性을 받았다'고 한다면, 그것은 도道가 되기 어렵다.[27]

그렇지만 다산은 "한번 음陰하고 한번 양陽하는 형이하적 존재자의 상위上位에는 분명히 '재제宰制하는 천天'이 있기 때문에, 이제 한번 음陰하고 한번 양陽하는 물질적인 형이하자로서 도체道體의 근본을 삼는 것은 잘못되었다"[28]라고 말하여 성리학의 리理가 아니라, 고경古經의 천天 개념을 다시 가져와 일음일양一陰一陽의 재제宰制로 삼고 있다. 그런데 다산은 우선 "천天의 주제主宰가 상제上帝라 하니, 그것을 천天이라고 하는 것은 국가의 군주(國君)을 국가(國)이라고 하는 것과 같은 이치로, 감히 함부로 지칭하지 못한 것이다. 저 푸르고 푸른 유형의 천天은 우리에게 마치 집이나 천막과 같은 것으로 그 품급品級이 땅, 물, 불과 같으니, 어찌 우리 인간의 본성과 도의 근본이겠는가?"[29]라고 말하면서, 궁극 존재로서 상제上帝를 다음과 같이 정의한다.

상제上帝란 누구인가? 상제란 천지와 신과 인간의 밖에서 천지와 신과 인간과 만물 등등을 창조하고 변화시키며, 편안하게 양육하는 자이다.[30]

기실 다산의 이 말은 "천天이 무슨 말을 하던가? 사시四時를 운행하고 온갖 만물을 생장시키면서, 하늘이 무슨 말을 하던가?"[31]라고 말했던 공자의 천에 대한 언명과 그 맥락을 같이하는 것으로, 한갓 사물의 내재적 조리條理로 오도될 수 있었던 유가의 궁극자의 개념을 다시 부활시킨 것이다. 이런 맥락에서 다산은 "위대한 상제는 형상形象과 기질氣質이 없지만, 매일 매일 여기에 임재하며 천지를 통어統御하신다. 만물의 조상이고 뭇 귀신들의 조종이며 위엄과 빛나는 지혜로 위에 임해 계신다."[32]고 말한다. 다산은 궁극존재인 상제는 만물에 대해 조종성祖宗性, 영명성靈明性, 임재성臨在性, 항상성恒常性, 최고선最高性을 지닌다고 말한다. 이렇게 다산은 만물이 형이하적 존재자가 규칙과 법칙성을 지니고 한번 음하고, 한번 양하는 근거로 그 상위의 재제宰制하는 궁극존재인 천天 혹은 상제[33]를 들고, 그 궁극존재를 성리학적인 태극太極 혹은 리理 개념으로 표현하기 어렵기 때문에 옛 경전의 상제 개념을 부활시켜 궁극 존재를 재정립하려고 했던 것이다.

# 3

# 근본 교의와 개념

## 근본 교의

유교의 궁극 존재인 하늘은 시간을 주재하여 사계절을 운행하고, 만물을 조화발육하는 존재 근거이자 운동의 가능근거이며, 나아가 선善 그 자체로서 도덕의 근원이다. 따라서 이러한 하늘의 도天道를 계승하고자 하는 유교에서 인간의 도(인도人道)는 궁극 근원으로 선善하며 표준이 되는 하늘의 도를 본받는 데에서 성립한다. 하늘은 그 자체로 치우치지 않고 기울지도 않는 표준이기 때문에 '중中'이라 하며, 나아가 중中으로서 하늘은 만물의 대본大本이 된다.[34] 따라서 중中을 지향하여 천지의 화육작용에 찬동하는 것이 바로 인간의 바른 길(正정 = 一일 + 止지 : 하늘에 나아가 머무름)이다.[35] 그런데 하늘과 인간의 관계를 유교는 다음과 같이 제시해 주고 있다.

"『시경』에서 이르기를, 하늘이 뭇 백성을 내시니, 사물이 있으면 법칙이 있도다. 사람들이 이 떳떳한 본성을 가지고 있는지라, 이 아름다운 덕을 좋아한다." 공자께서 말씀하시길, "이 시를 지은 사람은 도道를 알 것이다. 그러므로 사물이 있으면 반드시 법칙이 있으며, 백성이 떳떳한 본성을 갖고 있는지라, 그러므로 이 아름다운 덕을 좋아한다."[36]

　하늘의 명을 성性이라고 하고, 본성에 따르는 것을 도道라고 하고, 도를 닦는 것을 교敎라고 한다.[37]

이와 관련하여 신유학의 완성자인 주자朱子는 "하늘이란 그것이 스스로 그러하다(자연원인)는 것을, 명命이란 유행하여 만물에 부여한다는 것을, 성性이란 그 온전한 본체로서 만물이 태어나는 근거라는 것을, 리理란 모든 사물과 사태가 각각 법칙을 지니고 있다는 측면에서 말한 것이니, 종합하여 말하면 천天은 곧 리理며, 명命은 곧 성性이며, 성性은 곧 리理이다."[38]라고 말하여, 천인天人관계를 품부하는 명命과 품부된 성性의 관계로 정립된다. 그래서 주자는 위의 유가의 종지를 다음과 같이 해석한다.

　성性은 곧 리理다. 천天이 음양 · 오행으로 만물을 화생化生할 때에 기氣가 형상을 이루니 리理 또한 부여되었으니 명령命令과 같다. 이렇게 사람과 사물이 생겨나서 각각 부여받은 리理로 건순健順 · 오상五常의 덕德으로 삼으니 이른바 성性이다.[39]

　하늘(天)이 사람에게 명한 것, 그것이 곧 사람의 성性이 된다. 대개 하늘(天)이 만물에게 부여하여 스스로 그만둘 수 없는 것이 명命이다. 우리가 이 명命을 얻어서 태어남에 온전한 본체가 아님이 없음이 성性이다. 그러므로 명命으로서 말하면 원형리정元亨利貞이라고 하고, 사계절 · 오행 · 서류庶類 · 온갖 변화가 그로부터 나온다. 성性으로써 말하면 인의예지仁義禮智라고 하니 사단四端 ·

오전五全 · 만사萬事 · 만물萬物의 리理가 이 사이에 통하지 않음이 없다. 대개 하늘과 인간에게 성性과 명命의 분계가 있다고 말할지라도, 그 리理는 일찍이 하나가 아닌 적이 없다. 인간과 사물의 기氣의 품부됨이 비록 다르다고 할지라도 그 리理는 같다. 이것이 우리의 성性이 순수 지선至善한 근거이니, 순자 · 양웅 · 한유가 말한 성性과 다르다.[40]

이렇게 주자는 하늘의 명령을 원형리정元亨利貞의 덕德이라고 하고, 모든 인간에게 부여된 성性을 인의예지仁義禮智의 덕德이라고 하여 구분하지만, 명命과 성性을 동일한 리理로 보아 하나로 통일한다. 즉 명命이란 하늘이 부여한다는 측면에서 말하는 것이고, 성性이란 인간이 부여받았다는 측면에서 말하지만, 부여하는 명命과 부여받은 성性은 동일자의 다른 이름일 따름이다(성즉리性卽理). 리理는 보편 · 절대絶對라는 측면에서 말하면 '리일理一'이지만, 천도天道로써 말하면 원형리정元亨利貞이고, 사계절의 변화로 말하면 춘하추동春夏秋冬이며, 인도人道로써 말하면 인의예지仁義禮智이다.[41] 즉 원형리정은 궁극 존재의 덕이며, 인의예지는 궁극 존재에서 유래하여 인간이 나누어 지닌 덕으로서 모든 인간이 공유하고 있다. 이렇게 인간의 본성本性이 곧 천리天理(성즉리性卽理)이기 때문에 궁극 존재(天)와 인간 사이에는 어떠한 간극도 없으며, 따라서 인성의 실현은 곧 궁극 존재의 조화발육造化發育의 역운歷運에 동참하는 것이 된다. 이것이 바로 신유학자들이 "인간의 본성은 곧 천리天理이다"고 말한 것의 의미이다. 이렇게 유교에서는 궁극 존재인 하늘의 덕을 가장 빼어난 기질(수기秀氣)을 지니고 태어난 인간이 그 덕을 가장 온전히 지니고 태어났으며, 인간 본성의 실현이 곧 우주만물의 화육작용에 동참하는 것이라고 말한 것은 기독교의 『성서』에서 인간이 신의 형상imago Dei대로 창조되었다고 말하면서, 인간에게 만물의 영장의 자리를 부여한 것에 유비될 수 있다.

"하나님이 이르시되, 우리의 형상을 따라 우리의 모양대로 우리가 사람을 만들고 그들로 바다의 물고기와 하늘의 새와 가축과 온 땅과 땅에 기는 모든 것을 다스리게 하자 하시고. 하나님이 자기 형상 곧 하나님의 형상대로 사람을 창조하시되 남자와 여자를 창조하시고, 하나님이 그들에게 복을 주시며 하나님이 그들에게 이르시되 생육하고 번성하여 땅에 충만하라, 땅을 정복하라, 바다의 물고기와 하늘의 새와 땅에 움직이는 모든 생물을 다스리라 하시니라." [42]

일반적으로 위대한 종교 및 철학은 '진선미眞善美의 삼위일체로서 만물의 존재근원이자 인식의 가능근거로서 궁극 존재(선의 이데아, 천지만물의 어머지로서 도 등)를 제시하고, 그에 대한 절대 확실한 직관적 인식을 통해 그와 합일하는 것을 목표로 한다(천인합일天人合一). 그래서 하이데거는 헤라클레이토스의 단편의 용례를 전거로 하여, 서양철학의 원의를 지시하는 '지혜사랑'에서 '지혜'란 '궁극적으로 우주만물을 하나이게 하는 것(일즉전-卽全)'이며, 따라서 "지혜사랑이란 '하나이게 하는 자에 화동和同하는 것이다"라고 풀이하였다.[43] 요컨대 서양철학의 원의를 지시하는 '지혜사랑'이란 진선미의 통일자인 지혜에 대한 에로스적 희구, 즉 "완전한 정신을 향한(이루기 위한) 불안전한 정신의 자기초월적 귀향편력歸鄕遍歷이다(mentis itinerarium ad Deum)"[44]고 말한다. 유교의 종지에서도 우리는 완전한 정신인 성인聖人을 목표로 학문을 좋아하는 군자의 자기초월적 귀향편력의 이념을 여실히 확인할 수 있다.

# 유교의 도와 중용

하늘의 명령이 인간의 본성으로 내재되어 있다고 주장하는 유교는 하늘의 도가 인간에게 전해져 내려오고 있다고 하는 이른바 '도통설道統說'을 주장한다. 이른바 '만세심학의 연원(萬世心學之淵源)' 혹은 '학문의 대법大法이자 심법의 요체'로서 『상서尚書』 「대우모大禹謨」의 '십육자심법+六字心法'이 바로 그것이다. 도통설에 따르면, 하늘의 도가 지성왕至聖王인 요堯에게, 요堯는 우禹에게 도道를 전함으로 도통道統의 유래가 있게 되었다.

> 제帝께서 말씀하시길, "우禹야, …… 하늘의 역수曆數가 너의 몸에 있으니, …… 인심人心은 위태롭고 도심道心은 은미하니, 오직 정일精—하여 진실로 그 '중中'을 잡아라. …… 온 천하가 곤궁하면 천록이 영원히 끊어질 것이다.[45]

이 구절은 『논어』에도 변형되어 나타나 있고,[46] 『맹자』 또한 그 영향을 받고 도통의 계승자로 자임했다. 일반적으로 도통은 요 → 순 → 우 → 탕湯 → 문文 → 무武 → 주공周公 → 공자孔子 → 증자曾子 → 자사子思 → 맹자孟子 → 이정二程 → 주자朱子로 이어졌다고 주장된다. 주자의 언명을 살펴보자.

대개 상고시대에 성인聖人과 신인神人이 하늘을 계승하여 표준을 세우면서 도통의 전수가 비롯되었다. 도통이 경전에 나타난 것으로 말한다면 '진실로 그 중中을 잡으라(允執厥中)'는 요임금이 순임금에게 전수한 것이고, '인심人心은 오직 위태롭고, 도심道心은 오직 은미하니, 오직 정밀(精)하고, 한결(—)하여 진실로 그 중中을 잡으라'는 순임금이 우임금에게 전수한 것이다. …… 그 이후로 성인과 성인이 서로 계승하여, 성탕成湯과 문, 무는 인군으로 고요, 이윤, 부열, 주공, 소공은 신하로서 모두가 이미 이를 통해서 도통의 전수가 이어왔으며, 우리 부자夫子 같은 분은 비록 그 지위는 얻지 못하였지만 옛 성인을 계승하고 오는 후학을 열어주신 공로는 오히려 요순보다 더함이 있다. 그러나 그 당시 이를 보고 알았던 사람으로서 오직 안연과 증자가 그 도통의 전통을 계승하였지만, 증자가 다시 이를 전수하여 공자의 손자인 자사가 이를 계승할 즈음에 이르러서는 성인과 시대가 멀어짐에 따라 이단이 일어났다.[47]

도통설에서 주요 개념은 인심과 도심, '정精과 일一', 그리고 '중中'이라고 할 수 있는데, 그 가운데 핵심은 바로 '중中'에 있다. 『중용』에 따르면, '중中'은 ① '중용中庸'의 '중中'으로 천하의 대본大本으로서 표준이 되는 중심을, ② 중화中和의 중中으로 균형均衡과 평형平衡을,[48] 그리고 ③ 시중時中의 중中으로 조화調和를 의미한다.[49] 따라서 '진실로 그 중中을 잡아라'(윤집궐중允執厥中)고 한 것은 "우주의 궁극 근원인 하늘을 본받아 중용中庸을 실천하고, 중화中和를 이루고, 시중時中의 삶을 영위하라"고 한 것이 된다. 즉 궁극적인 표준을 증득하고, 최적의 평형과 균형을 추구하면서, 시의時宜에 부합하는 조화로운 최상－최선의 삶을 자유자재로 영위하라는 것이 유가 도통설의 함의라고 하겠다.

그렇다면 '중(용)'이란 무엇인가? 주지하듯이 가장 오래된 갑골문에서 '중中'의 문자학적 의미는 광야에서 사람들을 불러 모으는 표지로서의 깃발을 나타낸다.[50] 그리고 '중中'은 또한 저울의 추錘로서 균형 상태를 나타낸다. 즉 양쪽의 무게에 따라 수시로 변하는 저울의 추錘와 바람에 펄럭이는 깃발과 같은 가변적인 현상은 중간의 어떤 균형점을 전제로 하는데, 그것이 바로 '중中'이다. 그렇다면 '중中'이란 중심 혹은 표준, 잣대 그 자체 등을 의미라고 할 수 있다. 그래서 정자程子는 "치우치지 않는 것을 중中이라

하고, 바뀌지 않는 것을 용庸이라 하고, 중中은 천하의 바른 길이고, 용庸은 천하에서 정해진 이치이다"고 해석했다. 그리고 주자朱子는 "중中은 치우치지 않고(불편不偏), 기울지도 않으며(불의不倚), 지나치거나 모자람이 없음을 명명한 것이고, 용庸은 공평하고 떳떳함이다"[51]고 좀 더 명확하게 해석하고 있다. 여기서 치우치지 않음(不偏)이란 원의 중심처럼 모든 둘레와 조화調和를 이룬 상태를 나타내고, 기울지 않음(不倚)은 평형을 이루는 저울추처럼 균형均衡을 찾는 것을 말하는데, 이처럼 조화와 균형을 함께 추구하여 이루는 것이 바로 '중中(알맞음)'이다. 그리고 '조화調和'란 최상의 기준을 말하고, '균형'은 최적의 논리를 의미한다. 우리는 최상의 조화만을 추구할 때에는 시의時宜에 적절하게 부합하지 않을 수 있고, 최적의 균형만을 추구할 때에는 시의에 영합하여 올바름을 잃을 수도 있다.[52] 그리고 '과過와 불급不及이 없음'이란 이러한 조화와 균형에 도달하지 못하거나 넘어섬이 없음을 의미한다.

그런데 이와 같은 유교의 '중용' 개념의 정립에서 가장 많은 공헌을 한 사람은 공자이며, 맹자는 공자의 뜻을 잘 계승하였으며, 그리고 『중용』은 그 제목이 말해주듯이, 유가의 '중용' 개념을 체계적으로 제시하고 있는 결정판이라고 할 수 있다. 따라서 우리는 『논어』, 『중용』, 『맹자』 등에 나타난 '중용'에 대한 언명을 살펴보면서 그 의미를 체계적으로 해명하고자 한다.


## 공자의 중용과 맹자의 권도

공자는 우선 "군자는 중용을 행하지만, 소인은 중용에 반해서 행위한다"[53]고 전제함으로써 중용을 도덕적인 군자와 이익에 골몰하는 소인을 구분하는 가치 기준으로 설정한다. 그리고 그는 "중용中庸의 덕이 지극하도다. 백성이 중용의 덕을 가진 이가 적은 지 오래되었다."[54]라고 말하여, 중용이 최상의 덕이라고 말하면서도, 일반 백성들은 이 중용의 덕을 실천에 옮기는 것이 쉽지 않다는 것을 암시한다. 그런데 공자의 중용은 앞서 주자朱子의 해석대로 우선 과過나 불급不及이 없는 것을 말하는데, 그는 과過와 불급不及은 중용이 아니라는 점에서는 같은 것으로 여겼다.

자공이 묻기를, "자장과 자하 가운데 누가 더 낫습니까?" 공자께서 대답하시길, "자장은 지나치고(과過), 자하는 미치지 못한다(불급不及)." 자공이 말하길, "그렇다면 자장이 더 낫습니까?", 공자께서 대답하시길, "지나친 것은 미치지 못한 것과 같다(과유불급過猶不及)."

공자는 "지나친 것은 미치지 못한 것과 같다(過猶不及)"는 입장에서 지나친 사람을 억제시키고(과자억지過者抑之),[55] 미치지 못하는 사람을 북돋우는(불급자부지不及者扶之)[56] 방식으로 제자들을 중용으로 순순연循循然하게 잘 이끌었다.[57] 그리고 『중용』에서도 공자는 "도가 행해지지 않는 까닭을 나는 안다. 지혜롭다고 하는 자는 지나치고, 어리석은 자는 미치지 못한다. 도가 밝혀지지 않는 까닭을 나는 안다. 어진 자는 지나치고, 불초한 자는 미치지 못한다."[58]고 말하였다.

그런데 공자는 "내가 아는 것이 있는가? 무지無知할 따름이다. 비부가 나에게 묻는다면 텅빈 것 같더라도 그 두 끝을 잡아 밝혀줄 따름이다."[59]고 말하여, 과와 불급을 넘어서는 중용의 길을 암시한다.

그래서 공자는 여기서 무지無知하다고 겸손하게 말하고 있지만, 바로 이러한 자세(고기양단이갈叩其兩端而竭)가 크게 지혜로운 대지大智의 경지로 나

84

아가는 근거가 된다. 『중용』에 다음 구절이 보인다.

공자께서 말씀하시길. 순임금은 크게 지혜로운 사람일 것이다. 순임금은 묻기를 좋아하면서 가까운 말도 살피기를 좋아하시고, 악을 숨기고 선을 드러내시며, 그 두 끝을 붙잡아 그 중中을 백성에게 썼으니, 바로 이것이 순임금이 되게 한 것이다.[60]

과過·불급不及이 없으면서 그 양단을 지양하여 중中을 쓰는 것은 단순한 절충주의가 아니라, 대지大智에서 나온 최상最上·최적最適·최선最善의 행위 준칙이라고 할 수 있다. 그래서 『중용』에서는 "일반 사람들은 모두 내가 지혜롭다고 말하지만, 그물과 덫, 함정 안으로 몰아도 피할 줄 모르고, …… 중용을 선택하여 한 달을 지키는 것도 기약하지 못한다"[61]라고 말하고 있다.

그리고 어느 정도 인仁의 덕을 갖춘 현인도 중용을 지키기 위해 끊임없이 노력해야 한다. 그래서 "안회의 사람됨은 중용을 선택하여 하나의 선을 얻으면 받들어 가슴 속에 두고 잃지 않았다"[62]라고 말한다. 그리고 군자마저도 "선을 선택하여 굳게 잡고"[63] "중용의 도를 따라 행하다가 도중에 그만둔다"[64]고 말했다.

최상의 행위 준칙인 '중용'을 행하는 데에도 단순한 용기 그 이상을 필요로 한다고 하겠다. 그래서 다음과 같이 말한다.

천하국가를 균등하게 다스릴 수 있고, 벼슬과 녹봉도 사양할 수 있고, 흰 칼날도 밟을 수 있다고 할지라도 중용은 행할 수 없을 수 있다.[65]

'중용'을 행하는 데에는 지智·인仁·용勇의 총체적인 덕을 필요로 한다. 그런데 중용의 도를 실천한 공자를 진정 성인의 경지(성지시사聖之時者)에 이르렀다고 할 수 있는 근거는 '시중時中'의 도를 무애無涯(무가無可·무불가無不可)하게 실천했다는 데에 있다고 생각된다. 그는 다음과 같이 말했다.

초야에 은둔한 인재로는 백이, 숙제, 우중, 이일, 주장, 류하혜, 소련이었다. 공자께서 말씀하시길, "그 뜻을 굽히지 않고, 그 몸을 욕되게 하지 않는 이는 백이와 숙제이다." 류하혜와 소련에 대해 평하시길, "뜻을 굽히고, 몸을 욕되게 하였으나, 말은 윤리에 맞고, 행위는 사려에 맞았으니 그들은 이와 같을 따름이다." 우중과 이일에 대해 평하시길, "은거하면서 꺼리지 않고 말하였지만, 몸가짐은 깨끗함에 맞았고, 폐기된 것도 권도權道에 맞았다. 그러나 나는 이들과 달라 가可한 것도 없고 불가不可한 것도 없다."[66]

그런데 앞서 말했지만, 여기서 공자가 말하는 시중時中의 도道로서 '무가無可·무불가無不可'는 단순히 시속時俗에 영합하여 제멋대로 행하는 것(창광자자猖狂自恣)과는 전혀 다른 차원의 말이다.[67] 즉 그것은 "군자가 천하의 일에 대처함에 있어 반드시 해야 한다는 것과 하지 말아야 한다는 것은 없지만, 오로지 옳음에만 따른다"[68]고  말하고 있는 것과 같이 차원에서 이해해야 한다. 그것은 "사사로운 의지와 기필하는 마음과 옛 것에 갇힌 고집, 그리고 사사로운 아상이 자연히 없어져서"[69] "마음이 하고자 하는 바를 쫓아도 법도를 넘지 않고"[70] "억지로 힘쓰지 않아도 알맞고, 따지지 않아도 터득하고, 넉넉하게 도에 적중하는"[71] 성인의 경지를 말한다. 맹자는 약간의 변형의 가하여 여러 곳에서 이들에 대해 상세하게 평가를 하고 있는데, 정리해 보면 다음과 같다.

**백이**伯夷 : 마땅히 섬길만한 임금이 아니면 섬기지 아니하고, 부릴 만한 백성이 아니면 부리지 않으며, 다스려지면 나아가고 어지러우면 물러났다. 백이의 풍도를 듣는 자는 완악한 지아비가 청렴해 지고 나약한 지아비가 입지를 갖게 되었다. 성인의 청한자이다(성지청자聖之淸者).

**이윤**伊尹 : 누구를 섬긴들 나의 군주가 아니며, 누구를 부린들 나의 백성이 아니겠는가 하면서 다스려져도 나아가고, 혼란스러워도 또한 나아갔다. 천하의 중요한 사람으로 자임한 것이다. 성인의 자임자이다(성지임자聖之任者).

**류하혜**柳下惠 : 더러운 군주를 섬김을 부끄러워하지 않고, 작은 벼슬을 낮게 여기지 않아 나감에 어짊을 숨기지 않아 반드시 그 도리를 다하였다. …… 그러므로 말하기를 너는 너이고, 나는 나이니, 네가 비록 내 곁에서 옷을 걷고 몸을 드러낸다고 할지라도 네가 어찌 나를 더럽힐 수 있겠는가? 하였다. 류하혜의 풍도를 들은 자들은 비부가 너그러워지고, 박부薄夫가 후해졌다. 성인의 조화자이다(성지화자聖之和者).

**공자** : 벼슬할 만하면 벼슬하고, 그만둘 만하면 그만두고, 오래 머무를 만하면 오래 머물고, 빨리 떠날만 하면 빨리 떠났다. 성인의 시중자(성지시자聖之時者)로서 집대성자集大成者이다.[72]


그리고 맹자는 "백이는 협애狹隘하고, 류하혜는 공손하지 못하다고 평하면서, 군자는 협애하고 공손하지 못한 것에 따르지 않는다"[73]고 주장하였다. 그리고 그는 집대성자로서 공자는 조리條理를 시작하는 지智와 조리를 끝내는 성聖을 함께 갖추어,[74] "생민 이래로 공자와 같은 분은 계시지 않았다"고 말하면서 "행함이 없지만, 공자를 배우고자 한다"[75]고 말하였다.

공자가 '무가無可 · 무불가無不可'의 시중時中의 도道를 일상에서 자유자재로 실천하였다면, 전국시대의 맹자는 '중용'을 실천함에 있어 크게 두 가지 업적이 있다고 할 수 있다. 그것은 우선 양주楊朱와 묵적墨翟이라는 두 이단異端의 도전에 대해 중용의 도로써 유교를 옹호한 것이고, 다른 하나는 '권도론權道論'을 정립한 것이라고 할 수 있다.

여기서 우리는 현재 맥락과 지면의 관계상 맹자의 '권도론'만을 살펴보도록 하겠다. 앞서 제시했듯이 공자 또한 '권權'(저울질하여 상황에 알맞게 대처함)에 대해 말한 적이 있다.[76] 즉 공자는 "우중과 이일에 대해 평하시길, …… 몸가짐은 깨끗함에 맞았고, 폐기된 것도 권도權道에 맞았다. 그러나 나는 이들과 달라 가可한 것도 없고 불가不可한 것도 없다." 혹은 "함께 배울 수 있지만 함께 도에 나갈 수 있는 것은 아니며, 함께 도에 나아갈 수 있지만 함께 자립할 수 있는 것은 아니며, 함께 자립할 수 있지만 함께 상황에 알맞게 대처할 수 있는 것(권權)은 아니다."[77]라고 말하고 있다. 그러나 이 두 구절에서 공자는 강상綱常(경상經常)의 보편적 윤리를 현실에 구체적으로 적용하는 권도權道에 대해서 암시만 줄 뿐, 더 이상의 명확한 정의를 제시하지 않았다. 맹자가 이에 대한 해명을 해주고 있다.

자막은 중中을 취하고 있는데, 중中을 잡는 것이 도에 가깝다. 그러나 중中을 취하고 권權(저울질함)이 없다면 하나만 취하는 것과 같다. 하나만을 취하는 것을 싫어하는 까닭은 도道를 해치기 때문인데, 하나를 취하고, 백 가지를 버리기 때문이다.[78]

주자朱子는 "권權은 저울과 저울추이니, 물건의 가벼움과 무거움을 저울질하여 알맞음을 취하는 것이다. 중간을 잡고 저울질함이 없으면 하나의 정해진 중中에 교착되어 변화를 알지 못하는 것으로, 이 또한 하나만을 잡는 것이다. 도에서 귀하여 여기는 것은 중中이고, 중中에서 귀하게 여기는 것은 권權임을 말하였다."[79]라고 주석하고 있는데, 실로 올바른 해석이라고 하지 않을 수 없다. 주자의 이 주석은 맹자가 하나의 상황을 설정하여 권도의 의미를 설명하고 있는 것과 잘 부합한다.

손우곤이 묻기를, "남녀가 (물건을) 주고받기를 친히 하지 않는 것이 예禮입니까?" 맹자가 답하기를, "예禮이다." 묻기를, "형수가 물에 빠졌으면 손으로 구해야 합니까?" 답하기를, "형수가 빠졌는데도 구하지 않으면 승냥이와 이리이다. 남녀가 주고받기를 친히 하지 않는 것은 예禮이지만, 형수가 물에 빠졌으면 손으로 구하는 것은 권도이다."[80]

이러한 맹자의 권도론權道論에 힘입어 이제 유가의 중용의 윤리는 조화와 균형, 보편성과 구체성, 이념성과 현실성을 함께 확보하게 되었다.

## 증자의 충서

공자는 자신의 도道가 '일이관지—以貫之'한다고 말한 바 있는데, 그의 수제자였던 증자曾子는 그것을 충서忠恕로 해석하여 공자의 도통道統을 계승한 것으로 인정되고 있다.

공자께서 "삼아, 나의 도는 하나로써 관통한다."라고 말씀하시니, 증자가 "예, 그렇습니다"라고 대답하였다. 공자께서 나가시니 문인들이 "무슨 말씀입니까"라고 물으니, 증자가 말하기를, "선생님의 도는 '충서忠恕'일 따름이다."[81]

또한 『중용』에서도 "충서忠恕는 도에서 거리가 멀지 않다. 자기에게 베풀어보아 원하지 않는 것을 또한 남에게 베풀지 마는 것이다."[82]라는 구절이 보이는데, 이는 증자의 해석이 그릇되지 않음을 방증한다. 그런데 '충서忠恕'에서 자기정립과 관련되는 것은 '충忠'이다. 우선 글자의 구성상 '충忠'은 '中중 + 心심'으로 마음을 '중中'의 상태에 두는 것을 말한다. 그리고 여기서 '중中'이란 우선 "희로애락의 감정이 아직 피어나지 않는 천하의 큰 근본"[83]으로 주자朱子의 해석대로 곧 "치우치거나 기울지 않고, 지나치거나 모자람이 없는"[84] 표준이다. 따라서 '충忠'이란 우리 자신의 주관지인 마음을 "치우치거나 기울지 않고, 지나치거나 모자람이 없는 표준 상태에 두는 것"으로 곧 자기 정립을 통해 자신을 온전히 실현하는 것이다.[85] 그런데 "마음을 치우치거나 기울지 않고, 지나치거나 모자람이 없게 하여(중심中心)" 자기 정립과 자기실현을 하는 것은 다름 아닌 그 본성인 인仁을 실천하는 것이라고 할 수 있다. 바로 여기에 근거하여 증자는 인仁을 인간이 평생토록 실현해야 할 책무라고 생각했다.[86]

자타自他는 상관개념이라는 점에서, 자기정립의 '충忠'은 '서恕'가 없다면 전혀 무의미한 유아론唯我論적 자기정립에 그칠 수 있다. 또한 그 역으로 '추기급인推己及人'으로 인仁의 실천방법인 '서恕=여如+심心' 또한 자기정립의 '충忠'이 없다면 불가능하다. 잘 알려져 있듯이, '서恕'의 원리는 우선 다음과 같이 표현된다.

대저 인仁한 사람은 자기를 정립하고자 하면 남을 정립시켜 주고, 자기가 통달하고자 하면 남을 통달시켜 주는데, 능히 가까운 데에서 비유를 취하면 인仁을 실천하는 방법이라고 할 수 있다.[87]

마치 『성서』에서 예수가 "네 이웃을 네 몸과 같이 사랑하라" 혹은 "무엇이든지 남에게 대접을 받고자 하는 대로 너희도 남을 대접하라"[88]라고 새 계명을 제시했듯이, 서恕는 우선 상호인정이라는 원리에서 출발하여 상대방의 긍정적 욕구를 적극 실현하는 사랑의 실천이다. 나아가 서恕는 역지사지易地思之의 역전성환성의 원리(혈구지도絜矩之道)를 포함한다.

자공이 묻기를, "종신토록 행해야 할 한 마디의 말이 있습니까?" 공자께서 대답하시기를, "서恕일 것이다. 자기가 욕망하지 않는 것을 남에게 베풀지 말아야 한다."[89]

"윗사람에게서 싫었던 것으로 아랫사람을 부리지 말고, 아랫사람에게서 싫었던 것으로 윗사람을 섬기지 말며, 앞사람에게 싫었던 것으로 뒷사람에게 먼저 하게 하지 말며, 뒷사람에게서 싫었던 것으로 앞사람이 따르게 하지 말고, 오른쪽 사람에게서 싫었던 것으로 왼쪽 사람과 사귀지 말고, 왼쪽 사람에게 싫었던 것으로 오른쪽 사람과 사귀지 말 것이니, 이것을 일러 '혈구絜矩의 도'라고 한다."[90]

이러한 유교의 충서忠恕 원리는 칸트의 지적처럼 행위의 준칙이 지녀야 할 '보편화 가능성의 원리'와 이성적 존재인 인간은 공동체의 구성원으로서 각자 존엄한 인격을 지니고 있다는 점에서 평등하다는 '공평성의 원리'[91]를 충족시킨다. 왜냐하면 충서忠恕의 원리에 따르면, 각각의 주체는 어느 쪽으로 치우치거나 기울지 않은 '중中'의 관점에서 보편자인 하늘에서 유래한 인간 본성의 덕인 인仁을 자각적·주체적으로 정립하여 자발적으로 실천하며(보편적 자기입법의 원리), 타자 또한 '서恕'의 관점에서 나와 동일한 욕망과 인격을 지닌 주체로 인정(공평성의 원리)하기 때문이다. 이는 기독교의 신약성서에서 "사랑하는 자들아 우리가 서로 사랑하자 사랑은 하나님께 속한 것이니 사랑하는 자마다 하나님으로부터 나서 하나님을 알고 …… 어느 때나 하나님을 본 사람이 없으되 만일 우리가 서로 사랑하면 하나님이 우리 안에 거하시고 그의 사랑이 우리 안에 온전히 이루어지느니라. …… 하나님은 사랑이시라 사랑 안에 거하는 자는 하나님 안에 거하고 하나님도 그의 안에 거하시느니라."[92]라고 말하고 있는 것과 일맥 상통하는 일반적 패러다임이라고 할 수 있다.

# 4

## 유교의 특징

　서양의 'religion'은 ① 처음에는 초자연적인 것에 대한 두려움 혹은 불안의 감정을 의미하다가, ② 그 감정의 대상인 초자연적인 것이나 그 감정의 외적 표현으로서 의례儀禮를 말하고, ③ 결국 단체적 조직의 신앙信仰, 교의敎義, 의례儀禮의 체계를 지니고 형성된 종교를 의미하게 되었다.[93]

　'religion'(라틴어 religio)의 어원은 논란이 있지만, 사물thing을 뜻하는 'res'와 결합하다bind를 뜻하는 'ligare'의 합성어라고 하는 것이 합당하다고 하겠다. 따라서 religion은 (예컨대 가족, 사회, 세계 등과 같이) 존재하는 어떤 것들을 함께 결합하는 것이며, 이것이 인류를 동물적 세계 및 신神과 조화롭게 살도록 해주는 것이다. 대부분의 사회에서, 특히 만물을 지배하는 신성한 법칙divine law이 있고, 그것이 생명에 의미를 부여한다고 믿은 곳에서 religion은 도덕성에 대해, 그리고 모든 인간관계에 대해 토대를 제공하였다.[94]

religion의 번역어인 동양의 종교宗敎(宗 으뜸, 조상, 높음, 근본, 뿌리, 적장자 ＋ 敎 가르침, 교의)란 말은 문자상 "가장 근본적인 것에 대한 가르침(교의)"으로 풀이할 수 있다. 그런데 이 말은 본래 불교의 용어로, "교화教化의 대상에게 설해진 붓다의 가르침을 교教라 하고, 가르침의 내용을 종宗이라고 한다"[95]고 한 데에서 유래하였다. 그래서 일반적으로 '종宗'이란 어떤 학파의 주관적인 주의主義나 신념을, '교教'는 객관적인 교설教說을 의미한다고 말한다.

기실 그동안 "유교는 종교인가?"라는 질문을 제기하고 여기에 대해 많은 논의가 있었다.[96] 한편 유교를 종교화하려던 시도는 여러 차례 있었다. 특히 청나라 말기에 1898년 이래 강유위康有爲는 서구 열강에 대항하기 위해 '공교회孔教會'운동을 제창하면서 유교를 국교로 채택하자는 청원을 벌였으며, 이를 두고 진독수陳獨秀 및 양계초梁啓超 등과 논쟁을 벌였다. 그리고 일본 또한 명치유신明治維新시대에도 그러한 움직임이 있었다.[97] 한국에서는 1995년에 최근덕 관장이 중심이 되어 「유교의 종교화 선언」을 하면서 '성균관유도회成均館儒道會'를 '성균관유교회成均館儒教會'로 개칭할 것을 제안하는 종헌을 제정하였다. 최근덕은 다음과 같이 말한 바 있다.

유교는 첫째로 만세의 스승인 성인聖人을 모시고 있고, 둘째로 시공을 초월하는 대경대법大經大法으로 인간의 구극적究極的 문제에 대해 해결점을 제시해주고, 셋째로 개인과 사회의 이상실현을 위해 일이관지一以貫之하는 신앙체계가 있고, 넷째로 사례四禮를 비롯한 의식이 있고, 다섯째로 이단 배척의 위엄도 지니고 있다.[98]

우리는 이 진술은 다음과 같은 논란을 불러일으킬 수 있다고 생각한다. 우선, 우리는 공자를 만세의 스승으로 모시고 있는가, 아니면 인간완성의 표본으로 공경하고 있는가? 둘째, 유교의 경전이 대경대법大經大法으로 인간의 구극究極적 문제를 완전히 해결한 것인가, 아니면 "육경六經은 내 마음의 각주脚註"라는 말이 있듯이 깨달음의 진리를 설파하는 방편인가? 셋째, '충서忠恕'를 위시한 유교의 일이관지一以貫之하는 도道는 하나의 완결된 신앙체계인가, 아니면 인간완성을 위한 윤리적 행위의 지침인가? 마지막으로 경례삼백經禮三百과 곡례삼천曲禮三千과 같은 제반의식 및 벽이단론闢異端論 등과 같은 것들이 진정 교조적教條的으로 모든 시대에 통용되는 것인가, 아니면 역사 상대적인 방편들인가 하는 점들이다.

주지하듯이 공자는 "어느 누구보다 배우기를 좋아한다"고 자부했으며, 『논어』 또한 배움의 즐거움에 대한 예찬으로 출발하고 있다.[99] 무릇 자각적 계발을 뜻하는 '배움'은 '자발적인 물음'을 전제로 한다. 그래서 서양에서는 "참된 인식은 존재의 신비에 대한 경이驚異에서 출발하는 바" "사람은 선천적으로 이 놀라운 세계에 대해 알기를 좋아 한다"[100]고 선포했다. 동양에서 '학學'에 '문問'를 연용하여, '학문學問' 혹은 '문학問學'[101]이라고 표기한 것역시 바로 이러한 사정에서 유래했을 것이다. 물론 시대적 상황에 따른 문제와 처방은 달랐다고 할 수 있지만, 맹목적 신앙과 비자발적인 의식儀式 및 관습慣習의 강요는 유교의 본래 정신에서 벗어난 것이라고 할 수 있을 것이다.

황필호 교수 또한 "유교는 종교인가?" 하는 문제를 상론하고 있다. 그는 '종교'라고 불릴 수 있는 본질적, 철학적, 교리적 기준으로 ① 초일상성(T), ② 세계에 대한 설명(W), ③ 죽음과 내세에 대한 해결책(D), ④ 신의 존재주장(G) 등을 제시한다. 그리고 기독교는 위의 네 조건 모두를 충족시키고, 불교는 ①~③을, 힌두교는 ①과 ②의 기준을 충족시키지만, 유교는 ① 초일상성만을 충족시키고 있다고 분석한다. 그러나 그는 결국 비트겐슈타인의 '가족유사성' 개념을 원용하여, "유교는 종교이다"라고 결론짓고 있다.[102] 황필호가 제시한 이 기준들은 아주 유용하며, 우리는 이 기준들을 통해 다양한 종교들의 변별적 차이를 살펴볼 수 있을 것이다. 그러나 앞서 살펴보았지만, 유교는 수천 년 동안 심지어 상반되는 주장을 하는 수많은 학자들과 다양한 사조를 자체 내에 융해融解하면서 역사적으로 전변해 왔다는 점에서 유교가 이 기준들과 어떤 연관을 맺고 있는지를 한두 마디로 기술할 수는 없다. 그러나 다음과 같은 점은 분명히 지적할 수 있다. 유교는 그 근본 교의에서 '천명天命'을 인간의 본성이라고 규정하는 휴머니즘을 지향한다는 것이다. 즉 유교는 그 이전의 신비적神秘的이었던 천명天命을 인간의 자연적 본성이라고 규정함으로써, 궁극 실재인 천天과 인간의 대립적인 이원적 간극을 허물어 버리고, 인간의 자기정립인바 인성의 실현은 곧 우주적 궁극자의 자기현현이라고 주장한다. 여기서 우리는 유교의 가장 큰 특징인 '휴머니즘'을 보게 된다. 이러한 유교의 휴머니즘은 인간 이외의 초월적 혹은 최고 힘을 부인하는 배제적 휴머니즘이 아니라, 인간과 하늘의 통일을 주장하는 휴머니즘이다.[103] 바로 여기에 유교적 초월의 의미가 드러난다. 유교적 초월은 인간의 삶에 이미 내재하는 초월이기에, "인간이 일상에서 인간적인 본성을 실현하는 삶이 곧 인간의 자기 초월transcendence이다"는 역설을 제시하고 있다는 것이다. 바로 이것이 종교로서 혹은 철학으로서의 유교가 지니는 가장 큰 특징이라고 하겠다.

# 4장

## 유교란 무엇인가?

### 권우 홍찬유 선생의 유교관

# 1

## 권우 홍찬유의 유학

이 글은 평생을 국학 연구와 후진양성에 헌신한 권우卷宇 홍찬유洪贊裕, 자
는 태성(泰聲), 1915~2005 선생의 유교관儒敎觀을 살펴보는 것을 목적으로 한다.
권우 선생은 1915년 경기도 연천군 백학면 석장리에서 출생하였다. 일찍
부터 영특하여 3세 때에 조부祖父의 무릎 위에서 『천자문千字文』에서부터
『동몽선습童蒙先習』과 『계몽편啓蒙篇』 등을 익히고, 7세 때에 이미 한시漢詩를
지어 주위를 놀라게 하여, 근처의 고명한 미좌眉左 정기鄭丞 선생에게 한학
을 전수받으며 사서삼경四書三經으로 정진하였다. 이후 선생은 망국의 한과
신문화의 성황으로 경향 각지로 방황하다가, 마침내 상경上京하여(1930년)
당시 거벽巨擘의 선비로 3·1운동을 주도한 48인 중의 한 사람인 우정偶丁
임규林圭 선생의 문하에서 수학하여 학문과 애국에 대한 확고한 뜻을 다졌
다. 이후 선생은 당시 국내 상황에서는 어떠한 활동도 할 수 없음을 깨닫
고 우국지사憂國之士를 찾아 만주滿洲와 상해上海 등지를 주류하다가 해방 전
에 귀국하였다.

해방 이후 선생은 사단법인 유도회 중앙위원 및 이사를 역임하면서 주
로 교육과 번역작업에 몰두하면서 국학진흥에 이바지하였다. 마침내 기미

년(1979)년에 낙원동樂園洞에 사단법인 유도회 부설 한문연수원을 열고, 원장으로서 사서삼경을 위주로 역사서와 제자서諸子書를 두루 강의하면서 인재를 양성하셨다. 특히 1986년부터는 장학생반獎學生班을 개설하여 미래 국학자의 자질을 지닌 석사과정 이상의 학생들을 선발하여 사서삼경을 무료로 강의함으로써 오늘날 동양학자 혹은 국학자들의 요람으로 성장시켰다. 선생께서는 1968년의 『율곡집』을 번역·편찬한 것을 필두로 『연려실기술』, 『성호사설』, 『삼봉집』, 『미수기언』, 『청장관전서』, 『동국이상국집』, 『논어집주(학이편)』, 『동국여지승람』, 『추사김정희시전집』(감수), 『역주시화총림』, 『역주근역서화징』, 『도무집』 등을 간행했으며, 2004년에 『북산산고』을 감수하고, 2005년 3월 11일 향년 90세를 일기로 종終하셨다.

그런데 주로 시詩로 구성된 그의 문집[1]에서도 선생의 유교관의 일단을 보여주는 소중한 글이 있으니, 곧 「잡저」이다. 우리는 이 편을 중심으로 권우 선생의 유교관의 일단을 살펴보고자 한다. 선생의 문집 『권우집』의 「잡저」 편은 「삼국유사 변」, 「논어의 선진 편에 대하여」, 「오도吾道는 일이관지 一以貫之」, 「선비정신」, 「유교는 종교냐? 종교가 아니냐?」, 「월남月南 이상재李商在 선생의 편린片鱗」 등으로 구성되어 있다. 여기서 「삼국유사 변」과 「월남 이상재 선생의 편린」은 선생의 애국애족의 정신에서 나온 것이라고 할 수 있다. 그리고 나머지 유교에 관한 글은 선생의 유교적 중도적 실용정신을 잘 드러내고 있는 글들이라고 생각된다. 여기서 우리는 선생의 유교관을 살펴보려고 하는데, 선생께서 제기하는 주제를 유교의 종교성 문제와 유교의 일관지도—貫之道란 무엇인가 하는 관점에서 살펴보도록 하겠다.

# 2
# 유교는 종교인가?

## 유교의 정의

　현재 일반적으로 통용되는 종교라는 말은 영어 'religion'의번역어이다. 그런데 'religion'이란 낱말은 'res' + ① 'ligare'(잇다 · 결합하다), 혹은 ② legare(정리, 경의를 표하다, 의식儀式)의 합성어로 알려져 있다. ①의 해석을 받아들이면 'religion'은 신神과 사람의 결합 혹은 관계회복을 의미하며, ②의 경우라면 신에 대한 엄숙한 의례를 의미한다. 중국에서 '종교宗敎'라는 말은 불교에서 유래한 외래어로서 "교화의 대상에게 설해진 붓다의 가르침을 교敎라 하고, 가르침의 내용을 종宗이라고 한다"는 데에서 유래하였다.[2] 그런데 최근 유교의 종교성 문제와 연관된 논쟁에서 '종교'란 말은 중국 고대에 원래 있던 개념이라고 주장한다. 이러한 주장을 하는 사람들은 종교라는 말의 어원을 그 증거로 제시한다. 『설문해자』에 따르면, "종宗은 조상의 사당을 존숭尊崇하는 것이다. 면宀(집)과 시示에서 유래하였다."[3]라고 되어 있다. 그런데 여기서 결정적으로 중요한 것은 '시示'의 뜻이다.

시示란 하늘이 상象을 드리워 길흉을 나타내어 사람에게 보여주는 것이다. 이二에서 나왔다(이二는 고문에서 상上 자이다). 세 개로 드리워진 것(삼수三垂=小)은 해, 달, 그리고 별이다. 천문天文을 살펴 시時의 변화를 살피니, 시示는 귀신의 일(신사神事)이다. 대체로 시示를 부수로 하는 글자는 모두 시示에서 유래하는데, 신神은 지극히 절실하다.[4]

따라서 종崇이란 사당에서 신神, 신기神祇(천지신기天地神祇), 신시神示에게 제사지내는 것이라고 할 수 있다는 것이다. 종崇이란 말이 바로 이런 의미라고 한다면, 『주역』에서 말하는 '신도설교神道設敎'라는 말이 바로 종교宗敎를 의미한다는 것이다.

"성인聖人이 신도神道로써 가르침을 베푸니, 천하 사람들이 복종했다."[5]

그렇다면, 이제 우리에게 주어진 질문은 유교는 어떠한 의미에서 종교라고 할 수 있는가 하는 문제이다.

전통적으로 유교儒敎란 말은 ① 성왕聖王이 공동체의 질서와 사회를 안정시키고 백성들을 편안하고 행복하게 이끄는 길을 추구했다는 점에서 선왕지도先王之道(교敎), ② 질서와 안정을 유지하려면 의례儀禮제도로 안분수기安分守己할 수 있도록 했다는 점에서 예교禮敎, ③ 이러한 의례제도는 상응하는 명칭에 근거하여 실행하였다는 점에도 명교名敎, 그리고 ④ 유자儒者들은 스스로 옳은 길이라고 행하였기 때문에 (묵자墨子 등에 의해) 도교道敎 등으로 불리었으며, ⑤ 사마천에 의해 잠시 '유술의 가르침'이란 의미로 최초로 '유교儒敎'라는 말이 사용되었으며,[6] ⑥ 마침내 한대 말기 유학자 채옹蔡邕, 133~192에 의해 정식으로 채택되었다.

태위공승太尉公承 숙서叔緖가 대대로 '유교'를 독실하게 하여 『구양상서』와 『경씨역』을 사방 사람들에게 가르쳤다. 학자들은 멀리서 왔는데, 3천 명이 넘었다.[7]

위진시대에 비로소 유교儒敎라는 말이 전면적으로 유행하게 되는데, 이때에는 고대 성왕聖王에 의해 창립되어, 공자에 의해 종합된 이념 및 제도체계를 총칭하는 말로 쓰였다. 여기서 결정적인 의미를 차지하는 '유儒'란 ① 술사術士(전문가),[8] ② 교육자,[9] ③ 공자문도孔子門徒,[10] ④ 학자,[11] ⑤ 철학자哲學者,[12] ⑥ 도덕군자(내성외왕內聖外王의 추구), ⑦ 대장부, ⑧ 선비 등을 지칭한다.[13] 즉 '유儒'란 우선 육예六藝를 가르치는 전문적인 교육자에서 출발하여, 공자孔子가 시詩·서書·예禮·악樂을 산정刪定하여 학파를 개창한 이래 (음양가陰陽家, 묵가墨家, 명가名家, 법가法家, 도덕가道德家 등과 구별되는) 공자학파에서 시·서·예·악을 익히고, 천天·지地·인人의 원리에 통달하고, 내성외왕의 이념을 구현하려고 한 선비들을 지칭하였다. 따라서 유교儒敎라고 할 때에 교敎란 유자儒者들이 종사한 교敎로서 학교에서의 교육敎育과 백성에 대한 정치적 교화敎化를 의미하며, 따라서 학學과 상관관계(교학상장敎學相長)에 있다고 할 수 있다. 즉 배우는 유자儒者의 입장에서는 유학儒學이며, 가르치는 유자儒者의 관점에서는 유교儒敎로서 상호 표리관계를 형성하였다고 할 수 있다.

그런데 일반적으로 교(敎) 자는 ① 爻효, 신성시하는 건물, 실이나 새끼가 교차하는 결승문자, 본받다+ 攵복, 치다+ 子자로 구성되어, 학교 등에서 자식(子)에게 결승문자 혹은 (성현을) 본받고 배우라고 매질하며 가르치는 것, 혹은 ② 孝효+ 攵복으로써 같은 뜻을 나타내기도 하는데, 이는 가르침의 최고 내용이 효도라는 것을 나타낸다고 한다.[14] 그렇지만 유교儒敎를 또한 기독교 혹은 이슬람교 등과 같은 일종의 종교宗敎라고 주장하는 사람들은 '교敎'라는 단어를 다른 뜻으로 사용하고 있다. 교敎와 학學의 차이에 관한 최초의 문제제기를 했던 엄복嚴復, 1854~1921은 다음과 같이 말했다.

'(종宗)교敎'라는 것은 천신天神을 섬기기 때문에 백성이 알 수 없는데 이르게 하는 것이다. …… '학學(술術)'이란 백성의 뜻에 힘쓰기 때문에 백성을 밝게 하여 알 수 있게 하는 것이다. 무릇 중국에 있는 것은 모두 학學이라고 이름 붙일 수 없다.[15]

모름지기 지금 쓰이는 (종교宗敎의) '교敎' 자는 참으로 이전에 쓰이던 것과 크게 다르다는 것을 알아야 한다. '교敎'라고 이름 붙인 것에는 반드시 하늘을 섬기고 신을 섬기며 일체의 생전生前과 사후死後의 심원하고 묘연하여 알기 어려운 일이 있어서야 하고, 글자의 본뜻이 말하는 문文·행行·충忠·신信을 전수하고 익히는 것[16]과 같은 것이 아니다.[17]

## 권우 선생의 유교관

그렇다면 유교儒敎의 '교敎'는 (학學과 구별되는) 진정 (religion의 번역어로서 '종교宗敎'의) 교敎를 의미하는 것일까? 이 질문에 대해 권우 홍찬유 선생은 분명한 문제의식을 지니고 있었다. 그래서 다음과 같이 말하고 있다.

일부에서는 공자는 예수와 석가처럼 신비롭고, 심각하고, 무한하고 전능하여 인간으로 하여금 절대로 자기에게 복종해 오지 않으면 안된다고 하는 종교적인 요건이 구비하지 않았으니 유교를 종교라고 단정하기는 어렵다는 것이다. 다시 말해서 석가나 예수는 영원을 주장하는 동시에 천국과 지옥을 들어서 행복과 고통 속으로 인간을 몰아넣고 인간을 그 행복과 고통 때문에 자기에게 굴복해 오지 않으면 절대로 용서하지 않는 것처럼 독창적인 교敎를 창건하지 않았으니 공자는 종교인이 아니요 그 교는 종교가 아니라는 것이다. 이 점에 있어서는 아무도 부인할 수도 없고 또한 부인하려고도 하지 않는다(433).

여기서 권우 선생은 종교의 요건을 지적하면서 나열한 단어를 살펴보자. 신비 · 심각 · 무한 · 전능 · 복종 · 영원, 천당과 지옥, 강제 · 굴복 · 용서 · 구원 등과 같은 것들이다. 아마도 이 반대되는 단어들은 일상 · 평이 · 유한 · 한계 · 자유 · 순간 · 현세 · 자율 · 자각 등과 같은 것이라고 할 수 있다. 여기서 우리는 권우 선생이 자유과 자율의 정신 아래 자각에 의해 추구되는 널리 배우고(박학博學) · 자세히 묻고(심문審問) · 신중히 생각하고(신사愼思) · 밝게 분별하고(명변明辨), 마침내 돈독하게 실천(돈행篤行)하는 자율적 · 자각적인 학문[18]과 신앙과 타율적 구원의 체계로 이루어지는 종교적 교의를 분명하게 구별하고 있음을 알 수 있다. 권우 선생의 이러한 언명이 일찍이 유교가 종교라고 했던 사람들에 대해 유교는 그런 의미의 종교가 아니라고 주장한 다음과 같은 채원배蔡元培의 주장과 그 궤를 같이 한다.

무른 공자의 설은 교육이고 정치이고 도덕일 뿐이다. …… (『논어』 11:11) 이것을 보면 공자 자신이 종교에 대해 이미 스스로 경계를 분명히 그은 것과 같은 것이다. 또한 종교가 되려면 반드시 그 교주가 천사天使로 자처하거나 의식儀式을 만들어 세워야 하고, 또한 이교異敎를 공격하는 것을 유일한 의무로 삼아야 한다. 공자에게 어찌 이런 것이 있겠는가?[19]

그렇다면 진정 유교에는 절대적인 존재 혹은 인격신에 대한 신앙과 의식체계가 없었다고 할 수 있겠는가? 권우 선생은 이 점에 대해서 유교에서도 분명 이런 측면이 있다는 것을 인정한다.

중국고대에서 천명天命 또는 상제上帝 곧 하늘을 신봉하는 종교적 의식과 사상이 상당히 깊었으니 예전 상商나라에서 7년 동안 큰 가뭄이 계속함으로 탕왕湯王은 자신이 희생犧牲이 되어서 하늘에 제사하니 수 천리에 비가 왔고, 『시경』에는 "문왕文王의 영혼이 상제上帝의 좌우左右에 있으면서 오르락내리락 한다"고 하였다(433).

권우 선생은 유교에는 분명 하늘을 신봉하는 종교적인 의식과 사상이 있었지만, 『논어』에 분명 다음과 같은 구절이 있다는 것에 주목한다.

계로가 귀신 섬기는 것에 대해 물으니, 공자께서 말씀하셨다. "아직 사람을 잘 섬길 수 없다면, 어찌 귀신을 섬길 수 있겠는가?" (계로가 물었다) "감히 죽음에 대해 여쭙니다." (공자께서 말씀하셨다.) "아직 삶을 알지 못하면서, 어찌 죽음을 알 수 있겠는가?"[20]

공자께서 병환이 깊으셨다. 자로가 기도하기를 청했다. 공자께서 말씀하셨다. "그런 이치가 있는가?" 자로가 대답하여 말하였다. "있사오니, 『뇌誄』문에서 이르기를 '그대를 위해 천지신명께 기도한다'고 했습니다." 공자께서 말씀하셨다. "내가 그런 기도를 해온 지 오래다."[21]

이 구절에 인용하면서, 권우 선생은 다음과 같이 진단하고 있다.

그런데 공자께서는 삼대三代 이상의 여러 성왕聖王의 도통을 계승하여 그 도덕과 정치의 이념을 찬술贊述하시면서 그 종교적 의식과 사상이 깊은 신神에 대한 신앙도를 더 높이지 않았을 뿐만 아니라, 신의 존재를 투철히 부정도 긍정도 안하신 동시에 부정하는 방향으로 치우쳤다. 이런 점이 공자께서는 인격신人格神에 대한 존재를 부정하신 게 아닌가 한다(434).

물론 권우 선생의 이러한 해석에 대한 반대되는 의견도 있다. 즉 유교의 본령은 종교에 있다고 주장하는 사람들은 다음과 같이 말한다.

공교孔教가 언제 죽은 후에 사물이 없어진다고 한 적이 있는가? 『역』에는 '정기精氣가 모여 사물이 되고, 유혼游魂은 변하는 것이다'고 하였고, 『예기』에는 '고복皐復'이 있고, 『시경』에는 '문왕의 혼령이 오르락내리락 한다.'고 하였고, 계찰季札의 묘에서는 '체혼體魄은 땅으로 돌아가고, 혼기魂氣는 떠나가지 않을 수 없다'고 하였으니, 일찍이 중니仲尼께서 그 말을 망설妄說로 여겼음을 듣지 못하였다. 만약 영혼이 없다면 사당에 제사 지내고 망자한테 제사 지내며, 쑥을 피우고 슬퍼하는 것과 일체의 예악禮樂은 무엇 때문에 하는 것인가?[22]

이와 연관하여 권우 선생 또한 공자께서는 인격신에 대하여 도리어 옹호하신 듯한 곳이 있다고 분명히 말하고 있다. 즉 이른바 『중용』의 "교사郊社의 예禮는 상제를 섬기는 것이요, 종묘宗廟의 예는 선조先朝를 제사하는 것이다"는 구절과 『논어』에 공자께서 사마환퇴司馬桓魋의 화禍를 받게 되었을 때에 말씀하시기를 "하늘이 덕德을 나에게 내리셨으니 환퇴가 나에게 어떻게 할 것이냐?" 하였으며, 또 "내가 누구를 속일 것이냐? 하늘을 속인단 말이냐?"라는 구절이 그 예라는 것이다. 그렇지만 권우 선생은 이에 대해 다음과 같이 해명하고 있다.

첫째, 공자가 하늘에 대한 신앙을 여전히 삼대三代 이상의 것으로 그대로 계승하신 것은 갑자기 그 습관을 바꾸기 어려웠을 뿐만 아니라, 하늘이나 신을 요청함으로써 군주를 횡포를 막고 세도世道를 바로 잡으려고 했다는 것이다.

그리고 둘째, 『논어』에서 "선조께 제사할 때는 선조께서 살아 계시듯이 제사하고, 신에게 제사 지낼 때는 밖의 신이 계신 듯이 제사한다."[23]고 했듯이, 유교에서는 귀신의 존재를 단지 있는 것처럼 여겼을 뿐(여재如在) 실재로 존재하는 것(실재實在)로는 인정하지 않았다는 점에서, 서양식의 종교와 관점을 달리한다는 것이다.

대개 조상을 제사하는 것은 그 조상이 생존했을 때에 바치던 효성의 연장으로서 인간의 생명적인 '욕구와 성심誠心의 발로를 수행하는 것이니, …… 그러면 여재如在로만 인정하고 나의 정성을 바칠 따름이란 것이다. 다른 종교에서는 모두 실재實在로 인정하고 제사와 기도를 올리는데 우리 유교에서는 여재如在로 인정하면서 제사하고 있으니 그 정성을 바치는 데 있어서 그 형식은 같을지 모르나 그 출발한 동기와 태도에 있어서는 서로 다른 것이다. 그러면 유교의 제사는 주관적이요 능동적이요, 다른 종교들은 객관적이요 수동적이다. 그리고 유교는 제사에서 뿐이 아니라 인간으로서 지니는 종교적인 원리를 모두 이런 방향으로 지향하고 있는 것이다(436).

그렇다면 유교가 이렇게 서양의 종교와 그 방식을 달리한다면, 유교의 본령은 어디에 있는 것인가? 유교의 구경究竟은 어디서 찾을 수 있다는 것인가? 이와 연관하여 권우 선생은 다음과 같이 말하고 있다.

유교에서는 사람은 자신을 떠나 신을 찾기 이전에 먼저 자신이 지니고 있는 진정한 가치를 깨닫는 것이 더욱 중요한 것이어서 여기에 나타나는 비인격신은 사람의 주체가 되는 동시에 인간의 본연의 근거요 구극究極의 대상이 되는 것이다. 그리하여 애걸과 의탁이 아닌 자세로서 신앙의 사상이 구비한 종교적 정신이 뚜렷이 나타나고 있다(435).

요컨대 권우 선생은 인간이 자신의 타락한 원죄를 자각하여 자신의 죄를 자복하고 전지전능한 신을 찾고 신을 믿어서 신으로부터 구원을 받는 것이 아니라, 인간이 지닌 본연의 가치를 깨달아 스스로 자기 완성을 기하는 것이 유교의 진정한 가르침이라는 것이다. 즉 하늘이 인간에게 성性을 명부命賦하였으니, 이 성性은 상제上帝의 영靈의 일분자一分子이기 때문에 이 성性을 잘 양성하여 자기완성을 하는 것이 곧 천인합일로서 상제를 잘 섬기는 것이라는 뜻이다. 유교의 본령을 이렇게 해석하는 권우 선생의 "유교는 종교인가?"에 대한 결론은 다음의 진술에 내포되어 있다. 즉 "인생은 어떻게 살아야 하며 인간은 어떻게 나아가야 올바른 길을 걸어갈 수 있느냐 하는 문제를 가지고 지성껏 추구追求하고 탐색探索하여 진리 속에서 살아 약동하는 이치(생리生理)를 찾으려는 구도정신求道精神을 종교라고 한다면" 유교는 그 어떠한 종교보다도 훨씬 더 철저하게 종교적이라는 것이다. 권우 선생의 이런 주장은 유교의 본령에 대한 누구보다 명쾌하게 잘 이해한 통찰이며, 진정한 종교란 무엇인가에 대한 명확한 해답이라고 할 수 있다.

요컨대 권우 선생에 따르면, 유교란 인본人本 · 인도人道 · 인문人文이라는 삼대요소를 합성된 실천적 · 이지적理智的이며, 불편부당한 (중용의) 진리와 지智 · 인仁 · 용勇이라는 삼원칙을 갖추고 있는 체계이기 때문에 신의 죽음이 선언됨으로써 허무감에 빠져 자유에서 방종으로, 문명에서 야만으로 탈락하고 있는 이 시대를 구하는 명약名藥이자 등불이 될 수 있다는 것이다.

# 3

## 유교의 일관지도一貫之道

### 공자의 일관지도

세계사적으로 강력한 영향을 끼친 종교 혹은 철학에는 그 정통성을 두고 많은 논쟁과 갈등이 있어 왔다. 그래서 정통성의 근거가 되는 언명들은 거의 대부분 후대의 작품으로 인정된다. 선불교의 기원과 도통의 전수를 설명해주는 『대범천왕문불결의경大梵天王問佛決疑經』에 따르면, 붓다가 영산회靈山會에서 한 송이의 연꽃을 대중에게 들어 보이자(염화시중拈花示衆), 수제자 마하가섭만이 의미를 깨닫고 미소를 지었다. 이에 붓다는 다음과 같이 말하여 도통을 전해 주었다고 전해진다.

"내게는 정법안장正法眼藏・열반묘심涅槃妙心・실상무상實相無相・미묘법문微妙法門・불립문자不立文字・교외별전教外別傳이 있다. 나는 이것을 가섭迦葉에게 의탁한다."

또한 기독교의 『성서』에 따르면, 예수의 "너희는 나를 누구라 하느냐?"

는 질문에서 베드로가 "주는 그리스도시요, 살아 계신 하나님의 아들이시니이다."라고 대답하였다. 그러자 예수는 "네가 복이 있도다. 이를 네게 알게 한 이는 혈육이 아니요 하늘에 계신 내 아버지시니라. …… 내가 이 반석 위에 내 교회를 세우리니 음부의 권세가 이기지 못하리라. 내가 천국 열쇠를 네게 주리니."라고 말하였다.[24]

또한 소크라테스-플라톤-아리스토텔레스로 이어지는 서양의 그리스 철학에서 아리스토텔레스는 "플라톤도 나를 기쁘게 하지만, 진리는 나를 더욱 기쁘게 한다(Amicus Platon, magis amica verita)"라고 선언하고, "스승을 능가하는 것이 스승에 대한 최대의 예찬"이라는 유명한 언명을 하여 '지혜사랑'의 전통을 여실히 보여 주었다고 하겠다.

일반적으로 유가의 도통은 『서경』「대우모」 편의 이른바 심육자심법十六字心法에서 유래했다고 전해진다.

> 제帝께서 말씀하시길, "우禹야, … 하늘의 역수曆數가 너의 몸에 있으니, …… 인심은 위태롭고 도심은 미묘하니, 오직 정일精一하여 진실로 그 '중中'을 잡아라. …… 온 천하가 곤궁하면 천록이 영원히 끊어질 것이다.[25]

이 구절은 『논어』「요왈」 2:1, 그리고 『중용』 6:1의 확인을 거쳐 후대에 주자朱子에 의해 도결道訣로서 '만세심학지종萬世心學之宗'으로 정립되었다. 주자는 이 구절에 근거를 두고 궁극 근원인 하늘(天)로부터 요→순→우→탕→문→무→주공→공자 등으로 전해내려는 도통설을 세웠다.[26] 그런데 『논어』에서 공자는 "중용中庸은 최상의 지극한 원리이다."[27]고 선언했을 뿐만 아니라, 자신의 도道는 일이관지一以貫之하고 있다고 말하고 있다.

공자께서 말씀하셨다. "삼아! 나의 도는 하나로 관통하고 있다." 증자가 "예." 하고 답했다. 공자께서 나가시고, 다른 제자가 물었다. "무엇을 일러 말씀하신 것입니까?" 증자가 말했다. "선생님의 도는 충서忠恕일 따름입니다."[28]

공자께서 말씀하셨다. "사야, 너는 내가 많이 배워 기억하는 사람이라고 생각하느냐?" (자공이) 대답하여 말했다. "그렇습니다. 아닙니까?" (공자께서) 말씀하셨다. "아니다, 나는 하나로써 관통하였다."[29]

기실 이 구절과 용어의 해석을 두고, 몇 가지 논란이 있다. 먼저 첫째로, 일부의 학자들은 이 말이 공자의 말이 아니라, 후대의 작품 즉 적어도 공자의 7대손인 자고子高가 공자학단을 이끌던 전국말기로 추정하기도 한다.[30] 둘째, 충서忠恕의 개념 및 『논어』 4:15와 15:2의 구절의 관계를 어떻게 볼 것인가 하는 문제가 있다.

## 주자와 다산의 해석

주자는 충서忠恕를 체용體用관계로 보고 자신의 최선을 다하는 것을 충이라 하고(진기지위충盡己之謂忠)과 자신을 미루어 남에게 나아가는 것을 서라고 한다(추기급인지위서推己及人之謂恕)고 해석하였다. 나아가 위의 두 구절의 관계를 해석하면서, 주자는 "내가 생각건대 공자께서 자공에게는 누차계발시켰고, 다른 사람들은 여기에 참여하지 못했으니, 안자와 증자 이하 여러 제자들의 배움의 높낮이를 또한 알 수 있다. 성인도 이해하여 박학다식하지 않은 것은 아니지만, 단 성인이 성인된 까닭은 오히려 박학다식에 있지 않고 하나로써 관통함에 있다."[31]고 주석하였다. 그리고 신안 진씨 또한 다음과 같이 해석하고 있다.

저 구절(4:15)에서는 '내 도는(吾道)'이라는 말을 '일이관지—以貫之' 위에 두었고, 이 구절(15:2)에서는 '다학이식多學而識'라는 말로부터 시작하여 단자 '나는 하나로써 궤뚫는다'라고만 말씀하였으니, 저 구절은 행위를 말씀하신 것이고, 이 구절은 앎을 말씀하는 것임을 알 수 있다.[32]

한국의 다산茶山 정약용丁若鏞은 주자와 신안 진씨와는 완전히 다르게 다음과 같이 주석하고 있다.

증자와 자공의 일관—貫은 크고 작은 것이 없고, 증자와 자공의 일관은 행지知行의 구분이 없으며, 증자와 자공의 일관에 증자는 충서忠恕이고 하나는 서恕뿐이라고 하는 차이도 없다. 하물며 이 일관은 본래 공자가 말한 것이니 더 말할 것이 있겠는가? 『중용』에서 말하기를, '충서忠恕는 도와 거리가 멀지 않다. 자신에게 베풀기를 원하지 않는 것을 또한 남에게도 베풀지 말라.'고 하였다. 이 어구를 일으킬 때는 충서忠恕 두 글자를 들고, 아래 구절에서는 서恕 한 자를 말한 것은 무엇 때문일까? 충서는 곧 서이니 둘이 아니기 때문이다. 선유들은 자기의 마음을 다하는 것을 충忠이라고 하고, 자기를 미루어 남에게 미치는 것을 서恕라고 한다고 말하였는데, 지금 사람들이 알기로는 마치 어떤 한 물건이 먼저 마음속에 충忠으로서 내재한 뒤에 이로부터 굴러 나와 발현된 것을 서恕라 하니, 어찌 큰 잘못이 아니겠는가? 진실로 이와 같다면, 공자는 이이관지二以貫之이지 어찌 일이관지—以貫之이겠는가? 서恕가 근본이 되고 이를 행하는 것이 충忠이니, 충서는 서가 아니겠는가? 증자와 자공은 본래 이처럼 충서忠恕에 층차나 등급이 없었다. 사서四書는 우리 도의 나침판指南이다. 그런데『대학』과『중용』은 모두 '서恕'자의 뜻을 넓게 설명한 연의衍義이고,『논어』와『맹자』는 힘써 서恕를 행하여 인仁을 구함을 말한 것이 거듭 나타나 있어 다 지적할 수 없을 정도이다. 공자의 도는 하나의 서恕일 뿐이다. 이 한 자를 가지고 이것으로써 남을 접한다면 인仁을 이루 다 쓸 수 없을 것이다.[33]

요컨대 주자는 충서忠恕를 체용관계로 파악하여, 충忠은 자기정립이라 하고 서恕는 정립된 자기를 미루어 나아가서 다른 사람 또한 정립시켜 주는 것이라고 말하였다. 또한 증자와 자사의 학문에 층차를 나누면서 일이관지一以貫之를 말한 맥락을 앎과 행위로써 구분하여 설명해 주고 있다. 즉 그는 정자程子의 말을 인용하면서, 충忠은 천도天道이고, 서恕는 인도人道라고 하는 다소 고원한 방식으로 정의하였다.[34] 그런데 다산의 설명에 따르면, ① 인仁이란 인륜의 완성된 덕(人倫之成德)이고 서恕는 인仁을 형성하는 방법(成仁之方法)이며, ② 유가의 도는 인도人道로서 인륜을 벗어나지 않으며, 인륜에 처하는 모든 일은 서恕로 행하며, ③ 따라서 일관지도一貫之道는 서恕일 따름이다. 그리고 '충忠'과 '서恕'를 분리하여 보는 것은 이이관지二以貫之가 된다. 그리고 ④ '충忠'이란 '중심中心(참마음, 본마음)으로 사람을 섬기는 것(중심사인中心事人)'이며, '서恕'는 '남의 마음을 자기 마음처럼 헤아리는 것(촌타심여아심忖他心如我心)'이다. 즉 ⑤ 서恕가 근본이고 서恕를 행하는 방법이 충忠이다. 사람이 사람을 섬긴 다음에 충忠이라는 명칭이 성립된다. 여기서 다산의 지적의 핵심은 공자의 일이관지一以貫之하는 도道는 서恕이고, 충서忠恕에서 서恕가 근본이고, 충忠은 서恕를 행하는 한 방법이기 때문에 서恕로 환원가능하다는 것이다. 기실 다산의 지적대로『논어』「위령공」,『대학』의 혈구지도絜矩之道,『중용』의 군자지도君子之道, 그리고『맹자』「진심상」의 언명 등은 한결같이 '충서忠恕'를 '서恕' 개념으로 풀이하거나 혹은 '서恕'만을 언급하고 있다.[35]


## 권우의 일관지도

이러한 문제들에 연관하여 권우 선생 또한 "그러나 공자의 도통을 계승한 증자, 자사, 맹자가 지으신 글에는 전연 충서일관忠恕一貫이란 말이 없는 것은 어째서인가? 여기에는 반드시 까닭이 있을 것이다."라고 말하여 의문을 표시하지만, 결국 "'충서忠恕'는 유가의 종시終始를 통한 천인합의의 도(天人合一之道)이다."고 명백하게 선언한다. 그의 논지를 살펴보자.

먼저 『논어』 4:15와 15:2의 구절의 관계, 그리고 『중용』 13장에서 충서忠恕를 오직 서恕만으로 설명한 것에 대해 권우 선생은 다음과 같이 말한다.

여기(15:2)의 일관一貫은 증자에게 말씀하신 것과는 그 방향이 다르다. 전자는 도道의 원두源頭로부터 지류支流에 통한 것이요, 후자는 지류로부터 원두에 소급한 것이다. 『중용』 제13장에 "충忠과 서恕가 도道에 가는 거리가 멀지 않다."고 했으니, 그것은 구경究竟의 목표인 충서忠恕가 도에 가는 거리가 멀지 않다고밖에 하지 않은 것은 어떠한 이유인가? 여기의 충서忠恕는 부자夫子의 충서忠恕와는 달리 학자學者가 공부하는 충서忠恕이기 때문에 충忠과 서恕를 해나가는 데, 도道에 가는 거리가 멀지 않다는 것이다. 그 증거로는 그 아래 글귀에 "남이 나에게 하는 일을 내가 원하지 않는 것은, 나도 남에게 하지 말라." 했으니, 여기 '말라'고 한 말을 보면, 학자에게 경계한 것이 분명하다(426).

이렇게 권우 선생은『논어』4:15에서 말하는 '일이관지—以貫之'는 앞의 오
도吾道라는 전제하에서 나온 것이기 때문에 도道의 원두源頭에서 지류로 통
하는 것이고, 15:2의 '일이관지—以貫之'는 '다학이식多學而識'에 나온 것이기
때문에 지류로부터 원두에로 소급한 것이기 때문에, 층차가 분명히 구분
된다고 설명한다. 그리고『중용』13장의 충서忠恕를 오직 서恕만으로 설명
한 것에 대해서는『논어』4:15처럼 부자夫子(공자)의 충서忠恕가 아니라, 학
자學者들을 경계하고 실천을 강조하기 위해 오직 서恕만을 말했다는 것이
다. 따라서 이 구절을 근거로 충서忠恕란 오직 서恕일 뿐이라고 단정하는
것은 어불성설이라는 것이다. 그런데 권우 선생은 이 구절이 학자學者에 대
한 경계警戒라는 근거를 '말라(물勿)'라고 표현한 것에서 찾고 있다. 권우 선
생의 이러한 주장은『논어』의 구절들을 통해 증명할 수 있다.

> 자공이 말했다. "저는 남이 나를 헐뜯기를 바라지 않고, 나 또한 남을 헐뜯
> 는 일이 없기(무無)를 바랍니다." 공자께서 말씀하셨다. "사야, 네가 미칠 수
> 있는 것이 아니다."[36]
> 자공이 물었다. "한 마디 말로 종신토록 행할만한 것이 있습니까?" 공자께
> 서 말씀하셨다. "그것은 서恕일 것이다! 자기가 하고 싶지 않은 것을 남에게 베
> 풀지 말라."[37]

이 구절과 연관하여 정자는 "남이 나를 헐뜯기를 바라지 않고, 나 또한
남을 헐뜯는 일이 절대 없기(無)를 바라는 것은 仁이다. 자기가 바라지 않는
것이면 남에게도 베풀지 말라(勿)는 것은 서恕이다. 서恕라면 자공도 노력할
수 있겠으나, 인仁은 미칠 수 있는 것이 아니다. 내 생각건대, 없음(無)의 경
지는 저절로 그렇게 되는 것이고, 말라(勿)의 경지는 금지하는 것을 말하니,

이것이 '인仁'과 '서恕'가 구별된다."[38]고 해설한 바 있다. 권우 선생은 바로 이 점에서, 즉 『중용』에 '말라(勿)'는 표현이 있다는 점에서, 이 구절은 부자夫子의 도道가 아니라, 학자學者를 경계한 것이라고 설명하고 있다고 하겠다.


## 사서의 일관지도

그렇다면 이제 사서四書에서 일관지도一貫之道인 충서忠恕는 서恕로 환원하여 해설해 놓았는가 하는 점에 대한 권우 선생의 입장을 살펴보자.

일반적으로 "관貫은 貝조개 패 + 毌꿰뚫을 관으로 조개 화폐(貝)를 꿰어 놓은(毌) 모습으로 꿰다, 연속되다, 연관되다는 뜻이다. 또 여럿을 하나로 꿰어 놓았다는 뜻에서 일관一貫되다는 뜻이 나왔다."고 설명된다. 권우 선생은 일관지도는 충서忠恕를 말하며, 서恕로 환원될 수 없다는 것을 명확히 하면서 다음과 같이 설명한다.

> 그렇다면 일이관지一以貫之는 어떤 것인가? 한 개의 끈이 백, 천, 만개의 구
> 슬을 꿰인 것 같이, 혼연渾然한 일리一理가 천하 만물을 통하는 것과 같다. 바꾸
> 어 말하면 일본一本의 충서忠恕가 모든 다른 사물을 두루 통하는 것이, 마치 한
> 그루의 나무에 천 갈래 가지나 만 잎사귀가 모두 통하는 것 같다는 것이다(425).

이렇게 전제하고 나서 권우 선생은 『대학』, 『중용』 그리고 『맹자』마저도 서恕만이 아니라, 충서忠恕의 도道로 일관一貫하고 있음을 설명한다. 그는 먼저 『대학』에 대해서는 다음과 같이 설명하고 있다.

명명덕明明德, 신민新民, 지어지선止於至善은 삼강령三綱領으로 되었는데, 이것을 구분하면, '명명덕'은 '충忠'이요, '신민'은 '서恕'요, '지어지선'은 '충서忠恕'를 합한 천인합일天人合一이라 할 것이다. 격물格物, 치지致知, 성의誠意, 정심正心, 수신修身, 제가齊家, 치국治國, 평천하平天下는 팔조목八條目으로 되어 있는데, 이것을 구분하면 격물치지, 성의, 정심, 수신은 충忠이요. 제가, 치국, 평천하는 서恕일 것이니, 강령과 조목이 정연하고, 본말本末과 선후先後가 분명하여, 어느 대문大文 어느 구절句節이고 충서일관忠恕一貫의 의의意義가 포함되지 않은 곳이 없다(426).

요컨대 『대학』의 삼강령에서 첫째 강령인 명명덕과 팔조목에서 격물 · 치치 · 성의 · 정심 · 수신은 충忠이라는 것이다. 그리고 둘째 강령인 신민新民과 팔조목에서 제가 · 치국 · 평천하는 서恕라는 것다. 그리고 마지막 강령인 지어지선止於至善은 충서忠恕를 합한 천인합일天人合一의 경지라는 설명이다. 권우 선생의 『대학』에 대한 이러한 설명은 진정 그 요령을 터득한 탁월한 해석이라 하지 않을 수 없다.

다음으로 『중용』에 대한 설명을 보자. 권우 선생은 『중용』 또한 충서의 도로 일관하고 있다고 분명히 말하면서, 다음과 같이 설명하고 있다.

제1장에 천성天性을 그대로 따라가는 것을 도道라 한 것은 충忠이요, 도道를 닦는 것을 교敎라 한 것은 서恕이며, 희喜 · 로怒 · 애哀 · 락樂의 정情이 생기지 않은 때를 중中이라 한 것은 충忠이요, 희 · 로 · 애 · 락의 정이 생겨서, 모두 절차에 맞는 것을 화和라 한 것은 서恕이니, 이것은 자사子思께서 도의 대본원大本原을 말씀한 것으로 이글 전체의 강령綱領이 된 것이다. 제20장에 "성誠은 천天의 도道라고 한 것은 충忠이요, 성誠을 하는 것은 사람의 도道라 한 것은

서恕이다." 제22장에 "오직 천하의 지극한 정성이라야 …… 천지의 화육化育을 도울 수 있으면 천지와 함께 같이 될 수 있다."고 한 것은 충서忠恕를 합한 천인합일의 대도大道이다(427).

이렇게 권우 선생은 『중용』 또한 충서忠恕의 도道로 일관一貫할 수 있음을 명확히 제시하고 있다. 그리고 그는 『맹자』 또한 충서의 도로 일관하고 있다고 말하고 있다.

『맹자』 「양혜왕 상권」에 "나의 부형父兄을 공경하는 마음으로, 남의 부형을 공경하라" 했으니, '노오로老吾老'는 충忠이요, '이급인지로以及人之老'는 서恕이다. 그리고 「공손추상」에 "차마 못하는 마음으로 차마 못하는 정치를 한다"고 하였으니, '불인인지심不忍人之心'은 충忠이요, '불인인지정不忍人之政'은 서恕이며, 「진심상」에 "나의 자신에 돌이켜보아서 성誠하면 그보다 더 즐거운 것이 없다" 한 것은 충忠이요, "아무리 어려워도 서恕만 해나가면, 인仁을 찾는 길이 이보다 더 가까운 것이 없다"한 것은 서恕이다. 또 "지나는 곳마다 모두 화化한다" 한 것은 서恕요, "지니고 있는 것은 신神이라" 한 것은 충忠이며, "상하여천지동유上下與天地同流"라 한 것은 그 충忠과 서恕의 효과가 되는 천인합일天人合一에 이른다는 것이다(428).

이렇게 권우 선생은 『논어』에서 증자가 설명한 부자夫子의 일관지도一貫之道인 충서忠恕가 『대학』, 『중용』, 『맹자』에도 관통하고 있음을 밝히고, 나아가 사서四書의 궁극경지는 천인합일에 있음을 분명히 밝히고 있다. 이것이 바로 사서四書에 대한 권우 선생의 총체적인 관점이라고 할 수 있다.

바로 이 점에 근거하여 우리는 선생께서 아호雅號를 '권우卷宇'로 한 것은 주자가 다음과 같은 정자의 말을 인용하여, 『중용』의 서설로 삼은 것에 근거했을 수도 있다고 추정해 본다.

이 편은 공자의 문하에서 전수되어 온 심법이다. 자사가 그 심법의 전수가 오래됨으로 인하여 잘못이 생길까 두려워한 까닭에 이 책을 기록하여 맹자에게 전하였다. 처음에는 하나의 이치(一理)를 말하여 중간에는 흩어져 만 가지 일이 되며, 끝에는 다시 합하여 하나의 이치가 된다. 이 이치를 풀어놓으면 육합六合에 가득차고, 거두어들이면(卷) 물러나 은밀한 데 감추어져 그 맛이 무궁하니, 모두 실학實學이다.[39]

그리고 권우卷宇의 우宇는 아마도 우주宇宙를 지칭할 것이다. 여기서 우리는 신유학자 육구연陸九淵, 1139~1192이 '우주宇宙'에서 '우宇'가 공간적인 '한 지붕(宀)' 아래 천지사방天地四方을, '주宙'가 시간적인 한 흐름아래 '고금왕래古今往來'를 나타낸다는 말에서 깨달음을 얻어 "우주가 내 마음이고, 내 마음이 곧 우주이다"[40]라고 한 것을 상기해볼 필요가 있다. 그렇다면 '권우卷宇'란 우주를 수렴한 본원의 일리一理를 지칭하는 바, 선생은 아마도 이러한 일리一理를 터득했다고 은근히 자임했을 것이다. 이렇게 권우 선생은 사서四書를 일관一貫하는 도道를 충서忠恕로 해석하면서, 스스로는 그 도리를 단지 수렴해서 거두고 있었지만, 때가 되면 그에게서 교육을 받은 후학이 그 도를 펼쳐주기를 기다리고 있었으리라.

# 5장

## 유교의 핵심,
## 인仁 개념의 형성과 전개

# 1

# 유교와 인仁

모든 물음은 인간의, 인간에 의해, 나아가 인간을 위해 제기된다고 점에서 "인간이란 무엇인가?" 하는 것은 가장 중요한 근본물음이 아닐 수 없다. 그런데 이 물음은 유가에서 각별한 의미를 지닌다. 왜냐하면 유가儒家는 그 명칭에서부터 오로지 "인간에게 필수적인 것(儒유=人인+需수)을 배우고(학學), 가르치는 것(교敎)"을 가장 중시하는 인문주의를 표방하면서, 그 어느 학파보다도 이상적인 인간상(성인, 군자) 정립과 양성, 나아가 이상적 인간의 학습·판단·처신·행동에 각별한 관심을 기울여 왔기 때문이다. 이 문제에 관건이 되는 것이 바로 인仁 개념이다. 즉 유가는 인간의 본성은 인仁이며, 따라서 인仁의 체득과 실천이 인간의 존재근거이자 당위법칙이라고 주장한다. 그렇다면 인仁은 유가의 가장 중요한 개념이이라고 하겠다. 이 글은 바로 이러한 유가의 인仁 개념이 어떻게 형성, 발전, 정립되어 왔는지를 살피려고 한다. 유가 인仁 개념의 전개과정은 다양하게 기술할 수 있겠다. 그렇지만 여기서는 공자, 맹자, 그리고 주자朱子가 나름으로 가장 중요한 공헌을 하였다고 판단하고, 이들이 전개한 유가 인仁 개념의 전개와 변환과정을 제시하고자 한다.

# 2

## 공자: 보편 덕으로서 인仁의 정립

 

유가의 가장 중요한 개념인 인仁은 공자가 최초로 창안·정립했다고 해도 과언은 아니다. 이는 공자 이전의 인仁 개념의 용례를 살펴보면 곧바로 알 수 있다. 즉 공자 이전의 유교 경전인『시경』, 『서경』, 『역경』 등에서 인仁이란 낱말은 극히 드물게 나타날 뿐만 아니라, 그 의미도 또한 치자治者들의 공덕을 칭송하는 것에 한정되었다.[1] 바로 이 점에서 연구자들은 공자 이전의 '인仁'은 여러 덕목들 중의 하나(개별적인 덕목)로서 백성들에게 선한 정치를 베푼 치자를 칭송하는 외적 형식미였다는 데에 대체적인 합의를 하고 있다.[2] 그런데 이렇게 공자 이전에는 거의 언급되지 않았다는 점에서 주도적인 개념이라고 할 수 없었으며, 나아가 선정善政을 베푼 치자를 칭송하는 것에 한정되었던 개별 덕목으로 인仁은 공자에 의해 완전히 재정립된다. 즉 공자는 인仁을 주도적인 개념으로 다루고 있을 뿐만 아니라[3] 그 의미 또한 확장·심화·재정립하였다. 이에 대해 논구해 보도록 하자.

우선 공자는 인仁을 인간다운 인간이 되기 위해 당위적으로 요구되는 모든 다른 덕목들에 선행하는 기본 덕으로 정립하였다. 그래서 그는 다음과 같이 말한다.

사람으로서 인仁하지 못하다면 예禮인들 무슨 소용이 있으며, 사람으로서 인仁하지 못하다면 악樂인들 무슨 소용이 있겠는가?[4]

요컨대 인仁은 인간의 기본 덕이기 때문에 여타 특수한 개별적인 덕목인 예, 악 등은 인仁을 전제하고 구현되어야 한다. 이렇게 인仁은 다른 모든 덕목들의 토대가 된다는 점에서 이상적 인간으로서 "군자君子는 인간에게 가장 기초적인 생리적 욕구를 충족하는 중에도 인仁을 어겨서는 안 되며, 아무리 다급하고 기박한 순간에도 인仁에 근거를 두고 행동한다."[5] 요컨대 "군자는 오직 인仁에 의해서만 그 명성을 이룬다."[6]

나아가 공자는 인仁을 다른 개별 덕목들의 토대가 되는 기본 덕으로 제시할 뿐만 아니라, 여타 모든 덕목들의 종합적 완성을 나타내는 '온전한 덕(전덕全德)'이라고 말한다. 즉 인仁은 이렇게 모든 개별 덕목의 종합적인 완성(인륜지성덕人倫之成德)을 뜻하는 온전한 덕이기에 공자는 인仁의 실현은 지난한 과제이며, 따라서 재능이 특출한 것으로 알려진 그 누구에게도 인仁하다는 평가를 하는데 극히 저어했다.[7] 그래서 그가 가장 아꼈던 제자 안회顔回만 오직 계절이 한 번 바뀔 때까지 그 마음이 인仁을 어기지 않았고, 그 나머지 제자들은 하루에 한번 혹은 한 달에 한 번 겨우 인仁에 도달할 뿐[8]이라고 말했다. 이렇게 인仁은 개별 덕의 종합적 완성을 의미한다는 점에서 "인仁한 사람은 반드시 용기가 있지만, 용기가 있는 사람이라고 하더라도 반드시 인仁이 있는 것은 아니다."[9] 나아가 그는 이러한 종합적인 완성된 덕을 구현하고 있는 "인자仁者만이 자신의 사욕에 얽매이지 않고 보편적으로 판단하기에 능히 다른 사람을 참으로 좋아하거나 미워할 수 있으며,"[10] 심지어 "진정으로 인仁에 뜻을 두면 어떠한 악도 없다."[11]고 주장했다.

그렇다면 공자는 왜, 어떤 기준에 의해 인仁을 모든 개별 덕목들의 토대이자 그 종합적 완성인 온전한 덕이라고 주장하는가? 여기에 대해 우리는 다음과 같이 답할 수 있을 것이다. 즉 공자는 인仁이 인간을 인간이게 하는 존재근거이며, 따라서 인仁의 실현 여부에 의해 인간의 존재의미가 결정된다고 생각했다는 것이다. 다시 말하면 공자는 인仁의 실현에 인간의 자기완성이 걸려 있으며, 따라서 인간이 자기완성을 도모할 목적으로 제기되는 다른 모든 개별 덕목들은 인仁의 실현에 종속되어야 한다는 생각했다. 바로 이 점에서 공자는 심지어 "뜻있는 선비와 인仁한 사람은 몸을 희생해서라도 인仁을 완성한다"[12]고 말했다. 그리고 그의 수제자 증자曾子는 인仁을 인간의 본질이라고 주장하며, 인의 실현을 인간이 종신토록 실현해야 할 책무로 규정했다.[13] 나아가 맹자는 바로 이 점에서 착안하여 인仁이 바로 인간 자체라고 정의했다.

그렇다면 이제 공자가 제시한 인仁의 실현방법을 살펴보자. 기실 웨일리 A. Waley의 지적대로,[14] 공자는 인仁의 실현에는 끊임없는 자기훈육 · 자기절제 · 용기 등이 필요하다고 지적하면서, 주로 부정적인 언급으로 일관하면서 지난한 과제임을 암시하였다.[15] 그런데 공자는 비록 "성인과 인인의 경지에 도달했다고 감히 자처할 수 없지만"[16] "인은 멀리 있는 것이 아니기 때문에, 나는 인을 의욕하면 인이 나에게 이른다"[17]고 말하여 인仁의 실현에서 결코 비관적이거나 부정적으로 일관하지 않았다.

어쨌든 우리는 공자가 주로 소극적 방식으로 신중하게 인仁에 대해 언급하였다는 점을 충분히 염두에 두면서도 공자이후에 전개될 인仁 개념과 연관하여 그 제시한 인仁의 실현방법을 재구성하여 적극적으로 제시하고자 하는데, 그것은 우선 '충서忠恕'의 실천과 연관된다. 이 말은 다음 구절에 나타나 있다.

공자께서 말씀하셨다. "삼아, 나의 도道는 하나로써 관통하느니라." 증자가 말했다. "예, 그렇습니다." 공자께서 나가시니 문인들이 물어 말하였다. "무슨 말씀입니까?" 증자가 말했다. "선생님의 도는 충서일 따름이다."[18]

그런데 기실 여기서 볼 수 있듯이, 공자의 도를 '충서忠恕'라고 말한 것은 공자의 직접적인 언급이 아니라, 그의 제자 증자의 주장이다. 나아가 위의 구절은 '충서忠恕'와 인仁의 실천방법을 직접 연관시켜 말하고 있는 것이 아니다. 그러나 『논어』에서 공자가 인仁의 실천방법을 말한 것은 가장 중요한 점에서 이 충서忠恕를 벗어나지 않는다. '충忠'을 통한 인仁의 실천방법을 말한 것은 다음의 구절이다.

안연이 인仁에 대해 묻자, 공자께서 말씀하셨다. "(사사로운) 자기를 이기고 예禮에로 되돌아가는 것이 인仁을 실천하는 것이니, 하루라도 (사사로운) 자기를 이기고 예禮에로 되돌아가면 천하가 인仁으로 돌아갈 것이니, 인仁을 실천함은 자기로 말미암지 남으로 말미암는 것이겠는가?" 안연이 그 조목을 청하여 묻자, 공자께서 말씀하셨다. "예가 아니면 보지도, 듣지도, 말하지도, 행하지도 말라."[19]

여기서 공자가 말한 '극기克己'의 '기己'는 주자의 주석대로 '사사로운 자기'를 말하고, 되돌아가야 할 예禮는 기己의 공公적인 측면을 말한다.[20] 그렇다면 "인仁의 실천은 사사로운 자기를 극복하고 공적인 자기로 되돌아가는 것"으로, 타인에게서 강제적으로 부가되는 것이 아니라 자기로 말미암는 것이다. 기실 공자는 자신의 학문을 '자기를 정립하는 학문(위기지학爲己之學)'이라고 규정하면서 "군자는 자기에게서 구한다."[21]고 말했다. 그런데 이러한 자기 정립은 곧 '충忠' 이외에 다른 것이 아니다. 왜냐하면 '충忠' 이란 자기의 중심中心을 정립하는 것(마음을 치우치지도 기울지도 않게 하며, 지나침과 모자람이 없게 하는 것)[22]을 의미하는 바, 우리 자신의 주관자인 마음의 중심을 정립하는 것이 곧 주자朱子의 해석대로 자기 정립이 되기 때문이다.[23] 바로 이 점에서 '충忠' 즉 "마음이 치우치거나 기울지 않고 지나침과 모자람이 없게 함으로써(中心) 자기를 정립하는 것"이 공자가 제시한 인仁의 실천 방법이라고 할 수 있다.[24]

나아가 '서恕'는 공자가 명시적으로 제시한 인仁의 실천방법이라고 할 수 있는데, 다음 두 구절이 그 분명한 전거가 된다.

> 대저 인仁한 사람은 자기를 정립하고자 하면 남을 정립시켜 주고, 자기가 통달하고자 하면 남을 통달시켜 주는데, 능히 가까운 데에서 비유를 취하면 인仁을 실천하는 방법이라고 할 수 있다.[25]

> 중궁이 인仁을 묻자, 공자께서 말씀하셨다. "문을 나섰을 때에는 큰 손님을 뵙는 듯이 하며, 백성을 부리기를 큰 제사 받들듯이 하고, 자기가 하고자 하지 않는 남에게 베풀지 말아야 한다."[26]

기실 서恕(如여+心심: 같은 마음)는 주자의 주석대로 "자기를 미루어 남에게 나아가는 것(추기급인지위서推己及人之謂恕)"[27] 이외에 다른 것이 아니다. 그렇다면 위의 구절에서 공자가 제시한 인仁의 적극적인 실천방법으로서 "자기를 정립하고자 하면 남을 정립시켜 주고 자기가 통달하고자 하면 남을 통달시켜 주는 것"과 소극적인 방법으로서 "자기가 하고자 하지 않는 남에게 베풀지 않는 것"은 모두 '서恕' 이외에 다른 것이 아닌 것이다. 그런데 인仁의 실천방법으로서 추기급인의 '서恕'는 자기정립의 '충忠'이 없다면 불가능한 것이다. 자기정립 없이 어떻게 자기를 미루어 남에게 나아갈 수 있겠는가? 나아가 자기와 타자는 상관개념이라는 점에서, 자기정립의 '충忠'은 '서恕'가 없다면 전혀 무의미한 유아론적 자아에 그치고 말 것이다.

나아가 공자가 제시한 인仁의 실천방법은 사랑(애愛)의 감정과 연관된다. 그래서 공자는 번지의 질문에 "인仁이란 사람을 사랑하는 것이며, 지혜란 사람을 아는 것이다"[28]고 말하였다. 후대의 한유韓愈(박애왈인博愛曰仁)를 및 송대 유가들이 인仁을 사랑이라고 하는 감정과 결부시켰는데, 아마도 바로 이 구절을 근거로 그렇게 말했을 것이다. 그렇다면 이제 우리는 공자의 인仁 개념을 다음과 같이 요약할 수 있겠다. 즉 공자는 ① 인仁을 인간의 보편 덕으로 최초로 정립함과 동시에 모든 다른 덕목들의 총체적 완성으로 제시했다. 그리고 나아가 그는 ② 인仁이 무엇인지에 대해서는 타자와의 관계를 통해 혹은 공간적인 비유를 통해, 나아가 인생이란 여행에서 평생 짊어지고 가야 할 짐(증자)과 같은 비유를 들며 주로 부정적 소극적인 방식으로 신중하게 말하였다. 그러나 그의 언명을 재구성하면 ③ 인仁은 사私적인 자아를 극복하고 공公적인 자기정립(충忠)을 이룬 다음 '추기급인推己及人'으로 타자를 정립(서恕)하는 방식으로 구현된다고 하겠다. 나아가 인仁은 다른 사람을 사랑(애인愛人)하는 감정에서 전형적으로 나타난다고 할 수 있다.

그러나 이러한 공자의 인仁 개념과 연관하여 우리는 다음과 같은 질문을 제기할 수 있겠다. 즉 무엇 때문에 그리고 어떤 근거에서 인仁이 우리 인간의 보편 덕이 될 수 있으며, 나아가 인仁이 인간의 보편 덕이라는 것을 어떻게 알 수 있는가 하는 것이다. 이 점에 대해 공자는 침묵한 것 같다. 이 과제는 맹자에게 넘겨졌다.

# 3

## 맹자: 인간 본성으로서 인仁의 증명

공자는 인仁을 인간의 보편 덕으로 정립하여 유가의 대표개념으로 제시하고, 아울러 충서忠恕를 중심으로 인仁의 실천에 나아가라고 권고하였다. 그러나 그는 인仁은 다른 사람을 사랑하는 것(愛人)이라고 말하면서도, 그에 대한 구체적 정의에는 신중한 태도를 견지하면서 발언을 자제하였다. 그런데 백가쟁명百家爭鳴의 전국시대에 살았던 맹자는 공자와 다른 상황에 처해 있었다. 즉 맹자 당시에는 이미 위아주의爲我主義를 주장한 양주楊朱와 겸애주의兼愛主義를 주장한 묵적墨翟으로 대표되는 다른 학파들이 흥기하고 있었던 것이다. 바로 이런 상황에서 맹자는 이러한 이단들을 배척하면서 공자를 계승하는 유가의 수호자임을 자임하고 나섰다.[29] 그래서 그는 공자가 정립한 보편 덕으로서 인仁 개념을 논리적으로 정당화함과 아울러 적극적인 정의와 설명을 시도했다. 맹자는 우선 인仁을 인간 본성이라고 적극적으로 정립하면서 다음과 같이 말하였다.

인仁이란 사람 자체를 말한다.[30]
인仁이란 사람의 마음이다.[31]

즉 인仁이란 인간 마음이 타고난 본성(性성＝心심＋生생)으로 인간 그 자체를 의미한다고 맹자는 주장한다. 그런데 맹자의 이 주장은 한편으로는 성性과 인仁에 대한 공자의 언명을 넘어선다고 말할 수도 있겠다. 물론 공자 역시 인仁을 인간을 인간답게 하는 것(인간적인 것)이라고 말하고, 인仁이 인간 마음과 연관된다는 것을 암시했었다.[32] 그러나 그는 단지 "본성은 서로 비슷하지만, 습관은 서로 멀다"[33]고 간략하게 언급만 하고, 성性과 인仁의 연관성에 대해 더 이상의 어떠한 구체적 진술을 하지 않았다.[34] 그런데 맹자는 "인仁이란 인간의 본성이다"고 단언함으로써 성性과 인仁을 곧바로 동일시하고 있다. 맹자가 이렇게 한 것은 다음과 같은 사정에 기인한다. 즉 공자 때에는 아직 주도적인 개념이 아니었던 성性 개념은 양생학파인 양주楊朱에 의해 본격 제기되어 맹자 당시에는 주도적인 개념이 되었다.[35] 그래서 맹자는 유가儒家의 입장에서 이에 대해 명확한 개념 정립이 필요하다고 생각하여 바로 이 과제를 수행한 것이다. 그런데 인간의 본성을 인仁으로 확인한 맹자의 언명은 다음과 같은 과제를 안고 있다. 즉 인간의 본성이 인仁함을 어떻게 증명·확인할 수 있는가 하는 것이다. 이 문제에 대한 맹자의 대답이 바로 그 유명한 「유자입정孺子入井」의 비유이다. 그 비유는 다음과 같이 나타나 있다.

사람은 모두 차마 못 하는 사람의 마음이 있다. 선왕이 차마 못하는 마음이 있어 이에 차마 못하는 정치를 펼쳤으며, 차마 못 하는 사람의 마음으로 차마 못 하는 사람의 정치를 펴면, 천하를 다스림은 손바닥 위에 놓고 운행하는 것처럼 쉽다. 사람이 모두 차마 못 하는 사람의 마음이 있다고 말하는 근거는, 지금 사람이 갑자기 어린아이가 장차 우물로 들어가려고 하는 것을 보고 모두 깜짝 놀라는 측은지심惻隱之心이 있으니, 이는 어린아이의 부모와 친교를 맺고자 해서도 아니며, 향당鄉黨과 벗들에게 칭찬을 듣기 위해서도 아니며, (잔인하다는) 소리가 싫어서도 아니다. 이것으로 보면 측은지심이 없으면 사람이 아니며, 수오지심이 없으면 사람이 아니며, 사양지심이 없으면 사람이 아니며, 시비지심이 없으면 사람이 아니다. 측은지심은 인仁의 단서이며, 수오지심은 의義의 단서이며, 사양지심은 예禮의 단서이며, 시비지심은 지智의 단서이다. 사람에게 이 사단四端이 있음은 사체四體를 지니고 있는 것과 같으니, 사단四端을 지니고 있으면서 스스로 (인의예지를) 행할 수 없다고 하는 자는 스스로를 해치는 자요, 그 임금이 (인정仁政을) 시행할 수 없다고 하는 자는 그 임금을 해치는 자이다. 무릇 우리에게 있는 사단四端을 모두 넓혀서 채울 줄 안다면, 마치 불이 처음 타오르고, 샘이 처음 나오는 것과 같을 것이니, 진실로 능히 채우면 사해四海를 충분히 보호할 수 있고, 진실로 채우지 못한다면 부모도 섬길 수 없다.[36]

전제에서 맹자는 모든 사람은 타인에 대한 동정심인 '불인인지심不忍人之心'을 지니고 있다고 전제했다. 그런데 그 마음은 '타인에 대한 동정심同情心'으로 피어나오는 것이라는 점에서 유적類的이며 결코 정태적이지 않다. 그리고 이 마음은 타인으로부터 어떤 보상을 받으려는 사량思量에서 나온 것이 아니라, '순수' 인간적인 마음에서 조건 없이 '자발적'으로 우러나왔다. 다시 말하면, 진정 인간적인 동기는 자신의 보전 욕구나 자신의 이익을 사량하고 난 이후에 발현되는 것이 아니라, 인간 마음의 고유본성에서 자연스럽게 피어나온 동정심이다. 그리고 맹자는 측은지심惻隱之心의 유비를 통해 사단四端을 연역하고, 이 사단이 모든 인간에게 공통적이라는 사실은 인간이 사체四體를 지니고 있는 것과 같이 분명한 것이라고 말했다. 그런데 이렇게 분명히 사단四端을 지니고 있음에도 불구하고 이를 실현할 수 없다고 하는 자는 자신의 존재의미를 포기한다는 점에서 스스로를 해치는, 즉 자기 파괴적인 자라고 말할 수밖에 없다. 그렇기에 사단을 확충擴充하여 자연스럽게 실현한다면 사해四海도 충분히 보존할 수 있고, 그 반대의 경우는 인간의 가장 기본적인 의무인 부모조차도 섬길 수 없다는 것이다.

어쨌든 이 논변에서 먼저 양주楊朱와 묵적墨翟에 대한 맹자의 중도적인 지양점을 발견할 수 있다. 즉 양주의 위아주의爲我主義는 개인적 생生/성性에 절대적인 의미를 부여하여 인간의 공동체적인 삶을 무시하였다. 이에 반해 묵자의 겸애주의兼愛主義는 인간 내면의 본성에 대해서는 전혀 관심을 기울이지 않고 단지 외적인 이익에 동기를 두고 타인이 선호하는 반응에 따라 행동하는 것에 도덕 행위의 초점을 둠으로써 인간 본성의 문제를 남겨 두고 있다. 현대적인 용어로 양주가 개인 실체론(사회 명목론)을 주장하였다면, 묵자는 사회 실체론(개인 명목론)을 주장했다고 하겠다. 이에 비해 맹자는 인간이 지니는 타인에 대한 자발적 감정에 주목함으로써 ① 그 감정을 발출시킨 인간의 내적 본성을 추론·확인하고 ② 그 본성이 타인에 대한 동정심으로 드러난다는 점에 주목하여 인간들 간의 유적 연대성이 있음을 설명하였다. 즉 맹자는 인간의 개인성은 타인 즉 사회를 향하고 있다는 점과 사회는 개인의 인간성에 기반한다는 것을 말하려고 했다는 점에서 '개인의 사회성'과 '사회의 개인성'을 동일 근원의 두 양상으로 파악한다.

요컨대 맹자는 「유자입정孺子入井」의 비유에서 우리의 본성에서 무조건적 자발적으로 우러나오는 순수하게 선한 감정(측은지심, 불인인지심)이 있다는 사실을 확인하고, 그것을 단서端緒(인지단仁之端)로 하여 우리의 본성이 인仁함을 추론·증명하였다.[37] 나아가 맹자는 이렇게 인간의 본성이 인仁함을 확인·증명한 다음 그 외표外表로서 의義를 제시하여 인仁 개념을 보완하였다. 즉 맹자에 따르면 인仁은 단적으로 인간 자체, 즉 인간 본성을 의미하며, 본성을 올바로 실현하기 위해 인간이 마땅히 가야 하는 바른 길(인지정로人之正路, 당행지로當行之路)이 있는데 그것이 바로 의義이다. 다시 말하면, 맹자는 안으로 인간 마음의 본성을 인으로 정립하고, 밖으로 사람의 몸(행위)이 그 본성을 실현하기 위해 마땅히 가야 하는 바른 길을 의義라고 하면서, 안으로 인仁에 기거하고 밖으로 의義로 말미암아 바른 길을 갈 때(거인유의居仁由義)에 안과 밖(마음과 몸)이 조화를 이루어 온전한 인간이 된다고 주장한다.[38] 맹자가 이렇게 인仁에 의義를 항상 연용하여 '인의仁義'를 함께 말함으로써 유가의 인仁 개념은 이제 안과 밖의 수미일관성을 갖추게 되었다. 이것이 또한 유가 인仁 개념의 정립에 있어 맹자의 가장 큰 공로이다.[39]

이렇게 인仁한 본성을 모든 사람이 고유하게 갖추고 있는 것을 확인·증명한 맹자는 이를 토대로 하여 다른 여타 입장을 비판하는데, ① 생물학주의(선악무기설善惡無記說), ② 환경주의(환경에 의해 인간 본성이 선·악으로 나누어진다), ③ 태생적 불평등주의(어떤 사람은 선하게 태어나고, 어떤 사람은 악하게 태어난다) 등이 그것이다.[40] 이러한 입장들에 대해 맹자의 비판은 다음과 같다. ①의 생물학주의는 모든 사람이 유사하다는 것은 인정하나, 생물학적 욕구를 넘어서는 인간의 고유본성이 있음을 보지 못했다는 것이다. 그리고 ②와 ③의 입장은 인간에게 선하지 않는 측면이 있음을 지적하였지만, 인간을 동류同類이게 하는 근거, 즉 우리 마음의 같이 그러한 바(심지소동연자心之所同然者)를 간과하였다[41]는 것이다.

모든 인간이 인仁의 본성을 지니고 있다고 지적한 맹자는 이제 이 본성을 어떻게 실현할 것인가 하는 점으로 나아간다. 인仁한 본성의 실현에서 맹자가 제시한 방법을 한 마디로 요약하면 '존심存心·양성養性'의 수양론이다.[42] 즉 인仁의 본성을 지니고 태어난 마음을 보존하고 양육하면 사람은 누구나 요순堯舜과 같은 이상적인 인간이 될 수 있다는 것이다. 그래서 그는 인간이라면 모두가 지니고 태어난 인仁한 본성의 실현을 나무의 생장,[43] 오곡의 성숙[44] 등과 같은 생물의 자연스런 생장과 성숙 등에 비유하여 설명한다. 요컨대 맹자가 볼 때, 인간이 인仁의 본성을 실현하는 것은 물이 아래로 흐르는 것,[45] 물이 불을 이기는 것[46]과 같은 자연스런 것이다. 그렇다면 현실의 우리 인간은 왜 그렇게도 불인不仁하게 살고 있는 것인가? 이에 대한 맹자의 설명을 간략히 말하면 다음과 같다. 즉 현실의 인간은 타고난 인仁의 본성을 자연스럽게 실현하는 것이 아니라, 인仁한 본성이 있음을 왜곡하거나 망각하여 인위적으로 조장하거나(정正, 망忘, 조장助長)[47] 혹은 (한 잔의 물로 한 수레에 가득 실은 섶의 불을 끄려고 하는 것과 같이) 인仁의 실현에 매진하지 않기 때문에 불인不仁함이 심하게 되었다는 것이다.[48]

이제 이렇게 맹자에 의해 정립된 인仁은 다음과 같이 요약할 수 있겠다. ① 공자에 의해 보편 덕으로 정립된 인仁은 맹자에 의해 인간에게 무조건적이며 자발적으로 우러나오는 '측은지심惻隱之心'(불인인지심不忍人之心, 동정심同情心)이 있다는 사실에 의해, 그것이 인간 본성이라고 하는 점이 증명됨으로써, 인仁은 이제 인간 본성으로 확인되었으며, 따라서 인仁의 실현은 곧 인간의 자기완성 혹은 자기실현의 문제로 전환되었다.

② 맹자에 따르면 사람은 모두 인仁한 본성을 타고났으며, 따라서 (자포자自暴者와 자기자自棄者를 제외하면) 사람은 누구나 인仁한 본성을 정상적인 상황에서 왜곡없이(물정勿正, 물망勿忘, 물조장勿助長) 자연적으로 잘 보존하고 배양하기만 하면(존심양성存心養性) 요순堯舜과 같은 성인聖人이 될 수 있다고 하는 점이 확인되었다.

③ 내적 인仁(거인居仁)의 외표外表로서 의義 개념이 인간의 바른길(인지정로人之正路)로 정립함으로써 인仁에 대한 이론은 이제 내외를 일관하는 것이 되었다.

④ 나아가 공자가 주장했던 덕치德治[49]의 이념은 이제 맹자에 의해 인정仁政(불인인지정不忍人之政)으로[50] 구체화되어 유가의 왕도정치 이념이 정립되었다.

# 4

## 주자: 인仁의 형이상학적 정초

앞서 지적했듯이, 유가의 인仁 개념 전개에서 공자는 인仁을 보편 덕으로 최초 정립했고, 맹자는 인仁이 인간의 본성이라는 것을 증명하여 많은 공헌을 하였다. 그렇지만 공자와 맹자는 인仁의 유래·존재근거를 형이상학적으로 정립함에 있어서는 명확한 체계를 세우지 않았다. 맹자는 인仁 혹은 인간 마음을 천天과 연관된다고 말함으로써[51] 그 존재근거를 암시했지만, 더 이상의 구체적인 진술을 하지 않았다. 맹자 이후의 인仁 이론의 정립자들은 맹자의 언명들을 단서로 하여 마땅히 구체적인 논변을 제시해야 했지만, 단지 "인仁은 사람을 사랑하는 것을 말한다(인仁 애인지명愛人之名: 동중서董仲舒) 혹은 인仁이란 널리 사랑하는 것이다(박애왈인博愛曰仁: 한유韓愈) 등과 같은 단편적인 언명에 그치고 말았다.

그렇다면 왜 우리는 인仁에 대한 형이상학적 정초를 필요로 하는 것일까? 우리는 인仁이 발현된 사실을 경험적으로 확인할 수 있지만, 그 존재의 근거와 유래를 결코 경험의 세계에서 확인할 수 없기 때문이다. 바로 이런 맥락에서 정교하고 세련된 도가와 불가의 형이상학이 압도하던 시대의 송대宋代 유가들은 정통 중국사상임을 자임하면서 저들에 필적할 만한 형이상학의 건립에 온갖 힘을 기울였다. 주자의 「인설仁說」은 바로 이러한 노력의 일환이자 그 소산이었다.

주자는 ① 당시 분분하게 논의되던 인仁 개념에 대한 혼란을 비정하고, ② 사랑(애愛)의 감정을 발출시키는 인仁은 천지가 만물을 낳은 마음(천지생물지심天地生物之心)에 바탕을 두고 있으며, ③ 체용·본말이 별개가 아니라는 것을 밝히기 위해 「인설」을 지었다.[52] 이 저작은 전문이 도합 824자밖에 되지 않지만, 인仁의 연원과 그 정체를 해명했다는 점에서 주자를 유가 인仁 개념의 완성자로 평가받게 했다. 통상 이 저작은 크게 2단락('심지덕心之德'으로서의 전반부와 '애지리愛之理'로서의 후반부), 혹은 세부적으로 5단락(『주자학대계朱子學大系』제5권) 나아가 8단락(모종삼牟宗三, 『심체여성제心體與性體』)으로도 나눌 수 있겠지만, 여기서는 주자가 인仁의 유래·정의·실현 등에 대해 기술한 것에 초점을 두어 그 대의를 살펴보도록 하겠다. 우선 주자는 「인설」의 모두에서 인仁의 유래를 정립하여 형이상학적 정초를 시도한다. 그는 다음과 같이 주장한다.

천지의 마음이란 만물을 생성하는 것인데, 사람과 사물이 생성됨에 또한 각각 천지의 마음을 얻어 그 마음으로 한다. 그러므로 '마음의 덕(심지덕心之德)'이 비록 전체를 통괄하여 다스리며 처음부터 끝까지 서로 연결하여 모든 곳에 갖추어져 있다고 말할 수 있지만, 한 마디 말로써 총괄하면 인仁일 뿐이다.[53]

이렇게 주자는 우선 인仁을 만물을 생성하는 천지의 마음[54]이 우리에게 소여한 것으로 인간 마음이 부여받고 태어난 '마음의 덕(심지덕心之德)'으로 정의하고 있다. 즉 그는 인仁을 끊임없이 만물을 생성하는 천지와 관련짓고, 인간을 천지의 공능에 동참하는 존재로 정위하는 도덕의 형이상학을 구축한다. 앞서 말했듯이 공자는 처음으로 인仁을 보편 덕으로 제시했지만 그 정당성의 문제는 남겨 두고, 일상에서 수양과 훈육을 통해 정진·궁행할 것을 강조했다. 그리고 맹자는 인仁의 존재를 증명했지만, 심리적으로 순수하게 선한 감정인 사단四端에 초점을 두고, 사단의 확충擴充을 통한 인성의 계발·발양(존심存心·양성養性)을 강조하였다. 그런데 이제 주자는 인仁을 모든 인간 존재에 이미 온전하게 항상 존재하는 '마음의 덕'으로 확인하며, 그 원천을 만물을 조화造化·발육發育하는 근원인 '천지의 마음(천지지심天地之心)'에 소급하고 있다. 그렇다면 주자는 어디에 근거를 두고 자신의 설명을 정당화하고 있는가? 주자는 『역경』과 정자의 언명에서 차용했다고 밝히고 있다.[55] 그렇다면 주자의 설명은 인仁 개념을 제기했던 전통 경전인 『논어』와 『맹자』를 넘어서는 것이라고 말할 수도 있겠다. 바로 이점에서 주자에 대한 비판이 있어 왔다. 그렇지만 우리는 주자의 이러한 주장의 단서는 『논어』와 『맹자』에서 이미 그 단서가 나타났다고 생각한다. 다음 두 구절에 주목하자.

공자가 말했다. "천天이 나에게 덕德을 주었으니, 환퇴가 나를 어찌하겠는가?"[56]

맹자가 말했다. "그 마음을 다하는 자는 그 성性을 알고, 그 성性을 아는 자는 천天을 알게 된다. 그 마음을 보존하고 그 성을 기르는 것은 천을 섬기는 방법이다."[57]

비록 단편적이지만, 이 구절들은 적어도 공자와 맹자가 천天과 연계하여 인간의 덕과 본성을 정립했음을 알게 해준다. 공자와 맹자는 인仁의 유례와 연관하여 구체적·실질적 논변을 명시적으로 제시하지 않고 단지 그 단서만 제시했지만,[58] 주자는 그 언명을 단서로 다른 경전과 선현의 도움을 받아 발전·정립했다. 바로 이것이 유학사상 인仁 개념 정립에서 「인설」이 차지하는 위치이다. 공자와 맹자 이후 약 1,500여 년 뒤에 태어난 주자 1130~1200 당시에는 불교와 도가에 맞서 유가적 인성론을 형이상학적으로 정립할 시대적 요청이 있었으며, 주자는 『역경』의 용어 및 정자의 이론을 발전시켜 그 작업을 완성하였다. 요컨대 공자는 인을 보편 덕으로 정립했다면, 맹자가 인의仁義를 연용하여 체용론적으로 전개함으로써 내외 수미 일관한 체계를 갖추었으며, 주자는 仁을 천지지심天地之心의 소여이자 우리 마음이 본체로 정립함으로써 유가의 仁에 대한 논의에서 정점에 서게 되었다.[59] 그렇다면 주자가 인仁을 규정한 결정적인 용어인 '마음의 덕(심지덕心之德)'이란 무엇을 말하는가? 주자는 "물의 덕은 습하고, 불의 덕은 뜨거움이듯이"[60] 인간 마음의 덕이란 '생생生生'이란 의미를 지닌다고 말한다. 즉 끊임없는 생성으로 만물에 생명을 낳거나 부여하는 것이 바로 인仁의 덕이라는 것이다. 그래서 주자는 『맹자』(「고자상告子上」:11)를 주석하면서, "인仁은 마음의 덕이다. 정자가 '마음은 곡식의 종자種子에 유비될 수 있고, 인仁은 곡식이 타고난(생生) 본성이다'[61]고 말한 것이 바로 이 뜻이다."고 주장했다. 이렇게 주자는 인仁을 만물을 생성하는 천지의 마음(천지생물지심天地生物之心)이 소여한 '마음의 덕'이라고 정의하고, 좀 더 소상한 설명을 제시한다.

대개 천지의 마음은 그 덕德으로 네 가지를 지니고 있는데, 원元·형亨·리利·정貞이라 하며, 원元이 그 모두를 통괄한다. 이 네 가지 덕의 운행은 곧 봄·여름·가을·겨울의 순서로 나타나며, 봄의 생성 기운(생지기生之氣)이 두루 관통하지 않는 곳이 없다. 그러므로 사람의 마음 또한 그 덕으로 네 가지를 지니고 있는데, 인仁·의義·예禮·지智라 하며, 인仁이 그 모두를 포괄한다. 이 네 가지 덕이 피어나 작용하면 사랑하고(愛), 공경하고(恭), 알맞게 하고(宜), 옳고 그름을 구별하는(別) 감정이 되는데, 측은지심惻隱之心이 모든 것을 관통한다.[62]

요컨대 맹자가 인의 단서인 측은지심에 의해 사단 개념을 제시했듯이, 주자 역시 사덕四德 개념을 도입하여 인仁을 세분하여 설명하였다. 그런데 여기서도 그는 사덕四德의 연원을 천지의 덕과 그 운행에 결부시킴으로써 형이상학적 정초를 시도한다. 즉 천지가 만물을 낳는 마음의 본체(체體)는 원·형·리·정이며, 이는 각각 춘·하·추·동에 대응되며 그 작용(용用)인 봄의 생기生氣가 여름·가을·겨울의 모든 작용을 포괄한다는 것이다. 이러한 천지의 도에 대응해서 인간 마음의 덕은 인·의·예·지로 표현된다. 그리고 천지의 덕에서 원이 형·리·정을 관통하듯이, 사람의 덕에서 인仁 또한 의·예·지를 관통한다. 즉 총괄적으로 말하면(전언專言) 원元이고 인仁이지만, 나누어서 말하면(분언分言) 원·형·리·정이며, 인·의·예·지이다. 그리고 나서 주자는 특유의 체용론體用論(눈과 보는 작용, 귀와 듣는 작용, 마음과 마음 씀 등의 관계)을 통해, 본체인 마음의 덕을 사랑·공경·알맞음·시비의 구분 등과 같은 마음의 작용과 우선 개념상으러 구분한다. 다시 말하면, 주자는 사람의 본성이자 마음의 덕으로서 인仁은 본체이지 그 작용인 정情과 같은 영역에 속하는 것이 아니라고 주장한다. 즉 사단四端의 정情은 마음의 작용이기에, 본체로서 인仁은 그 작용인 '사랑' 이외에 다른 것으로 표출될 수 없다고 하더라도 사랑이라는 감정으로 개념상 완전히 환원될 수는 없다는 것이다.

나아가 주자는 인仁은 사랑이라는 감정을 발출하는 근원으로 정립한다. 맹자가 사단四端의 확충을 통한 도덕 행위의 실현과 그 공효功效에 주안점을 두고 논의를 진행하였다면, 이제 주자는 사단四端의 근거는 무엇인가 하는 점에 중점을 두고 형이상학적 정초에 주력하였다. 즉 「유자입정」의 실례에서 제시된 맹자의 측은지심惻隱之心은 마음의 본체인 인仁에서 발출한 것이라고 하는 존재론적·형이상학적 채색을 띠게 되었다. 환언하면 '인은 인간 마음이다(인仁 인심야人心也)'고 한 맹자의 진술은 주자에 의해 재진술되어, 인간은 그 생生의 시작에서부터 천지의 마음에 의해 부여된 덕德으로 정립되었다. 따라서 주자 철학에서는 이제 마음이 아직 피어나지 않았을 때의 본체(미발지체未發之體)의 보존이 중요시된다. 왜냐하면 아직 피어나지 않았을 때의 마음의 본체의 체득과 보존이 이미 피어났을 경우 발생할 모든 도덕 행위의 관건이 되기 때문이다. 그리고 이렇게 '마음의 덕'으로서 인仁은 본체이기 때문에 작용으로 피어난 사랑이라는 감정의 근원, 즉 사랑의 이치(애지리愛之理)로 정의된다.

어떤 사람이 말하였다. "만일 당신의 말과 같다면, 정자程子의 이른바 '사랑(애愛)은 정情이고, 인仁은 성性이니, 사랑을 인仁이라고 할 수 없다'고 한 말은 그릇되었는가?" (대답하여) 말하였다. "그렇지 않다. 정자는 피어난 사랑이라고 하는 감정을 (성性인) 인仁이라고 명명하는 것을 비판하였다. 내가 논한 바는 '사랑의 이치(애지리愛之理)'를 인仁이라고 명명한 것이다. 대개 이른바 정情과 성性은 비록 나누어진 영역은 같지 않지만 그 맥락은 서로 통하며, 각각 귀속하는 바가 있으니, 어찌 일찍이 확연히 분리·단절시켜서 상호 관섭管攝하지 않는다고 하겠는가?[63]

여기서 질문자는 "인仁은 본성이고 사랑은 감정이다"라는 정자의 언명은 단순히 "인仁이 곧 사랑이다"고 정의한 한·당대의 정의와 구분된다는 데에 그 의의가 있다고 생각하고 있다. 즉 주자가 한탄하듯이 "지금 그 근본과 말단을 깊이 고찰하지 않고, 단지 뜻의 소재만을 지목하여 단지 성性과 정情이 다른 영역이라는 점만을 분별하여, 사랑과 인仁이 아무런 연관이 없는 것이다."[64]고 말한다는 것이다. 이에 대해 주자는 자신의 체용론으로 볼 때, 즉 눈 자체와 보는 작용 혹은 귀 자체와 듣는 작용이 개념상 그 영역이 구분되지만 서로 별개의 것이 아니듯이, 성性인 인仁과 정情인 사랑 역시 별개의 것이 아니라고 해명한다. 다시 말하면, 인仁은 본체이지 작용이 아니라는 점에서, 감정으로 피어난 사랑과 같지 않다는 점에서 인과 사랑은 전적으로 동일할 수 없지만(불일성不一性), 그렇다고 하더라도 상호 구별되는 둘도 아니라는 것이다. 이 점에서 인仁은 사랑이란 감정의 근원으로서의 형이상학적 이치理, 즉 사랑을 식물의 싹에 비유하면 인仁은 그 뿌리에 해당하는 것이며, 사랑을 흐르는 물에 비유하면, 인仁은 그 물의 원천이라고 할 수 있다. 뿌리는 비록 줄기나 가지, 그리고 그 열매와 영역상 구분되어 줄기나 가지 혹은 열매와 동일한 것은 아니지만(불일不一), 그들과 별개로 존재하는 또 다른 어떤 것도 아니다(불이不二). 원천의 물은 비록 개울물과 못물, 나아가 바닷물 등과 그 처해 있는 장소에 의해 구분된다고 할 수 있지만, 이것들이 별개로 성립된 것은 아니다.

이렇게 주자는 본성으로서 인仁은 사랑이라는 감정을 발출시키는 이치라고 주장하고 나서, 여기에 근거를 두고 여타 이설異說들에 대한 비판으로 나아간다. 그것은 곧 ㉠ 사랑은 인仁이 아니라, 만물과 내가 하나가 되는 것을 인仁의 본체라고 말하는 것, ㉡ 사랑이 인仁이 아니라, 마음의 지각을 인仁이라고 하는 주장들이다. 이에 대해 주자는 ㉠처럼 인仁을 단박에

142

물아혼연일체物我渾然一體의 경지라고 말하면, 비록 그 기상은 틀린 것이 아니지만 그 방법론이 결여되어 있다. 즉 이 주장에는 인仁의 경지에 도달하는 방법이 결여되어 있고, 단지 목표만 설정되어 있다. 나아가 물아혼연일체의 경지는 인仁함을 통해 자연히 도달하게 되는 경지이지, 그 역으로 물아혼연일체을 이룬 이후에 인仁에 도달하는 것은 아니다. 나아가 인仁을 마음의 지각知覺으로 규정하는 ㉡의 주장은 인仁을 너무 좁게 정의함으로써 사람으로 하여금 초조감을 불러일으켜 침잠하지 못하게 함으로써, 인욕을 천리天理로 정의하는 폐단을 초래할 수 있다고 주자는 경고한다. 왜냐하면 지각은 사덕四德의 하나인 지智에 속하는 것, 따라서 포괄적 의미 즉 전덕全德의 인仁에 내속되는 것이지, 그 역으로 지智가 곧 사덕四德 전체를 대표한다고 말할 수는 없기 때문이다. 다시 말하면, 포괄적인 보편 덕인 인仁을 구현하고 있는 인자仁者는 마음의 의리를 구분하고 시비를 판별할 수 있는 지각을 지니고 있다는 주장은 가능하지만, 그 역으로 지자智者가 곧 인자仁者라고 말할 수는 없다.[65]

이제 주자의 「인설」에서 형이상학적·체용론적으로 정립된 인仁 개념을 요약하면 다음과 같다.

① 사람의 마음은 천지가 만물을 생성하는 마음(천지생물지심天地生物之心)을 공평하게 분배받아 태어났는데, '천지의 마음'의 덕은 원元·형亨·리利·정貞이라 하며, '원元'이 형亨·리利·정貞을 대표·총괄한다. 그리고 이러한 천지의 마음을 분배받아 태어난 사람 마음의 덕(심지덕心之德)은 인仁·의義·예禮·지智라고 하며, 인仁이 의義·예禮·지智(분언分言)를 대표·총괄한다.

② '천지의 마음'의 덕德(원元·형亨·리利·정貞)은 춘·하·추·동으로 작용되는데, 그 덕德은 작용으로 환원되지 않는다. 게다가 사계절 중에서

도 봄의 생기生氣가 여름·가을·겨울을 통일한다. 그리고 사람의 마음의 덕 또한 측은惻隱·수오羞惡·사양辭讓·시비지심是非之心의 사단四端으로 발용되는데, 여기서도 마음의 덕은 사단四端의 감정으로 환원되지 않는다. 그리고 사단四端 가운에서도 인의 단서인 측은지심惻隱之心이 나머지 수오羞惡·사양辭讓·시비지심是非之心을 대표·총괄한다.

③ 따라서 인간 본성으로 마음의 덕을 대표하는 인仁은 본체라는 점에서 그 작용인 '사랑愛'의 감정으로 곧바로 환원되지 않는다. 따라서 인仁은 감정으로 피어난 사랑이 아니라, 그 사랑을 발현시키는 근거 즉 '사랑의 이치(애지리愛之理)'이다. 이는 귀 자체와 듣는 작용, 눈 자체와 보는 작용에 유비할 수 있다.

④ 그런데 인仁은 비록 만물을 낳는 '천지의 마음'이 부여한 것이라고 할지라도 이를 곧바로 '물아혼연일체物我渾然一體'의 경지와 동일시하면, 거기에 도달하는 수단을 간과하는 폐단을 낳아 적실한 공효가 없을 수 있다. 그리고 그 역으로 마음의 지각이 곧 인仁이라고 말하면, 이는 수단에 얽매여 목적을 간과하는 병폐를 낳을 수 있다. 왜냐하면 보편적 덕을 구유한 인자仁者는 특수한 개별적인 지혜를 지닌 지자智者를 겸하지만, 지자智者라고 해서 반드시 인자仁者라고 할 수는 없기 때문이다.

# 5

# 인仁 개념 정립에서
# 공자, 맹자 그리고 주자

선정善政을 베푼 치자治者를 칭송하던 특수한 덕목들 중의 하나였던 인仁
은 공자에 의해 보편 덕으로 정립되면서 유가의 가장 중요한 개념이 되었
다. 즉 유가 인仁 개념의 실질적인 창시자로서 공자는 인仁을 보편 덕으로
정립하면서 다른 모든 덕목들의 기반이자 종합적 완성으로서 인仁의 개념
을 제시했다. 그런데 그는 인仁이 진정 무엇인가 하는 정의의 문제에서 비
교적 신중한 자세를 견지하면서 적극적인 진술을 제시하지 않았다. 나아가
인仁의 실천과 연관하여 공자는 그것이 지난至難한 과제임을 암시하였지만,
그 성취에 있어 결코 비관적이었던 것만은 아니었다.[66] 이런 사정을 감안
하여 우리는 『논어』에 간헐적으로 등장하는 인의 실천방법(인지방仁之方)을
재구성하여 제시하였는데, 그것은 바로 충서忠恕였다. 즉 자기 정립에 근거
를 둔 타자 정립이 바로 인仁을 실천하는 요체라는 것이다. 그리고 우리는
공자가 말하는 인仁은 인간 마음과 연관되며, 이는 인간을 사랑하는 감정
(애인愛人)과도 연관된다는 것을 지적하였다. 그런데 공자는 인仁은 도대체
무엇이며, 왜 우리는 그것을 보편적 덕으로 실천해야 하는지에 대해서는
구체적인 언급을 하지 않았던 바, 바로 이 과제가 맹자에게 넘겨졌다.

전국시대 양주·묵적으로 대표되는 이단들의 발흥을 목도한 맹자는 인仁이 바로 인간 본성이라고 말하면서, 인仁의 예시와 논증에 열중하여 유가 이론의 정초와 변호에 열중했다. 즉 맹자는 모든 인간은 인仁한 본성을 고유하게 지니고 태어났다고 주장하면서, 이를 일종의 유비추리로 환기시키다가, 결국「유자입정孺子入井」의 비유를 통해 증명하였다. 이 비유를 통해 맹자는 우리에게 '무조건적·자발적'으로 피어나오는 순수하게 선한 측은지심(불인인지심不忍人之心)이 있다는 사실을 근거로 우리 마음의 본성이 인仁하며, 이 인仁이 우리 인간을 동류同類이게 하는 것이라고 주장하였다. 그래서 그는 지성왕至聖王인 요순堯舜도 우리와 동류同類이며, 따라서 인간은 누구나 이 타고난 본성을 자연적으로 잘 실현하면 요순과 같은 인물이 될 수 있다고 확신시키고자 하였다. 그래서 그는 이러한 인仁을 어떻게 실현할 것인가 하는 문제(수도론修道論)로 나아갔는데, 이른바 '존심存心·양성養性'의 방법론이 바로 그것이었다. 즉 맹자는 인仁한 본성의 실현을 오곡의 성숙, 나무의 생장, 물의 취하, 물이 불을 이기는 것 등과 같은 자연스런 것에 비유하면서, 사람은 누구나 인仁한 본성을 왜곡·망각·조장하지 않으면서고(물정勿正, 물망勿忘, 물조장勿助長) 자연적으로 잘 보존·배양하기만 하면(존심·양성) 요순과 같은 인물이 될 수 있다고 하였다. 바로 이 점에서 우리는 인仁의 실천과 연관하여 공자가 주로 부정적·소극적으로 진술했던 것을 맹자가 적극적·긍정적으로 진술하였다고 말할 수 있다. 나아가 맹자는 마음의 본성인 인仁의 외표外表로서의 의義를 인간의 바른 길(인지정로人之正路, 당행지로當行之路)로 제시하여 인仁이론의 완성에 기여하였을 뿐만 아니라, 인정仁政(불인인지정不忍人之政)을 왕도정치의 이념으로 제창함으로 공자의 덕치주의德治主義를 정초·발전시켰다.

맹자는 이렇게 유가의 인仁 개념 형성에 많은 공헌을 하였음에도 불구하고, 인仁의 유래(형이상학적 근거)에 대해서는 명확한 체계를 제시하지는 않았다. 즉 맹자는 인仁 혹은 인간 마음의 덕을 천天과 연결하여 논의함으로[67] 그 단서를 제공하긴 했지만, 더 이상의 구체적인 진술을 하지 않았다. 맹자 이후의 이론 건립자들은 맹자의 언명을 기초로 마땅히 구체적인 언명을 제시해야 했지만, 단지 "인仁은 사람을 사랑하는 것이다(동중서)" 혹은 "널리 사랑하는 것을 인仁이라고 한다(한유)"고 하는 등 단편적인 진술만을 남기는 데 그치고 말았다. 그래서 수많은 분분한 논의가 있어 왔는데, 남송시대 주자朱子는 이러한 인仁 개념에 대한 혼란을 비정하고, 인仁 개념의 유래를 분명히 하면서, 나아가 사랑이라는 감정과 인仁으로 대표되는 인간 본성의 관계(체용體用·본말本末)를 명확히 하기 위해 「인설仁說」을 지어 인仁 개념의 완성자가 되었다.

주자는 「인설」의 시작부터 인仁을 형이상학적으로 정초했다. 즉 『역경』과 정자程子의 언명을 기초로 하여, 주자는 인간 마음의 덕(심지덕心之德)으로서 인仁은 '천지가 만물을 낳은 마음(천지생물지심天地生物之心)'에서 유래했다고 주장한다. 즉 '천지의 마음'의 덕이 원형리정元亨利貞으로 표현되듯이, 이를 부여받은 인간 마음의 덕은 인의예지仁義禮智라고 하며, 전專言하였을 때 원元이 분언分言하였을 때의 형리정亨利貞을 포괄하듯이, 전언하였을 때의 인仁이 분언했을 때의 의예지義禮智를 포괄한다는 것이다. 나아가 천지의 마음이 춘하추동春夏秋冬의 사계절로 작용하듯이, 인간 마음은 측은惻隱·수오羞惡·사양辭讓·시비지심是非之心이라고 하는 사단四端으로 작용하며, 여기서도 봄의 생기生氣가 사계절의 작용 전체를 포괄하듯이 측은지심惻隱之心이 사단四端 전체를 포괄한다는 것이다. 그리고 그는 이러한 '마음의 덕으로 인仁'과 '사랑이라고 하는 감정'의 관계를 고유한 체용론體用論으로 정립한다. 즉 마음의 덕으로 본성인 인仁은 그 작용인 사랑이라고 하는 감정을 피어나게 하는 근거 즉 '사랑의 이치'(愛之理)이기 때문에 곧바로 사랑이라고 하는 감정이라고 할 수 없다는 것이다. 그런데 그는 '사랑의 이치로서 본성'과 '사랑으로 피어난 감정'은 비록 그 영역은 달리하지만, 본말本末·체용體用의 관계로서 눈 자체와 보는 작용처럼 엄연한 연관성을 지니고 있다고 말한다. 이러한 논리로서 주자는 당대의 "사랑의 감정이 곧 인仁이다." 혹은 "사랑과 인은 관계없다." 그리고 "지각이 곧 인仁이다."는 등과 같은 학설을 비판하였다. 따라서 우리는 다음과 같이 말할 수 있겠다. 즉 공자 이전의 특수한 덕목들 중의 하나였던 인仁은 공자에 의해 보편 덕으로 정립되었으며, 맹자는 보편 덕인 인仁을 사단四端의 존재를 통해 인간의 고유본성으로 증명하였으며, 주자는 이 인仁을 형이상학적으로 정립하여 이제 유가 인仁 개념은 완성되었다고. 나아가 공자는 인仁의 실천에 주안점을 두었으며, 맹자는 사단四端이라고 하는 발현된 심리적 사실에 초점을 두고 인간의 고유본성으로서 인仁의 존재를 증명하였으며, 주자는 형이상학적 궁극존재인 천지의 마음(천지지심天地之心)에서 유래한 마음의 덕(심지덕心之德)으로서 인仁에 초점을 두면서, 그것을 사랑이라고 하는 감정을 피어나게 하는 근거(애지리愛之理)로 정립하였다.

# 6장

## 유교의 인간관계론

유자의 길로서 자기정립과 타자완성

# 1

# 유자儒者의 길

유학儒學의 주제는 (금수禽獸와 구별되게) 사람이기 위하여 필수적으로 갖추어야 할 것(人인+需수), 즉 '사람됨'을 의미한다. 따라서 유교 혹은 유학은 '사람다운 사람이 되도록 하기 필수적으로 갖추어야 할 것을 가르치고' '사람다운 사람이 되기 위하여 필수적으로 갖추어야 할 것을 배우는 것'을 가장 중요시하는 '인문주의humanism'를 표방한다. 그렇다면 유학 혹은 유교는 인간의 길을 배움이며 가르침이자 또한 이러한 배움과 가르침에 관한 방법론이기도 한다.[1] 그리고 '유자儒者'란 "개인적으로나 집단적으로 부와 세력, 실리와 같은 현실적인 것에 무관심하거나 무능력한 사람, 문리文理나 인의仁義와 같은 이상적인 것에 관심을 가지고 있는 '호학자' 또는 '애지자愛智者'를 뜻한다." 즉 이해관계의 수단적 차원을 초탈하여 가치와 당위의 세계를 자체 목적으로 사랑하는 자가 바로 유자라고 하겠다. 이 글은 공자를 중심으로 유가가 제시한 유자의 길, 즉 인간의 길 혹은 군자의 길을 자기정립과 타자정립을 통해 탐색하고자 한다.

유가는 인간에게 필수적으로 요구되는 덕목을 정립하기 위해 심혈을 기울이면서, 인간의 보편 덕을 인仁이라고 주장하였다. 그리고 인은 두 사람

(二이+人인)을 의미한다는 점에서 유가는 인간을 처음부터 개인이 아니라, 관계적 존재로 정의하였다. 그리고 이 인仁은 공자의 이른바 "남을 사랑하는 것"[2] 혹은 맹자의 "차마 하지 못하는 마음(불인인지심不忍人之心)" 혹은 "측은해 하는 마음(측은지심惻隱之心)" 등과 같이 단순히 나만의 생존이 아니라 타인에 대한 동정심同情心으로 발현한다는 점에서 인간이 유적·관계적이라는 사실을 확인해 준다. 바로 이 점에서 유가의 인간관은 '개인적인 자유주의'와 '기능적인 현대 산업사회의 인간관'을 보완 혹은 비판·극복할 수 있는 소재를 제공한다고 판단하고, 인仁의 이념으로 현대 사회문제를 접근할 필요성을 제기하고자 한다. 이 글에서 우리는 바로 이 점에 초점을 두면서 유가에서 자타관계를 자기정립(자기완성, 위기爲己)과 타자완성(정지이물정正己而物正),[3] 성기성물成己成物,[4] 내성외왕內聖外王, 수기치인修己治人 등의 개념으로 해명하고자 한다.

# 2
## 자기정립

### 공자의 위기지학

유교에서 '위기爲己(유기由己)'와 '위인爲人(유인由人)'의 구별은 중요한 의미를 지닌다. 이에 대한 공자의 언명은 다음과 같다.

옛날의 배우는 사람은 위기爲己를 하였다면, 오늘날의 배우는 사람은 위인爲人을 한다.[5]

이 말의 해명에 실마리는 주는 것은 "군자는 자기(己)에게서 구하고, 소인은 남(人)에게서 구한다."[6]는 말이다. 여기서 우선 '남에게서 구하는(구저인求諸人) 소인'이란 자기정립을 이루지 못하였기 때문에 가치 준거를 타인에게 두고 눈치를 살피면서,[7] 모든 책임을 타인 혹은 상황 탓으로 돌리거나 미루는 사람을 뜻한다. 그래서 『대학』에서는 말한다.

소인은 한가로울 때 불선不善을 행하되, 하지 못하는 일이 없다가 군자를 보고 난 뒤에 슬며시 그 불선을 숨기고 선을 드러내지만 다른 사람이 자기를 알아봄이 마치 나의 폐장과 간장을 보는 듯하니, 그렇다면 무슨 이익이 있겠는가? 이를 일컬어 속마음에서 성실하면 밖으로 드러난다고 하는 것이니, 그러므로 군자는 반드시 그 홀로를 삼가는 것이다.[8]

그렇다면 '위인屬人'하는 사람은 곧 소인小人을 말한다. 소인은 이익(리利)에 준거를 두고 행동하는 사람이다. 공자는 "군자는 의리에 밝고, 소인은 이익에 밝다"[9]라고 말했다. 그리고 소인은 농사짓거나 장사하는 것 등과 같은 수단의 세계에, 즉 이익을 취하는 데 골몰하는 사람이다. 그래서 공자는 심지어 농사 짓는 법을 묻는 제자에게 '소인小人'이라고 힐난한다.

번지가 농사 짓는 법을 배우기를 청하니, 공자께서 말씀하시길, "나는 늙은 농부만 못하다." 채소 심는 법을 청하니, 공자께서 말씀하시길, "나는 늙은 원예사만 못하다"라고 하셨다. 번지가 나가자, 공자께서 말씀하였다. "소인小人이로다, 번지여. 윗사람이 예禮를 좋아하면 백성들이 감히 공경하지 않을 리 없고, 윗사람이 의義를 좋아하면 백성들이 그에게 복종하지 않을 리 없는데 ……. 이와 같이 한다면 사방의 백성들이 어린 자식을 강보에 싸 업고 올 터인데, 어디에다 농사 짓는 법을 쓰겠는가?"[10]

요컨대 소인은 치우쳐 두루 통하지 못하면서 세속의 개별 분야의 이익만을 추구하고 거기에 골몰하는 사람으로 인仁하거나 의義롭지 못하며, 따라서 하늘이 내려준 자신의 본성을 알지 못하는 사람이다.[11] 이렇게 '위인屬人'하는 사람이란 인의예지仁義禮智와 같은 인간본성을 알지 못하여 자기정립을 이루지 못하기 때문에 타자에 준거를 두면서 이익추구에 골몰하는 소인小人의 행태를 말한다면, 그에 반대되는 '위기爲己'라는 말의 의미는 자명하게 드러난다. '위기爲己'하는 사람은 자신에게서 구하는데, 우선 천명天命을 인식하고,[12] 천명天命이 바로 자기 자신의 타고난 성품이라는 알고,[13] 이 타고난 성품에 의해 자기정립을 이룬다. 이렇게 '위기爲己'함으로써 인의예지를 실현하는 인간의 길을 가는 사람이 바로 군자君子이며, 대인大人(대인지학大學之人)이다.[14] 공자는 스스로 성인聖人이나[15] 창시자가 아니라 계승자로 자처하고, 단지 옛 것을 믿고 좋아할 따름이라고 겸손해 했다.[16] 그렇지만 그는 학문에 있어서는 항상 배우기를 좋아하고 가르치기를 싫어하지 않는다고 자부하면서[17] 부단한 노력으로 미혹되지 않고 천명을 깨달음으로써 삿된 의지(의意), 기필하는 마음(필必), 집착(고固), 그리고 삿된 아상(아我)을 끊고[18] 귀가 순해지고(이순耳順), 마침내 존재와 당위가 완전히 일치하는 인간으로서의 궁극 경지에 도달했다고 술회하고 있는데,[19] 이것이 바로 자기정립의 전형을 말해 주고 있다고 하겠다.

그런데 우리가 『논어』의 공자와 제자의 문답을 보면, 공자는 상당부분 그 자질에 따라 가르침을 주는 이른바 '인재시교因才施敎'를 하고 있다.[20] 그래서 제자들은 공자의 일이관지一以貫之의 도를 정확하게 파악하지 못하고 있었던 것 같다. 그렇지만 증자는 공자의 일관지도를 인식하여 공자의 도통道統을 계승한 것으로 인정되고 있다.

공자께서 "삼아, 나의 도는 하나로써 관통한다."라고 말씀하시니, 증자가 "예, 그렇습니다."라고 대답하였다. 공자께서 나가시니 문인들이 "무슨 말씀입니까?"라고 물으니, 증자가 말하기를, "선생님의 도는 '충서忠恕'일 따름이다."[21]

이렇게 증자는 공자의 '일이관지의 도'를 '충서忠恕'로 해석한다. 『중용』에

"충서忠恕는 도에서 거리가 멀지 않다. 자기에게 베풀어보아 원하지 않는 것을 또한 남에게 베풀지 마는 것이다."[22]라는 구절이 보이는데, 이는 증자의 해석이 그릇되지 않음을 방증한다. 그런데 '충서忠恕'에서 자기정립과 관련되는 것은 '충忠'이다. 우선 글자의 구성상 '충忠'은 '中중＋心심'으로 마음을 '중中'의 상태에 두는 것을 말한다. 그리고 여기서 '중中'이란 우선 "희로애락의 감정이 아직 피어나지 않는 천하의 큰 근본"[23]으로 주자朱子의 해석대로 "치우치거나 기울지 않고, 지나치거나 모자람이 없는"[24] 표준이다. 따라서 '충忠'이란 우리 자신의 주관자인 마음을 "치우치거나 기울지 않고, 지나치거나 모자람이 없는 표준 상태에 두는 것"으로 곧 자기정립을 통해 자신을 온전히 실현하는 것이다.[25] 그런데 "마음을 치우치거나 기울지 않고, 지나치거나 모자람이 없게 하여(중심中心)" 자기정립과 자기실현을 하는 것은 다름 아닌 본성인 인仁의 실천이라고 할 수 있다. 바로 여기에 근거하여 증자는 인仁을 인간이 평생토록 실현해야 할 책무라고 생각했다.

> 증자가 말하기를, "선비는 뜻이 넓고 강인하지 않으면 안 된다. 그 임무가 무겁고, 길이 멀기 때문이다. 인仁으로 자기의 임무로 삼았으니, 무겁지 아니한가? 죽은 뒤에야 그치니, 또한 멀지 아니한가?"[26]

이렇게 인仁은 모든 인간이 타고난 본성이기에, 인간은 인仁으로 자기정립과 자기실현을 한다. 그래서 『논어』에서 다음과 같은 문답을 볼 수 있다.

> 안연이 인仁에 대해 묻자, 공자께서 말씀하셨다. "삿된 자기를 이기고 예에로 되돌아가는 것이 인仁을 실천하는 것이니, 하루하루 삿된 자기를 이기고 예禮에로 되돌아가면 천하가 인仁으로 돌아갈 것이니, 인仁을 실천함은 자기로

말미암는(유기由己) 것이지 남으로부터 말미암는(유인由人) 것이겠는가?" 안연이 그 조목을 청하여 묻자, 공자께서 말씀하셨다. "예가 아니면 보지도, 듣지도, 말하지도, 행하지도 말라."[27]


## 맹자의 구방심지학

공자의 이러한 자기정립의 '위기지학爲己之學'(충忠)을, 맹자는 '잃어버린 마음을 구하는 학문'(구방심지학求放心之學), 곧 "인의仁義(대체大體)로서 자아를 정립하는 학문"이라고 규정하며 계승한다. 즉 공자가 "군자는 자기에게서 구한다"라고 말하면서 자기정립의 의미를 설명했듯이, 맹자 또한 계승하여 그 의미를 명확히 한다.

구하면 얻고 버리면 잃으니, 이 구함은 얻음에 있어 유익함이 있으니 나에게 있는 것을 구하기 때문이다. 구함에 도가 있고, 얻음에 명命이 있으니 이 구함은 유익함이 없으니 밖에 있는 것을 구하기 때문이다. 만물은 모두 나에게 갖추어져 있으니, 자신을 돌이켜 성실하면 즐거움이 그보다 큼이 없다. 힘써 서恕를 행하면 인仁을 구함에 그보다 더 가까운 것이 없다.[28]

여기서 맹자가 말하는 "구하면 얻고 버리면 잃는 나에게 있는 것"이란 주자朱子의 주석대로 "인의예지와 같은 우리의 본성"[29]이다. 그리고 "구함에 도가 있고 얻음에 명命이 있는 밖에 있는 것"이란 "부귀와 이달 등과 같은 외적 욕망의 대상"을 말한다. 나아가 "모두 나에게 갖추어져 있는 만물"이란 소우주로서 "인간의 본성에 모든 만물의 이치가 가장 온전히 갖추어져 있다"는 뜻이다. 이렇게 "모든 만물의 이치가 우리에게 갖추어져 있기" 때문에, 군자는 자기에게 구하고 자기에게 성실하여 자기를 완성하면[30] 즐거움이 그보다 클 수 없는데, 여기서 자기완성은 인仁의 실현과 연관되어 있다고 맹자는 말한다. 그리고 맹자는 "나에게 있는 인의예지"와 "나의 밖에 있는 부귀와 이달"을 대체大體와 소체小體의 추구 대상으로 나누고, 바로 여기서 대인大人과 소인小人이 나누어지는 근거가 있다고 말한다.

인仁은 사람 마음이며, 의義는 사람의 길이다. 그 길을 버리고 따르지 않고 그 마음을 잃고는 구할 줄 모르니 슬프다. …… 몸에는 귀천과 대소가 있으니, 그 작은 것을 기르는 자는 소인小人이 되고, 그 큰 것을 기르는 자는 대인大人이 된다. …… 음식을 밝히는 사람은 사람들이 천하게 여기니, 작은 것을 기르고 큰 것을 잃기 때문이다. …… 귀와 눈은 생각하지 못하여 사물에 가리어지니 …… 사물에 끌려갈 따름이다. 그러나 마음은 생각(사思)할 수 있으니, 생각하면 얻고, 생각하지 않으면 얻지 못한다. 이는 하늘이 우리에게 부여한 것이니 먼저 그 큰 것에 정립한다면 그 작은 것이 빼앗지 못할 것이니 이것이 대인大人이 되게 한다.[31]

여기서 맹자는 우선 우리에게는 이목耳目의 감각기관과 마음이 있는데, 감각기관은 반성할 능력이 없기 때문에 외물에 수동적으로 끌리기 쉽지만, 마음은 선천적으로 반성할 능력이 있기 때문에 주체적으로 자기정립을 기할 수 있다고 말한다. 그리고 반성할 능력을 타고난 마음이 우리 몸의 귀하고 중대한 부분인 인의仁義에 뜻을 두고 정립하면 우리는 대인大人이 되고, 감각적인 기호에 이끌리어 식생食色 등에 수동적으로 이끌리면 소인小人이 된다고 말하고 있다. 그리고 여기서 대인大人이란 곧 인仁으로 자기정립(충忠)을 이루는 군자를 말한다. 이러한 대인大人의 길은 '대인지학大人之學'으로서 '수기치인修己治人'과 '내성외왕內聖外王'을 표방하는 『대학』에 가장 잘 드러나 있다. 주지하듯 『대학』의 이념을 밝힌 '삼강령三綱領'은 다음과 같이 표현되어 있다.

밝은 덕을 밝히고, 백성과 친하여 새롭게 하고, 지극한 선善에 머무른다.[32]

이 삼강령 가운데 자기정립과 연관되는 것은 당연히 '명명덕' 즉 '명덕明德'(본本)을 '밝힌다'(시始)는 것이다. 여기서 '덕德'이란 천명의 본성[33]으로 우리가 하늘로 부여받아 체득하고 태어난 인의예지로 대표되는 것이다. 그것은 보편자로서 궁극 존재인 천天에서 유래하기 때문에 개인적 특수성을 초월한다. 그리고 '명덕'이란 인간이 부여받은 덕德이 가장 온전하다는 것, 그리고 맹자의 가르침대로 그 자체 선善함을 함축한다. 그런데 우리 인간은 하늘(천天)이 내려준 '명덕'을 단지 가능성으로만 부여받고 태어났기 때문에, 그 가능성으로 부여된 '명덕明德'을 '명明'하는, 즉 가능성을 현실화하는 수양이 요구된다. 즉 주자학적으로 설명하자면, 본연지성本然之性(천명지성天命之性)이 기질氣質에 타재惰在되어 있고, 이 본성을 이해하지 못하는 '무지無知' 혹은 '미망迷妄' 때문에 우리는 본성을 자각하여 실현하지 못한다. 그런데 구름을 걷어내면 밝은 태양이 드러나듯이, 우리의 무지無知 혹은 미망迷妄의 베일이 벗겨지면 완전하고 선한 명덕明德이 밝게 드러나 현실화된다. 『대학』은 그 방법을 팔조목八條目 가운데 앞의 다섯 조목條目으로 나누어 설명하고 있다.

옛날에 밝은 덕(명덕明德)을 천하에 드러내 밝히고자 한 사람(평천하平天下)

은 먼저 그 나라를 다스렸다(치국治國). 그 나라를 다스리고자 한 사람은 먼저 그 집을 가지런히 하였다(제가齊家). 그 집을 가지런히 하고자 한 사람은 먼저 그 몸을 닦았다(수신修身). 그 몸을 닦고자 한 사람은 먼저 그 마음을 바로 잡았다(정심正心). 그 마음을 바로 잡고자 한 사람은 먼저 그 의지를 성실히 하였고(성의誠意), 그 의지를 성실히 하고자 한 사람은 먼저 그 앎을 이루었으니(치지致知), 앎을 이루는 것은 사물에 나아감에 있다(격물格物).[34]

일반적으로 격물·치지·성의·정심·수신·제가·치국·평천하의 '팔조목八條目'에서 격물格物에서 수신修身에 이르는 다섯 조목이 명명덕明明德과 연관된다. 우리 몸(신身)의 주관자는 우리 마음(심心)이며, 우리 마음의 방향을 설정하는 것은 우리의 의지(의意)이다. 따라서 의지意志가 성실해 지면 마음이 바로 잡히고, 마음이 바로 잡히면 몸이 수양되기 때문에, 성의誠意 → 정심正心 → 수신修身으로 진행된다. 그런데 정심正心과 성의誠意를 통한 인간의 수신修身은 사물의 이치 탐구와 분리될 수 없다. 이러한 사물의 이치 탐구가 바로 격물치지格物致知이다. 즉 사물에 나아가 이치를 탐구하여 앎을 완성하고, 의지를 성실히 하고 마음을 바르게 함으로써 수신을 이룬다. 이러한 수신修身이 바로 명명덕明明德이며, 대학의 명명덕은 바로 공자·증자·맹자의 인仁으로서 자기정립을 이루는 '충忠'이라고 할 수 있다.

그런데 자타自他는 상관개념이라는 점에서, 자기정립의 '충忠'은 타자와 연관된 '서恕'가 없다면 전혀 무의미한 것이 되고 말며, '자기를 미루어 남에게 나아가는 인仁의 실천방법으로서 '서恕' 또한 자기정립의 '충忠'이 없다면 불가능하다. 이제 우리는 이러한 자기정립에 기반을 두고, 유가는 타자와의 관계를 어떻게 정립하라고 말하고 있는지를 살펴보자.

# 3

# 타자완성

## 유교의 '서'의 원리

앞서 공자가 인仁을 인간의 보편 덕이자 다른 덕목들의 총체적 완성으로 제시했다는 것을 살펴보았다. 그리고 유가의 군자 혹은 대인은 이 보편적인 인仁의 덕으로 자기정립과 자기실현을 이룬다는 것을 '충忠' 개념 중심으로 살펴보았다. 이제 이러한 '충' 개념과 상호 짝을 이루는 '서恕' 개념을 중심으로 유가의 인간관계론을 살펴보자.

먼저 글자의 구성상 '서恕'는 같은 마음(如여+心심)으로, 주자의 주석대로 삿된 자아를 극복하고, 천명의 본성으로 자아를 정립(충忠)한 이후 "자기를 미루어 타인에게 나아가는(추기급인推己及人) 것으로, 타자 또한 주체로 적극 인정·정립시켜 주는 것이다 그리고 인仁에 의한 자기정립(충忠)이 본체라면, 이러한 자기정립에 의한 타자 정립의 '서恕'는 그 작용이라고 하겠다.[35] 이러한 '서恕'의 원리는 우선 적극적으로 다음과 같이 표현된다.

대저 인仁한 사람은 자기를 정립하고자 하면 남을 정립시켜 주고, 자기가 통달하고자 하면 남을 통달시켜 주는데, 능히 가까운 데에서 비유를 취하면 인仁을 실천하는 방법이라고 할 수 있다.[36]

이 구절에서 제시된 '서恕'는 우선 '상호인정의 원리'이다. 내가 주체라면 타자 또한 주체로 인정할 때 상호간의 대화 및 관계맺음이 가능하다. 나아가 내가 바람직한 어떤 것에 대한 욕망을 지니고 그것을 성취하기 위해 노력하는 주체라면, 상대 또한 그런 주체로 인정할 때에 상호간 인간적인 관계가 가능하다. 그런데 바로 이러한 '상호인정의 원리'는 '개인실체론'의 입장을 견지하는 근대 자유주의 또한 주장을 한다고 할 수 있다. 그러나 자유주의에서 자유는 생명, 재산과 더불어 인간의 기본삼권을 형성하지만, 인격을 권리(소유권)로 파악하고, 인간관계를 권리의 거래로 간주한다. 따라서 자유주의적 자유는 소유권을 행사하는 자유로서 결국 타인의 방해나 강제로 부터의 자유이다. 따라서 이렇게 타인의 방해나 강제로부터의 자유를 추구하는 자유주의적 상호인정은 소극적·우연적이며, 나아가 완결된 개인의 거래와 계약에 의한 상호인정이다. 그러나 유교의 '서恕'의 원리에 의한 상호인정은 우선 인간 자체가 사회적·관계적이라는 것을 전제하고 출발한다는 점에서 필연적이다. 나아가 유가는 인간의 본성이 인仁하며, 이 '서恕'는 인仁의 본성의 작용이라고 주장한다는 점에서 적극적이다. 그래서 공자 이래 여러 유학자들은 인仁의 실천방법을 사랑(애愛)이라고 하는 감정과 연관시키었다. 그래서 공자는 번지의 질문에 "인仁이란 사람을 사랑하는 것이다."[37]고 말했고, 한유韓愈는 박애博愛로, 그리고 주자는 사랑의 이치(애지리愛之理)라고 말했다. 마치 성서에서 예수가 새 계명으로 "네 이웃을 네 몸과 같이 사랑하라"[38] 혹은 "그러므로 무엇이든지 남에게 대접을 받고자 하는 대로 너희도 남을 대접하라"는 적극적인 주장을 했듯이,

서恕는 우선 상호인정의 원리에서 출발하여 상대방의 긍정적 욕구를 적극 실현해 주는 사랑의 실천이라고 할 수 있다.

그러나 이러한 적극적인 사랑의 실천에는 하나의 보완이 필요하다. 그 것은 내가 비록 상대에게 선의를 지니고 베푼다고 할지라도 나의 지식과 상대에 대한 배려의 한계로 말미암아 상대가 나의 호의적 배려를 싫어할 경우가 있을 수 있다. 왜냐하면 우리의 개인적 지식과 성향은 "친애하는 것에, 천하게 여기고 싫어하는 것에, 두려워하고 존경하는 것에, 불쌍히 여기는 것에, 거만하고 태만히 여기는 것에 의해 편벽"[39]될 수 있기 때문 이다. 따라서 우리가 사랑을 베풀 때에도 편벽되지 않고 상대에 대한 충분 한 배려(역지사지易地思之)가 있을 때 비로소 보편화될 수 있다. 공자는 이 를 다음과 같이 표현하였다.

중궁이 인仁을 묻자, 공자께서 말씀하셨다. "문을 나섰을 대에는 큰 손님을 뵙는 듯이 하며, 백성을 부리기를 큰 제사 받들 듯이 하고, 자기가 하고자 하 지 않는 남에게 베풀지 말아야 한다."

자공이 묻기를, "종신토록 행해야 말한 한 마디의 말이 있습니까?" 공자께 서 대답하시기를, "서恕일 것이다. 자기가 욕망하지 않는 것을 남에게 베풀지 말아야 한다."[40]

그런데 "자기가 욕망하지 않는 것(소불욕所不欲)을 남에게 베풀지 말아야 한다"는 '서恕'의 원리는 역전환성reversibility을 함축한다. 이 역전환성은 자 신의 독단을 타인에게 강요하거나 타인의 의견 혹은 욕구를 묵살하려는 편벽된 조건들을 최소화하고, 이해 당사자들의 의견을 최대화하는 데에

공헌한다.[41] 그렇기에 이 역전환성의 '서恕'를 『대학』에서는 우선 '치국治國'
의 방법으로 제시한다.

요순이 천하를 인仁으로 통솔하니 백성들이 그를 따랐고, 걸주가 천하는 포
악함으로 통솔하니 백성들이 그를 따랐다. 군주가 명령하는 것이 백성들이 좋
아하는 것과 상반되면 백성들은 따르지 않는다. 그러므로 군자는 자기에게
(선함이) 있는 뒤에 남에게 요구하며, 자기에서 (불선이) 없고 난 뒤에 남에게
그르다고 하는 것이니, 자기 자신에게 간직된 것이 '서恕'가 아니고서는 다른
사람을 깨우칠 수 있는 사람은 없다.[42]

## '서'와 혈구지도

'서恕'의 원리는 '혈구지도絜矩之道'로 구체화되는데, 이는 '평천하'의 가장
중요한 방도(평천하지요도平天下之要道)이다. 그래서 『대학』에서는 "이른바
평천하는 그 나라를 다스림에 달려 있다고 하는 것은 윗사람이 늙은이를
늙은이로 모시니 백성들이 효를 흥기하고, 윗사람이 어른을 어른으로 대
우하니 백성들이 공손함을 일으키고, 윗사람이 고아를 구휼하니 백성들이
배반하지 않는다. 그러므로 군자는 '혈구지도絜矩之道'가 있다."[43]고 구체적
으로 설명한다.

윗사람에게서 싫었던 것으로 아랫사람을 부리지 말고, 아랫사람에게서 싫
었던 것으로 윗사람을 섬기지 말며, 앞사람에게 싫었던 것으로 뒷사람에게 먼
저 하게 하지 말며, 뒷사람에게서 싫었던 것으로 앞사람이 따르게 하지 말고,

오른쪽 사람에게서 싫었던 것으로 왼쪽 사람과 사귀지 말고, 왼쪽 사람에게 싫었던 것으로 오른쪽 사람과 사귀지 말 것이니, 이것을 일러 혈구絜矩의 도라고 한다." [44]

여기서 '구矩'는 곱자(곡척)로서 표준, 행위의 준칙 혹은 법도를, 그리고 혈絜은 '헤아리다'는 의미이다. [45] 따라서 '혈구지도'란 법도(표준, 기준)를 헤아려 실천하는 길이라고 해석할 수 있다. 그런데 이렇게 유가의 '평천하의 요도'로서의 혈구지도는 사회관계론 혹은 사회 윤리론으로서 중대한 의미를 지니고 있다고 해석된다. 그 가운데 가장 주목할 만한 해석은 칸트의 정언명법과의 연관된 해석이다. [46]

먼저 이 '혈구의 도'는 "너의 행위의 준칙이 너의 의지에 의해서 보편적인 자연법칙이 되는 것처럼 행위하라." 혹은 "너의 준칙이 동시에 보편적 법칙이 되어야 한다고 의욕할 수 있는 그러한 준칙에 따라서만 행위하라." 로 표현된 칸트적인 정언명법의 제1원리인 "보편화가 가능한 준칙에 따라서 행위하라"는 원리를 충족시키고 있는 것으로 해석된다. 서恕의 표현으로서 혈구지도가 "자기가 욕망하지 않는 것(소불욕所不欲)을 남에게 베풀지 말아야 한다"는 역전환성reversibility을 함축한다는 점에서 이는 충분히 일리가 있는 해석이라고 하겠다. 나아가 서恕의 원리는 "너의 인격 및 모든 타인의 인격에서 인간성을 언제나 동시에 목적으로 사용할 것이며, 결코 단순히 수단으로서 사용하지 않도록 행위하라."고 하는 공평성의 원리 또한 함축한다고 해석된다.

그렇다면 서恕의 원리는 "보편적 입법의지로서의 각 이성적 존재자의 의지의 이념"인 칸트 정언명법의 제3의 원리, 즉 "의지가 그 준칙에 의해서 자기 자신을 동시에 보편 입법적이라고 인정할 수 있도록 행위하라" [47]는 자기입법의 원리, 나아가 '목적의 왕국'의 이념을 함축하는가? 칸트에 따르면, 이성적 존재인 인간은 공동체의 성원으로서 각각 존엄한 인격을 갖는다는 점에서 평등하다(공평성의 원리). 그리고 인간은 입법자라는 점에서 볼 때 각자가 군주君主이지만, 스스로가 입법한 보편법칙에 따른다는 점에서는 신민臣民이다. 그렇다면 유가에서도 각각의 주체는 군주이면서 동시에 신민일 수 있는가? 유가는 일견 인仁으로 자기정립을 이룬 다음, 타자 또한 정립(추기급인推己及人, 성기성물成己成物)하는 것을 '서恕'라고 주장한다는 점에서 '보편적 자기입법의 원리'를 충족시키고 있는 것처럼 보인다. 그러나 주지하듯이 유가의 경전에서는 다음과 같은 구절들이 있다.

> 공자께서 말씀하시기를, "백성은 따르게 할 수는 있어도, (이치를) 알게 할 수는 없다."[48]
>
> "나면서부터 아는 자는 상지上知이고, 배워서 아는 자는 그 다음이며, 막혔으나 배우는 자는 또 그 다음이며, 막혔으면서도 배우지 않으면 민民으로서 하우下愚가 된다."[49]
>
> "군자의 덕은 바람과 같고, 소인의 덕은 풀과 같아서, 풀에 바람이 불면 반드시 쓰러진다."[50]
>
> "천자가 아니면 예禮를 의논하지 못하며, 제도制度를 만들지 못하고, 문자文字를 상고하지 못한다"[51]

이 구절들은 모두 백성(민民)의 주체성을 부정하는 것으로 보인다. 그래서 유가는 유덕자有德者의 '민본정치民本政治'를 주창하였지만, 백성을 정치의 주체로 설정하는 '민주정치民主政治'에는 부정적이었다고 간주되어 왔다. 바로 이런 의미에 우리는 다음과 같은 구절을 보게 된다고 할 수도 있다.

자공이 "저는 남이 나에게 행하기를 원치 않는 것 저 또한 남에게 행함이 없으려고 합니다."라고 말하자, 공자께서는 "사야, 이것은 네가 미칠 바가 아니다."라고 말씀하였다.[52]

공자의 제자들 중 자공子貢은 공문사과孔門四科 가운데 언어에 뛰어났으며,[53] "하나를 들으면 둘을 알고(문일지이聞一知二)[54] 공자가 "지나간 일을 말해주면 다가 올 일을 아는 사람으로, 더불어 『시詩』를 논할 수 있다."[55]고 칭송했던 인물이다. 이런 뛰어난 인물도 '서恕'의 원리에 완전히 따를 수 없다는 것인가? 왜 자공은 서恕의 원리를 실천할 수 없는 것일까? 『논어』에 나타난 공자의 자공에 대한 다음과 같은 언명은 이에 대한 하나의 단서를 알려준다.

자공이 묻기를 "저는 어떻습니까?"라고 하자, 공자께서 대답하시기를 "너는 그릇이다." 자공이 묻기를 "어떤 그릇입니까?"라고 하니, 공자께서, "(귀한 데 쓰이는) 제사그릇(호련瑚璉)이다."라고 하였다.

요컨대 서恕(혈구지도絜矩之道)는 "치국·평천하의 요도이다." 그런데 공자는 치국·평천하의 정치적 주체인 "군자는 (어느 한 곳에 국한된 곳에만 쓰이는) 단순한 그릇이 아니다."[56]라고 말하고 있다. 따라서 자공은 아직 국한된 것에만 쓰이는 그릇의 단계를 벗어나 천도를 인식하는 보편적인 경지에 도달하지 못했기 때문에,[57] 충분히 서恕를 실천할 만한 인물이 못된다고 해석할 수도 있겠다. 즉 예를 알아야 비로소 자립할 수 있고, 천명의 본성을 알아야 군자가 될 수 있지만,[58] 자공은 그렇지 못했다고 할 수 있다. 자공 스스로가 이렇게 고백하고 있다.

자공이 말하기를, "선생님의 문장은 알아들을 수 있었지만, 선생님께서 말씀하신 성性과 천도天道는 알아들을 수 없었다."[59]

## 평천하의 요도로서 '서'

그렇다면 이러한 '평천하의 요도'로서 서恕의 원리는 오직 성인聖人만이 실천 가능한 것, 혹은 성인에게만 요구되는 것일까? 그리고 공자가 고희가 되어 비로소 "마음이 하고자 하는 바를 좇아도 법도를 넘지 않았다."[60]고 술회하고 있는 바, 이 서恕의 온전한 실천은 공자와 같은 끊임없이 호학好學한 인물마저도 인생의 마지막에서야 겨우 가능한 것일까? 그러나 『논어』에는 아마도 자공만도 못한 인물에 대해서도 공자는 정치를 행할 능력을 갖추고 있다고 말하고 있다.[61] 그렇다면 여기에는 다른 중요한 의미가 내포되어 있다고 하겠다. 이에 대한 실마리를 우리는 앞의 자공의 언명을 공자가 평가한 구절(5:11)에 대한 주자朱子의 주석에서 찾아보자.

자공은 남이 나에게 행하기를 바라지 않는 일은 나도 남에게 행하고 싶지 않다고 말하였다. 이것은 인자仁者의 일로서 억지로 힘써서 되는 일이 아니다. 때문에 부자께서 자공이 미칠 바가 아니라고 말한 것이다. 정자가 말하기를, 내가 남이 나에게 행하기를 원치 않는 일을 나 또한 남에게 행함이 없는 것은 인仁이요, 자기에게 베풀어 보아 원치 않을 일을 또한 남에게 베풀지 않는 것은 서恕이다. 서恕라면 자공이 혹 힘쓸 수 있지만, 인仁은 미칠 바가 아니다 라고 하였다. 내 생각으로는 무無(없다)라는 것은 자연히 그렇게 되는 것(자연이연自然而然)이요, 물勿(말라)이라는 것은 금지하는 것이니 이것이 인仁과 서恕의 구별이다.[62]

여기서 주자가 말하고 있는 '인자仁者의 일'과 '서恕'의 구별은 『중용』의 다음 구절과 연관시켜보면 그 의미를 분명히 알 수 있다.

성실함 그 자체는 하늘의 도이고, 성실하고자 하는 것은 사람의 도이다. 성실함 그 자체인 자는 힘쓰지 않고도 알맞고, 생각하지 않고도 얻고, 자연스럽게 도에 알맞으니 성인이고, 성실하고 하는 자는 선을 선택하여 굳게 잡는 자이다.[63]

요컨대 인仁은 인간의 본성이다. 맹자가 '어린아이가 우물에 빠지는 비유'를 통해 인仁의 단서로서 측은지심惻隱之心(불인인지심不忍人之心)은 무조건적·자발적으로 드러난다고 했듯이, 인仁은 의도적으로 조장함으로 드러나는 것이 아니라(물정勿正·물망勿忘·무조장勿助長), 자연스럽게 실현되는 것이다. 그래서 맹자는 "순임금은 인의仁義에 말미암아 그대로 행했지, 인의仁義를 의도적으로 행한 것은 아니다"[64]라고 말했다. 기실 앞서 주자의 지적대로 "강제함이 없이 자연히 그렇게 되는(무無 : 자연이연自然而然)" '인자仁者'의 경지와 "인위적인 노력을 통해 그렇게 하는(물勿 : 택선이고집지擇善而固執之)" '서恕'의 실천과의 차이는 중요하다. 이런 연유에서 『중용』(13:3)에서는 "충서는 도에서 거리가 멀지 않다. 자기에게 베풀어 보아 원하지 않는 것을 또한 남에게 베풀지 않는 것이다."[65]라고 말했으며, 『논어』(6:28)에서도 "자기가 서고자 하면 남을 세워주는 것을 인을 실행하는 방법이다"고 했지, 인仁 그 자체라고 규정하지 않았다. 그리고 자공에게도 또한 "서恕일 것이다. 자기가 욕망하지 않는 것을 남에게 베풀지 말아야 한다"라고 공자는 말했던 것이다. 나아가 『중용』에서도 서恕의 원리를 구체적으로 풀이하면서 "혈구지도絜矩之道"(법도를 헤아리는 방법)라고 말했지, '법도 그 자체

(구矩)'라고 말하지 않은 것은 바로 이런 사정이 있었기 때문이다.

그렇다면 이제 다시 질문해 보자. 서恕 혹은 혈구지도絜矩之道는 칸트적인 '보편적 자기입법의 원리'를 함축하는가? 지금까지의 논의를 통해 형식논리적으로 본다면, 우리는 이 질문에 대해 부정적으로 대답할 수밖에 없으리라. 왜냐하면 서恕 혹은 혈구지도絜矩之道를 필요로 하는 주체는 인자仁者 혹은 성인聖人이 아니라, 기껏해야 현인賢人으로 노력하는 자에 불과하기 때문이다. 그런데 유가에서는 오직 성인聖人만이 "하늘을 계승하여 법도를 세울 수 있다(계천입극繼天立極)"고 말하고 있다. 따라서 서恕 혹은 혈구지도絜矩之道의 원리를 필요로 하는 현인賢人 등은 이른바 "계천입극"하는 성인聖人의 일을 할 수 없기 때문에, 따라서 '보편적 자기입법의 원리'를 실행할 수 없다고 할 수도 있겠다.


## '서'의 현대적 의의

우리가 유교를 좀 더 거시적으로, 그리고 현대적으로 해석한다면 이러한 지적은 너무 단편적일 수 있다. 우리는 유가의 본질 정신을 좀 더 적극적으로 해석할 필요가 있다고 생각된다. 즉 "선을 선택하여 굳게 잡아야 하는(택선이고집지擇善而固執之) 현인賢人은 물론이고, 자포자기자만 아니라면 누구나 부단한 노력을 통해 터득하여 변화하여 자연스럽게 되면 성인聖人의 경지에 도달할 수 있다[66]는 것이 유가의 입장이라고 판단된다. 즉 유가에 따르면, 모든 인간은 성인이 될 수 있는 근거로서 하늘로부터 보편적인 덕을 부여받고 태어났으며, 이 부여받은 덕을 명증적으로 자각하고 온전히 실현할 때 그는 덕 있는 사람(군자君子, 대인大人)이 되고 나아가 궁극적으로 존재와 당위가 일치하는 가장 온전한 인간(성인聖人) 및 이상사회가 실현된다(지어지선止於至善)고 주장한다. 바로 이 점에서 유가는 '보편적 자기입법의 원리'를 주장하고 있다. 그런데 여기서 보편성을 보증하는 하는 것은 인간의 본성(덕德)이 궁극자인 천에서 유래한다는 것이며, 자기입법이라고 하는 것은 모든 인간이 자신이 부여받고 태어난 보편적인 덕을 자각적, 주체적으로 정립하여 자발적으로 실현할 가능성을 지니고 있다는 의미이다. 우리는 이제 이 문제를 우리는 『대학』의 두 번째 강령을 '신민新民'으로 고쳐 읽을 것인가, 아니면 원문 그대로 '친민親民'으로 읽을 것인가 하는 것과 연관하여 살펴보기로 하자.

우선 '친민親民'으로 읽어보자. 우선 '친親'은 '木목+立립+見견'으로, 즉 "묘목을 심어 나름으로 자립하도록 지켜 돌보아 주는 것"이라는 의미로 해석해 볼 수 있다. 그렇다면 '친민親民'이란 먼저 명명덕明明德을 이룬 군자가 "본래 보편 덕을 지니고 태어났지만, 환경과 지혜의 부족으로 아직 자립하지 못한 백성들에게 그 덕德을 자각하여 자립自立할 때까지 지켜 돌보아 주는 것"을 의미한다. 그렇다면 '신민親民'은 "백성을 단순히 수동적인 혁신革新될 대상이 아니라, 나름의 자각능력을 지닌 주체적 존재로 파악하고," 따라서 보편적 자기입법의 원리를 지닌 목적의 왕국의 구성원이 될 수 있다고 주장할 수 있는 근거가 되는 긍정적인 측면을 지닌다. 유가가 강압적인 통치를 주장하는 법가法家 등과 구별되는 것은 바로 여기에 있지 않은가? 그렇다면 왜 정자와 주자는 '친親'은 마땅히 '신新'으로 바꾸어 써야 한다고 주장했던가? 좀더 구체적으로 살펴보자. 주지하듯이 주자는 "친親은 마땅히 신新으로 써야 한다"는 정자의 말을 인용하면서 다음과 같이 말하고 있다.

"신新이란 옛것을 고치는 것을 말하는데, 이미 그 명덕明德을 밝힌 것으로부터 또한 마땅히 미루어 남에게 미쳐, 그 사람에게도 또한 옛날에 물든 더러움을 제거하게 함을 말한다."[67]

주자의 이 해석은 ① 본문 그 자체가 '친민親民'으로 되어 있는데, '신민新民'으로 바꾸었다는 점, 그리고 ② 민을 주체가 아니라, 혁신革新되어야 할 피동적인 존재로 파악하는 상대적으로 보수적인 관점이기 때문에 후대의 비판을 받고 있다. 과연 주자의 이 해석은 비판을 받아야 할까? 여기서 우리는 세 가지 점을 지적할 수 있다. 먼저 정치의 본령이 무엇인가 하는 점이다. 공자는 "정치는 바로 잡는 것이다"[68]라고 말하여, 정치의 진정한 의미를 가장 단순하게 정의하였다. 그런데 '정政'은 '正정＋攵복(회초리)'으로 풀이할 수 있는 바, 바로 잡기 위해서는 회초리(물리적 공권력)가 필요하다.[69] 둘째, 『맹자』에 다음의 구절이 보인다는 것이다.

맹자가 말했다. "군자는 사물에 대하여 아끼기는 하지만 인仁하지 않고, 백성에 대해서는 인仁하기는 하지만 친親하지 않으니, 친척과 친하고, 백성을 인仁하게 대하고, 사물을 아끼는 것이다."[70]

여기서 맹자는 분명 "백성에 대해서는 인정仁政을 베풀어야지, 친親할 수는 없다."고 말하고 있다. 즉 '친민親民'이란 용어는 성립할 수 없다는 말이다. 그리고 셋째, 이 구절에 대한 해석으로 간주되는 『대학』의 전傳 2장이 "구일신苟日新 일일신日日新 우일신又日新 …… 작신민作新民 …… 주수구방周雖舊邦 기명유신其命維新" 등의 구절이 모두 '신新'으로 되어 있다는 것이다. 이러한 세 가지 점으로 미루어 보면 주자의 해석은 상당한 일리가 있다고 판단된다.

나아가 우리는 이렇게 주자처럼 '신민新民'으로 해석한다고 하더라도 궁극적으로는 결국 친민親民이 지니는 중요한 의의를 손상하지 않는다고 생각한다. '신新' 자를 파자破字하면 '木목＋立립＋斤근(도끼)'로 구성되어 있다. 따라서 '신新'이란 "나무가 성장하여 자립自立하면, 도끼로 베어 새로운 무엇을 만드는 것"을 연상시킨다는 점에서 인위적이고 강제적이라는 생각을 갖게 한다. 그런데 문제는 유가는 인위적이고 강제적으로 백성을 다스리는가 하는 점이다. 즉 여기서 다스리는 수단인 '도끼(근斤)'란 과연 강제적인 것인가? 이 점에 대한 대답은 유가가 인정仁政 혹은 덕치德治를 주장한다는 점을 생각하면 자명하다. 유가의 다스림의 수단인 '도끼'는 다름 아닌 인간 본성의 덕을 말한다. 그리고 이러한 유가의 정치는 강제로 시행되는 것이 아니라, "덕으로 교화시키기 때문에, 비유하자면 북극성이 제자리에 있으면 모든 별이 그에게 향하는 것과 같이"[71] 시행된다. 이런 사정은『중용』에 잘 나타나 있다.

공자께서 말씀하시기를 "도는 사람에게서 멀지 않으니, 사람이 도를 행한다고 하면서 사람을 멀리하면 도를 행할 수 없다."『시경』에서 이르기를, "도끼자루를 베고 도끼 자루를 벰이여. 그 법칙이 멀지 않다."고 하였으니, 도끼자루를 잡고 도끼자루를 베면서도 비스듬히 보고 오히려 멀다고 여긴다. 그러므로 군자는 사람의 도(덕)로써 사람을 다스리다가 고치면 그치는 것이다.[72]

여기서 도(덕)는 사람이 지니고 태어난 본성의 덕이다. 덕치는 이러한 본성으로 다스리는 정치를 말한다. "도끼자루를 잡고 도끼자루를 벰이여"라고 말하였을 때, 여기서 베는(다스리는) 도끼자루와 베어지는(다스려지는) 도끼자루는 결국 동일한 것으로 곧 사람의 본성의 덕을 말한다. 따라서 "도끼자루를 잡고 도끼자루를 베는" 것에 비유될 '신민新民'이란 먼저 본성의 덕을 자각하여 깨우친 군자가 마치 북극성이 제 자리에 있으면 모든 별들이 선회하는 것과 같은 방식으로 아직 깨우치지 못한 백성들을 교화하는 것을 말한다. 그리고 "군자는 사람의 도(덕)로써 사람을 다스리다가 고치면 그치는 것이다."고 말했듯이, 교화에 감화되어 군자가 되면 그와 친하게 된다(친민親民)고 하겠다. 이렇게 나에게 주어진 완전히 선한 명덕明德을 세상에 밝게 드러내고, 타자 또한 자신의 명덕明德을 자각하여 온전히 실현하면 우리 모두는 보편적 입법의 주체가 되고, 사회는 이상 국가에 도달한다. 이것이 바로 대학의 마지막 관문이자 목적이요 종착지인 '지극한 선에 정주(지어지선止於至善)'하는 단계이다. 지극한 선에 정주하는 단계에서 모든 주체는 '보편적 자기입법의 원리'를 이행하면서, 칸트의 용어대로 목적의 왕국의 군주이자 신민이 되는 것이다. 여기서는 욕망의 충돌과 생존 경쟁이 없으며, 따라서 욕망 충돌을 판가름할 "송사가 필요 없다."[73] 이제 이 목적의 왕국의 군주이자 신민들은 법제나 금령 혹은 형벌에 의해 다스려 지는 것이 아니라, 예禮를 자각하고 자율적이며 자발적으로 행위한다.[74] 여기서 우리는 정치를 통해 정치의 세계를 밖으로 추방하여 정치를 완성하고자 하는 유가 정치철학의 역리를 보게 된다. 결론적으로 우리는 유가가 방법론상 정치의 과정에서 정치의 주체는 오직 유덕자이어야 한다고 말할 때에는 보편적 자기입법의 원리를 충족시키키고 있다고 말하기 어렵지만, 궁극적으로 실현되어야 할 '지어지선止於止善'의 공동체에서는 이 원리와 목적의 왕국의 이념을 함축한다고 말할 수 있다고 판단한다.

# 4
## 요약과 마무리


지금까지 우리는 "인仁이 인간의 본성"이라는 주장에 토대를 두고, 유교의 인간의 자기정립과 타자정립에 대해 기술하였다. 유가의 자타관계는 증자가 공자의 일이관지하는 도를 '충서忠恕'로 확인한 이래, 자신을 바로 잡고 타자를 바로 잡음(정기이물정正己而物正: 맹자), 밝은 덕을 밝혀 백성과 친애함(명명덕이친민明明德而親民: 대학), 안으로 성인의 덕을 닦고 밖으로 왕도정치를 구현함(내성외왕內聖外王), 그리고 자신을 닦아 담을 다스리는 도(수기치인지도修己治人之道) 등으로 기술되어 왔다.

유가의 자기정립이 무엇을 말하는지에 대한 해명의 실마리를 제공해 주는 전형적인 언명은 "군자는 자기(기己)에게서 구하고, 소인은 남(인人)에게서 구한다."는 것이었다. 즉 '남에게서 구하고(구저인求諸人) 타자에게 가치 준거를 두는(위인爲人) 소인'은 자기정립을 이루지 못하기 때문에 타인의 시선을 의식하면서 치우치고 두루 통하지 못하면서 수단적인 세속의 개별 분야의 이익을 추구하고 거기에 골몰하는 사람이다. 이에 비해 자기정립을 이룬 군자는 천명과 그 본성을 인식하고, 이 타고난 성품(인의예지仁義禮智)에 의해 자기정립을 이루고, 그것을 실현하는 보편적인 인간의 길을 가는 사람이다.

자기정립을 증자는 '충忠'으로 풀이하였는데, 여기서 '충忠'은 '中중+心심'으로 마음을 '중中'의 상태, 곧 자신의 주관인 마음을 "치우치거나 기울지 않고, 지나치거나 모자람이 없는 표준 상태에 두어" 자신의 본성(인仁)을 온전히 실현하는 것이다. 그런데 "마음을 치우치거나 기울지 않으면서 지나침과 모자람이 없게 하여(중심中心)" 자기정립과 자기실현을 하는 것은 다름 아닌 자기 본성인 인仁의 실천이다. 그래서 증자는 인仁을 인간의 본성으로 규정하고 평생토록 실현해야 할 책무라고 생각했다. 공자와 증자의 자기 정립의 '위기지학爲己之學'(충忠)을, 맹자는 '잃어버린 마음을 구하는 학문', 곧 "인의仁義(대체大體)로서 자아를 정립하여 대인大人이 되는 학문"이라고 규정하며 계승하였다. 그래서 맹자는 우리에게는 감각기관(소체小體)과 마음이 있는데, 감각기관은 반성할 능력이 없지만, 마음은 반성의 능력이 있기 때문에 주체적으로 자기정립을 기할 가능성을 지니고 있고, 따라서 마음이 우리 몸의 귀하고 큰 부분인 인의仁義(대체大體)에 뜻을 두고 정립하면 대인大人이 된다고 말했다. 이러한 대인大人의 길(대학지도大學之道)은 『대학』에 삼강령三綱領과 팔조목八條目으로 제시되어 있는데, 자기 정립과 관계되는 것은 제1강령인 '명명덕明明德', 그리고 팔조목八條目 가운데 "격물格物, 치지致知, 성의誠意, 정심正心, 수신修身"이다. 여기서 '명명덕'이란 하늘이 부여한 본성의 덕을 체득하여 자기를 정립한다는 의미이다. 이러한 명명덕은 객관적인 사물에 나아가 그 이치를 탐구하여 앎을 완성하고, 의지를 성실히 함으로써 마음을 바로 잡아 수신함으로 완성된다.

유가는 인간을 관계적 존재로 파악한다는 점에서 단순한 자기완성에 그치지 않았다. 즉 유가에서 자타自他는 상관개념으로 자기정립은 타자정립과 동시·동연적으로 진행된다. 유가의 타자정립은 우선 '서恕' 개념으로 나타난다. 그런데 '恕(如+心)'는 우선 추기급인推己及人, 즉 타자 또한 주체로 인정하고 적극적으로 정립하는 것인데, "자기를 정립하고자 하면 남을 정립시켜 주고, 자기가 통달하고자 하면 남을 통달시켜 주는 인仁을 실천하는 방법"이라고 할 수 있었다. 그리고 인간 본성이 인仁하며, 이 '서恕'가 인仁한 본성의 능동적인 작용이라는 점에서 후대의 여러 유학자들은 사랑(애愛), 박애博愛, 그리고 사랑의 이치(애지리愛之理) 등과 연관시켰다. 그리고 이러한 적극적이고 능동적인 서恕의 실천에는 하나의 보완이 필요한데, 그것은 곧 우리가 사랑을 베풀 때에도 편벽偏僻되지 않고 상대에 대한 충분한 배려가 있어야 한다는 것이다. 그래서 공자는 '서恕'의 실천 원리를 "자기가 하고자 하지 않는 것을 남에게 베풀지 말아야 한다" 혹은 "자기가 욕망하지 않는 것을 남에게 베풀지 말아야 한다" 등과 같은 역전환성 reversibility을 주장함으로써 보편화 가능성을 시도한다.

이 역전환성의 '서恕'를 『대학』에서는 우선 '치국─평천하'의 가장 중요한 방법인 '혈구지도絜矩之道'로 구체화되어 나타났다. 그런데 이 '혈구의 도'는 "너의 행위의 준칙이 너의 의지에 의해서 보편적인 자연법칙이 되는 것처럼 행위하라."고 하는 칸트적인 정언명법의 제1원리인 보편성의 원리, 그리고 "너의 인격 및 모든 타인의 인격에서 인간성을 언제나 동시에 목적으로 사용하라"는 공평성의 원리 또한 함축한다고 해석되어 왔다. 그런데 유가의 서恕의 원리는 칸트 정언명법의 제3의 원리, 즉 '보편적 자기 입법의 원리' 및 '목적의 왕국'의 이념을 함축하는가? 이 문제에 대해 우리는 여기에 대해 부정적인 것으로 해석될 수 있는 여러 구절을 제시하였고, 나아가 유가는 유덕자有德者의 '민본정치'를 주장하였지만, 백성을 정치의 주체로 설정하는 '민주정치'는 주장하지는 않은 것으로 간주되어 왔다는 점을 지적하였다. 그렇지만 우리는 유가의 의도를 현대적으로 재해석 · 재구성하면 "자포자기자만 아니라면 누구나 부단한 노력을 통해 터득하여 변화하여 자연스러운 되면 성인聖人의 경지에 도달할 수 있다"는 것이 유가의 입장이라고 해석하고, 유가는 '보편적 자기입법의 원리'를 주장하고 있다고 말하였다. 그리고 우리는 이러한 해석이 『대학』의 두 번째 강령綱領을 '신민新民'으로 읽든 아니면 '친민親民'으로 읽든 간에, 그것은 ① "덕으로 교화시키기 때문에, 비유하자면 북극성이 제자리에 있으면 모든 별이 그에게 향하는 것과 같이" 본성의 덕으로 모범을 보임으로써 백성들의 자발적인 동의를 얻는 것이며, ② "군자는 사람의 도(덕)로써 사람을 다스리다가 고치면 그치는 것이다."고 말했듯이, 교화에 감화되어 자발적으로 군자가 되면 그와 친하게 됨으로써 함께 이상적인 국가, 목적의 왕국의 군주이자 신민이 되기 때문에, ③ 결국 우리 모두는 보편적 입법의 주체가 되는 이념을 지니고 있다고 주장하였다.

# 7장

## 유교의 정치이념

### 정치란 정의구현이다

# 1

## 공자 정치철학의 기저, 정명

여기서 우리는 공자 정치철학의 기저를 형성하는 '정명론正名論'에 대한 재고찰을 시도하고 정치철학적 의미를 개진하려고 한다. 이를 위해 먼저 공자 정명론의 시대적 배경에서 출발할 것이다. 공자는 전통적인 예악禮樂이 붕괴되고, 모든 제후국들이 부국강병을 통해 전쟁을 일삼던 춘추말기의 혼란기에서 시폐를 광정匡正하고 새로운 시대를 예비하면서 인본주의人本主義 이념의 철학을 개진하였다. 이 글은 공자의 인본주의 이념의 기저를 형성하는 정명正名사상은 비록 그 자신이 주례周禮의 회복과 그 문화를 계승하고 있다고 명시적으로 말하고 있다[1]고 할지라도, 그 근본은 혁신적이었다고 주장하려고 한다. 다시 말하면 공자는 시대를 광정할 영구철학의 이념으로 정명론正名論을 제시하였으며, 나아가 정명正名이 이루어졌던 한 역사적 실례로서 주례周禮 및 주문화周文化를 언급한 것이지, 주례周禮의 원형회복을 목적으로 정명의 논리를 피력한 것이 아니다. 이런 논의를 토대로 우리는 '정명正名'이란 진정 어떤 논리를 지니고 무엇을 실현하려고 했는지에 대한 선행 해설을 비판적으로 검토하고, 거기에서 결여되어 있는 것을 제시하고자 한다.

다음으로 정명正名을 구현하는 정치는 필연적으로 덕치를 함의하며, 덕치는 어떤 방식으로 행해지는 것인지를 살피고자 한다. 도덕·정치·교육의 삼위일체를 주장한 공자는 인간 본성의 덕을 깨달은 도덕적 성인聖人이 백성의 부모로서 군주의 역할을 해야 하며, 군주는 솔선수범의 자세로 그 본성의 덕을 구현하여 인군人君다운 인군人君으로서 역할을 할 때, 백성들은 자연히 교화教化되어 인간다운 삶을 영위하게 된다고 말하였다. 그런데 여기서 우리는 주자朱子가 성인聖人의 교화教化를 '예악禮樂'과 '형정刑政'이라고 해석한 것에 주목하면서, 유가에서 '자발적 동의를 구하는 교화'와 '징벌을 요구하는 형정刑政'이 어떤 관계에 있는지를 살피고자 한다. 마지막으로 정명正名의 이념에 따라 덕德을 지닌 성인聖人이 군주가 되어 백성들을 교화하기 위해 정치를 담당해야 한다는 유가의 이른바 '유덕자정치有德者政治'는 서양 고대의 플라톤의 철인왕정치, 동양 법가의 법치法治, 그리고 근현대 입법주의 등과 어떻게 구별되고, 어떠한 장단점을 지니고 있는지를 비교·정리하고자 한다.

# 2

## 정명正名의 배경과 이념

　이른바 문명의 기축시대Axial Age, BC 800~AD 200에서 기원전 5세기는 철제 농기구의 보급으로 농산물과 인구가 급증하여 부국강병을 이룩한 여러 도시 및 제후 국가들이 그리스(페르시아와의 전쟁BC 492~BC 448, 펠로폰네소스 전쟁BC 431~BC 404), 중국(전국시대BC 453~BC 221), 그리고 인도(마우리아 왕조 아쇼카왕의 통일재위 BC 273~BC 232) 등에서 각종 정복 및 통일전쟁을 일삼던 가장 어두운 시대 중의 하나로 기록되지만, 그것은 늘어난 물리적 경제적 토대를 배경으로 한 것이었기에 새로운 시대를 여는 여명 직전의 암야와 같은 것이었다. 이 전쟁과 격동의 혼란기에서 시대를 광정하고 새로운 시대를 열 이념을 제시한 인물이 바로 중국의 공자孔子, BC 551~BC478, 그리스의 소크라테스BC 469~BC 399, 그리고 인도의 석가 BC 566~BC 486 등이라고 할 수 있다. 그래서 칼 야스퍼스는『역사의 기원과 목적』의 "기축시대"라는 장에서 근동, 그리스, 인도 그리고 중국 등에서 고대 고등문화를 창출했던 '창조적 소수'에 대해 증언하면서, 이들은 반성적·비판적이고 심지어 초월적인 방법을 통해 모태문명을 개혁했다는 사실을 강조했다. 야스퍼스의 이 저술의 영향을 받고,『중국고대사상의 세계』를 저술한 벤쟈민 슈월츠는 이 창조적 소수의 특징을 다음과 같이 요약하고 있다.

> 인도에서 우파니샤드, 불교와 자이나교, 성서적 유대교의 흥기, 그리스 철학의 대두, 또는 중국에서 유가 · 도가 · 묵가의 출현들 가운데 어느 것을 보건, 우리는 이들 속에서 삶을 관조하고 조망하며, 그 의미에 대해 반성적 의문을 제기하는 모종의 태도들과 함께 삶에 대한 새롭고 적극적인 견해와 비젼의 출현을 발견하게 된다. 이러한 창조적 '소수들'은 자신들의 문화가 지니고 있던 기존의 법칙들을 단순히 옹호 · 변호하는 '문화적 전문가들'은 결코 아니었다. 기존의 법칙들을 승인하는 경우에 있어서도, 이들은 전혀 새로운 각도에서 이해했다. 물론 대부분의 역사적 변화가 그러하듯이, 이러한 정신적 '돌파'에는 어떤 절대적 시발점은 존재할 수 없다. 그러나 이러한 것들의 단초들은 '문명에 대한 불만으로'부터 싹텄다는 사실에는 의심의 여지가 없다.[2]

이렇게 '창조적 소수'(사대성인四大聖人)라고 말해지는 인물 중 한 사람인 유가의 창시자 공자 또한 당시로서는 실로 혁신적인 견해를 내놓았다.

## 공자의 인본주의 주창

공자의 혁신적인 견해는 "사람이 도를 넓히는 것이지, 도가 사람을 넓히는 것이 아니다"[3]는 인본주의의 주창에 있다. 인본주의를 주창하면서 공자는 당시 절대적이던 조상 및 귀신숭배의 예禮에 관해서도 혁신적인 견해를 내놓았다. 그래서 그는 "귀신은 공경하되 멀리하는 것이 지혜롭다"[4] 혹은 "사람도 능히 섬기지 못하는데, 귀신을 어찌 섬기겠는가? 삶도 온전히 알지 못하는데, 어찌 죽음을 알겠는가?"[5]라고 말했다. 나아가 그는 "단순히 옥과 비단 등으로 물질적으로 예우하는 것만을 예禮라고 하는 것이 아니며, 종과 북이 어울려져 훌륭한 화성을 내는 것만을 악樂이라고 하는 것은 아니다"[6]고 말하였다. 그래서 그는 진정 중요한 것은 "예악의 형식이 아니라 인간 내면의 덕으로 자기완성하는 것이다"[7]라고 주장하였다. 이렇게 '예악과 같은 형식적 절차'에서 '인간 내면의 덕과 마음자세'로 관점을 전향하면서,[8] 공자는 '인도人道'를 제창하며 변역變易의 기치를 높이 들었다.

"조수와 더불어 같이 무리지어 살 수는 없으니, 내가 이 사람의 무리와 더불어 살아야 하지 않겠는가? 천하에 도道가 있으면 나는 더불어 변역하려 하지 않았을 것이다."[9]

공자가 살았던 춘추말기에는 이미 대부가 천자 및 제후의 예악을 범하는 참람僭濫한 행위가 일상화되어, 이른바 주례周禮로 대표되던 이전의 이상적 질서가 완전히 붕괴되고 있었다. 공자는 당시 사회를 비도非道 혹은 무도無道 상태로 진단하였는데, 다음과 같은 탄식은 당시의 시대상을 잘 말해 주고 있다.

공자께서 계씨를 평하여 말하기를, "(천자天子의) 팔일무를 뜰에서 추게 하니 이것을 차마 한다면, 무엇인들 차마 하지 않겠는가?"[10]
삼가가 '옹雍'으로 철상하니, 공자께서 말씀하시길, "'제사를 돕는 이가 벽공이어늘, 천자가 엄숙하게 계시다'는 가사를 어찌 삼가의 당에서 취해다 쓰는가?"[11]

계씨가 제후의 예를 참람하여 태산에서 여제旅祭를 지내자 …….[12]

"오랑캐에게도 군주가 있으니, 중국의 여러 제후국에는 없는 것과 같지 않다."[13]

바로 이런 상황에서 공자는 "천하에 도가 있으면 예禮·악樂·정벌征伐이 천자로부터 나오고, 천하에 도가 없으면 예, 악, 정벌이 제후로부터 나온다. 제후로부터 나오면 10세대 안에 망하지 않는 경우가 드물고, 대부로부터 나오면 5세대 안에 망하지 않은 경우가 드물며, 신하가 국권을 장악하면 3세대 안에 망하지 않는 경우가 드물다. 천하에 도가 있으면 정권은 대부에게 없고, 천하에 도가 있으면 일반 백성들은 국정을 논란하지 않는다."[14]고 경고하였다. 그래서 맹자는 공자의 시대의식에 대해 언급하며, "세상의 도가 쇠미해지자, 사악한 학설과 포악한 행위가 일어나고, 신하로서 그 임금을 시해하는 자가 있고, 자식으로서 그 부모를 시해하는 자가 있어, 공자께서 이를 두려워하여 『춘추』를 지었는데, 춘추는 천자의 일이다. 그런 까닭에 공자께서 말씀하시길, 나를 아는 자는 춘추일 것이고, 나를 죄줄 자도 춘추일 것이다"[15]라고 증언하고 있다. 여기서 맹자가 증언하고 있는 '신하로서 그 임금을 시해하는 자'와 '자식으로서 그 부모를 시해하는 자'란 곧 '신하로서', '자식으로서' 그 이름에 주어진 도리를 행하지 않는 것을 극단적으로 설정한 것이며, 따라서 '쇠미해진 도'란 '정명正名의 도'라고 할 수 있다. 그리고 여기서 이단이란 정명正名의 도를 따르지 않고, 무군무부無君無父의 논리로서 인륜의 이념을 멸절滅絶하고자 했던 무리를 지칭한다. 왜냐하면 공자는 "정치(政)의 진정한 의미는 올바름(正)을 구현하는 데에 있기"[16] 때문에, 정치를 하다면 먼저 정명正名을 실현하겠다[17]고 말하고 있기 때문이다.

## 공자의 정명

잘 알려져 있듯이, 공자의 정명正名에 대한 언급은 다음과 같이 표현되어 있다.

제나라 경공이 공자에게 정치에 대해 질문하니, 공자께서 대답하시길, "군주는 군주답게, 신하는 신하답게, 부모는 부모답게, 자식은 자식답게 제 역할을 다하는 것입니다." 공이 말하기를, "훌륭한 말입니다. 군주가 군주답지 못하고, 신하가 신하답지 못하고, 부모가 부모답지 못하고, 자식이 자식답지 못하다면 비록 곡식이 있다고 하더라도 먹을 수 있겠습니까?"[18]

그렇다면 '군군君君 · 신신臣臣 · 부부父父 · 자자子子'라고 하는 여덟 글자로 표현된 정명의 논리를 통해 공자가 진정 회복하고자 했던 질서는 어떤 것이었을까? 앞의 맹자의 증언을 참조하면, 그것은 곧 공자가 『춘추』를 통해 회복하거나 천명하고자 했던 질서(춘추대의春秋大義)와 같은 것이라고 할 수도 있을 것이다. 그렇다면 그것은 단순히 주례周禮를 의미하는 것일까? 다음과 같은 소공권蕭公權의 해설은 공자를 보수적으로 주례를 회복하려고 시도했다고 주장하는 전형적인 사례라고 하겠다.

"공자사상의 출발점은 '종주從周'였지만, 그것을 실행하기 위한 구체적인 주장은 정명正名이었다. 오늘날의 말로 설명한다면, 주나라가 가장 융성하던 시기의 봉건천하의 제도를 가지고 군신상하의 권리와 의무를 조정하는 것을 말한다. 공자가 태어난 것은 주나라가 쇠퇴한 후이며, 그때는 이미 봉건정치와 종법사회가 모두 붕괴되어 천하의 질서가 문란하게 된 것을 그는 목도했다.

그 원인을 규명하려고 하였을 때, 그는 주례周禮가 폐기된 것에 그 허물을 돌리지 않을 수 없었다. …… 정명正名은 반드시 구체적인 제도로서 표준을 삼을 것을 요구한다. 공자가 근거로 삼았던 표준은 성주시대의 제도였다.[19]

소공권의 이 주장은 물론 『논어』에서 공자가 주례 및 그 문화를 예찬하고 따르고자 했으며, 나아가 주문화의 수호자로 자임한 구절들에 근거한 추론이라고 할 수 있다. 다음과 같은 구절들이 그 전거가 된다고 할 수 있다.

> 공자께서 말씀하시길, "주나라는 하나라와 은나라를 본받았으니, 융성하도다, 그 문화여! 나는 주나라 문화를 따르겠다."[20]
> 공자께서 말씀하셨다. "심하구나, 나의 쇠약함이여! 오래되었구나, 내가 다시 주공을 꿈에서 본 지가!"[21]
> 공자께서 광 땅에서 경계심을 가지셨는데, 말씀하시길, "문왕이 이미 별세하셨는데, 문화文化(문왕의 도가 나타난 예약제도)가 나에게 있지 아니한가? 하늘이 장차 이 문화를 없애려 하셨다면 나를 이 문화에 참여하지 못하게 하였을 것인데, 하늘이 이 문화를 없애려 하지 않으셨으니, 광 땅 사람들이 나를 어떻게 하겠는가?"[22]

그런데 여기서 우리는 소공권의 "공자사상의 출발점은 '종주從周'였지만, 그것을 실행하기 위한 구체적인 주장은 정명이었다. …… 정명은 반드시 구체적인 제도로서 표준을 삼을 것을 요구한다."는 주장에서 '정명正名'과 주례周禮 혹은 종주從周의 관계가 역전되었다고 판단한다. 즉 공자철학의 출발점은 정명正名에 있으며, 그는 정명의 이상이 가장 잘 구현된 역사적 전거典據가 바로 주례周禮라고 판단했기 때문에, "나는 주나라를 따르겠다(從周)"고 말했다는 것이다. 요컨대 인간은 어떤 이상을 꿈꾸는데, 그 이상은 '어떠한' 내용을 지니고 있어야 허황되지 않을 수 있으며, 따라서 그 내용을 설명하기 위해서는 과거에 존재했던 어떠한 문화로서 고증하지 않을 수 없다. 따라서 미래에 이룩해야 할 이상은 과거의 참된 자기회복이라는 역설이 여기서 성립한다. 공자가 따르고자 한 '주나라 문화'는 단순히 한 시대의 산물로서의 예악과 형정의 제도가 아니라, 공자철학의 정수를 형성하는 '정명正名'의 전형을 역사적으로 증시해 주는 역할을 한다. 공자는 단순히 과거회귀적인 보수적 태도에서 "현재의 혼란은 '주례' 혹은 '주문화'의 몰락에 있고, 따라서 그것의 원형회복이 현실 극복의 관건이다"고 판단하여 주나라 문화를 따르고자 한 것이 아니라, 그것이 정명正名이 가장 잘 실현된 하나의 전형이기 때문에 따르고자 했다고 할 것이다. 만일 그렇지 않고, 공자가 단순히 문화의 근원으로서 주나라 문화만을 이상적 표준으로 삼고 거기에 따르고자 했다면, 그가 말하고 있듯이 "주周나라 문화는 은殷나라를 본받았고, 은殷나라 문화는 하夏나라 문화를 본받았다"[23]는 점에서, 특별히 주나라 문화를 따라야 할 이유가 없다고 하겠다. 바로 이렇게 볼 때, 비로소 '정명正名의 도'는『중용』에서 말하는 '군자의 도'가 갖추어야 할 요건을 충족시킬 수 있는 것이다.

군자의 도는 자신에 근본을 두고, 서민들을 통하여 증험하고, 삼대의 성왕에게 고찰하여도 그릇됨이 없으며, 천지에 내세워도 어긋남이 없으며, 귀신에게 질문해도 의심스러울 것이 없으며, 백세 후의 성인聖人도 의혹됨이 없을 것이다. 귀신에게 질문해도 의심스러울 것이 없다면 하늘을 안 것이고, 백세 후의 성인도 의혹됨이 없다면 사람을 안 것이다.[24]

## 정명의 정의

이렇게 '군자의 도'는 주례와 같은 어떤 시대적 산물이 아니라, 인간 자신 즉 인간 본성(인간됨)에 그 근본을 두고 있다. 그것은 모든 인간이 자신이 처한 사회적 관계에서 마땅히 해야 할 도리를 완수하여 조화로운 관계를 형성함으로써 인간다운 삶을 영위하는 정명의 구현으로 증험된다. 그리고 역사적으로 본다면 삼대의 성왕 또한 정명을 구현하여 태평성대를 열었으며, 후대의 성인 또한 이 정명의 구현으로 성인이 될 수 있다. 나아가 우주론적으로 본다면 천지와 귀신 그리고 천하 만물 모두가 정명을 구현할 때 온 우주가 조화롭게 발육된다. 다음으로 풍우란의 정명正名에 대한 설명을 살펴보자.

> "각각의 이름들은 그 정의가 있으며, 그 정의가 의미하는 것은 그 이름이 지칭하는 '그 사물이 다름 아닌 그 사물이 되게 하는 까닭' 즉 그 사물의 본질 혹은 개념(이데아)이다. …… '군군君君·신신臣臣·부부父父·자자子子'에서 앞의 군君 자는 실제 임금을 지칭하고, 뒤의 군君 자는 군君이라는 이름 즉 군君에 대한 정의를 지칭한다. …… 만일 (실제) 군君·신臣·부父·자子가 그 정의에 부합한다면 모두 각자의 도를 다하는 것이고, 그러면 천하에 도가 서게 된다(천하유도天下有道).[25]

이러한 풍우란의 해설은 곧 공자의 표현대로 "모난 그릇이 모나지 않다면, 모난 그릇일 수 없듯이"[26] 이름을 지니고 태어난 천하 만물은 모두가 다 존재근거를 지니고 있으며, 그 존재근거를 충족시키면서 존재할 때에(명실상부名實相符)[27] 비로소 그 존재의미를 지닌다는 것을 잘 설명해 주고 있다. 그런데 여기서 우리는 "'군군君君 · 신신臣臣 · 부부父父 · 자자子子'에서 앞의 군君 자는 실제 임금을 지칭하고, 뒤의 군君 자는 군君이라는 이름 즉 군君에 대한 정의를 지칭한다."는 해석에 대해 약간의 수정된 의견을 제시하고 싶다. 그것은 곧 "'군군君君 · 신신臣臣 · 부부父父 · 자자子子'에서 앞의 군君(신臣 · 부父 · 자子) 자는 실제 임금을 지칭"하지만, "뒤의 군君(신臣 · 부父 · 자子) 자는 군君이라는 이름, 즉 군君에 대한 정의를 지칭"하는 동시에 "군君(신臣 · 부父 · 자子)이라는 정의(존재이유)에 부합하는 행위를 해야 한다"고 하는 당위적이 윤리적 명령을 내리고 있다는 것이다. 요컨대 후대 주자朱子가 만물의 리理를 만물의 존재근거(소이연지고所以然之故)와 그 존재근거에 부합하기 위해 마땅히 따라야 하는 법칙(소당연지칙所當然之則)으로 설명하고 있듯이, 이 뒤의 君(臣 · 父 · 子)은 그 이름을 지닌 만물은 그 존재근거를 현실에서 마땅히 충족시켜야 한다고 당위적 명령을 내리고 있다는 것이다. 존재근거에서 유래하는 이름을 지니고 태어난 만물이 그 존재근거를 충족시키면서 현실에서 존재할 때에만 명실상부名實相符할 수 있다. 그리고 특히 인간이 타자와 함께 생활을 영위하면서 사회적 제 관계와 부여된 직책에서 그 명칭에 요구되는 역할을 올바르고(정正) 알맞게(중中) 온전히 구현할 때에 비로소 공자가 말하는 정명正名이 완전히 이루어진 사회라고 할 수 있다. 그리고 여기서 우리는 풍우란의 해석이 시사하듯이, 공자철학에도 플라톤처럼 사물의 정의定義의 문제가 중심 문제를 차지하고 있음을 지적하지 않을 수 없다. 다음의 구절을 살펴보자.

"『시경』에서 이르기를, 하늘이 뭇 백성을 내시니, 사물이 있으면 법칙이 있도다. 사람들이 이 떳떳한 본성을 가지고 있는지, 이 아름다운 덕을 좋아한다." 공자께서 말씀하시길, "이 시를 지은 사람은 도道를 알 것이다. 그러므로 사물이 있으면 반드시 법칙이 있으며, 백성이 떳떳한 본성을 갖고 있는지라, 그러므로 이 아름다운 덕을 좋아한다."[28]

요컨대 플라톤이 궁극존재로서 태양을 "가지적 세계에서는 빛과 주인을 주고, 예지적 세계에서는 그 자신이 스스로 주인이 되어 우리가 진리와 통찰을 가지도록 도와주는" "인식과 진리의 기원"이며, 윤리적으로 선(좋음)의 이데아로서 "모든 면에서 가장 좋은 자"로서 "무질서를 질서 짓고" "만물 중의 단지 한 사물이 아니라, 장엄함과 힘에 있어서 일체 존재자를 넘어 선다"[29]고 기술하고 있듯이 유가의 천天 또한 만물의 존재근거이자 인식의 가능근거이며, 윤리적 덕의 원천으로서 형이상자形而上者라고 말할 수 있다.[30] 하늘이 만물 및 인간에게 부여한 법칙과 본성이 곧 만물과 인간의 존재근거이며, 인간과 만물이 천명天命으로 부여받고 태어난 본성의 덕이 마땅히 구현해야 할 당위규범이다. 이 본성에 따라 가는 삶이 바로 우리의 길(인도人道)이며, 이 길을 닦아 놓은 것이 바로 성인聖人의 예악형정禮樂刑政과 같은 성인의 가르침(敎)이다. 나아가 공자가 인생을 술회하며 인간완성을 지칭하는 존재와 당위가 일치하는 경지, 즉 "일흔에 마음이 하고자 하는 바를 쫓아도 법도를 넘지 않았다"[31]고 말하였을 때의 '법도(구矩)'란 다름 아닌 하늘의 명령으로 주어진 당위규범이다. 그래서 『대학』(10장)은 '법도를 헤아리는 길(혈구지도絜矩之道)'을 평천하의 요도라고 말한다. 이렇게 공자는 모든 구성원이 사회적 제 관계에서 각자에도 부여된 직책에 요구되는 도리를 충실히 다하고, 인간의 도리를 구현하며 인간다운 삶을 영위하는 정명正名의 구현을 정치의 목표로 삼았다.

# 3
## 정명正名의 내용과 방법

　"모든 사회적 구성원은 각자에게 부여된 직책에 요구되는 도리를 충실히 수행해야 한다"는 정명의 형식적 표현이 "임금은 임금답게(군군君君), 신하는 신하답게(신신臣臣)"라고 한다면, 여기에는 구체적으로 구현해야 할 내용(~다움)이 담겨 있다. 곧 모든 인간은 이념적으로 인간으로 존재하는 한 인간다운 덕을 구현해야 하며, 현실적으로는 사회적 관계에서 부여된 직책의 명칭에 부합하는 책임과 의무를 다해야 한다는 것이다. 도덕 · 정치 · 교육의 일치를 주장하는 공자는 그 본성의 덕을 깨달은 도덕적 성인聖人이 모든 백성의 부모로서 가장 존귀한 직책(왕)을 맡아 교화의 원리로서의 덕을 구현할 때(덕치德治) 백성들은 '자발적으로 교화되어' 인간다운 삶과 인간다운 사회가 이루어진다는 논리를 제시하였다. 요컨대 군주가 먼저 솔선수범의 자세로 바르게(정正)되어 본성의 덕을 베푸는데(덕치德治),[32] 우선 백성들을 물질적으로 부유하게 하여 삶을 안정시키고,[33] 궁극적으로는 교화敎化를 통해 '인간답게' 바르게 살도록 하는 것이 정치의 본령이라는 것이 공자의 입장이다. 이러한 덕치의 이념과 방법을 『중용』에서는 다음과 같이 설명하고 있다.

공자께서 말씀하시기를 "도는 사람에게서 멀지 않으니, 사람이 도를 행한다고 하면서 사람을 멀리하면 도를 행할 수 없다." 『시경』에서 이르기를, "도끼자루를 베고 도끼 자루를 벰이여. 그 법칙이 멀지 않다."고 하였으니, 도끼자루를 잡고 도끼자루를 베면서도 비스듬히  보고 오히려 멀다고 여긴다. 그러므로 군자는 사람의 도로써 사람을 다스리다가 고치면 그치는 것이다.[34]

여기서 정치의 수단으로 비유된 '도끼'는 곧 모든 백성들이 지니고 태어난 '인간다운 본성의 덕'을 의미한다. 공자가 말하는 정치란 아직 인간다운 본성의 덕을 자각하지 못한 일반 백성들이 그 본성의 덕을 자각하여 자립적·자발적으로 인간다운 삶을 영위하도록 교화敎化하는 것을 목적으로 한다. 그래서 주자朱子는 "인간다움의 길을 닦는 것(수도修道)을 교敎라고 한다"는 『중용』의 언명을 사람의 길을 먼저 깨달은 사람(선각자先覺者)이 그 길을 닦아, 뒤의 아직 미처 깨닫지 못한 사람들(후각자後覺者)이 따라 오도록 시설해 놓은 "예악형정禮樂刑政이 바로 성인의 가르침(교敎)이다"[35]고 해석하였다. 그렇다면 유가에서 '가르침(교敎)'과 짝을 이루는 '학學'의 내용은 인간 본성의 덕이라고 하겠다.[36] 이렇게 '인간에게 필수적인 것(儒유=人인+需수=須수)', 즉 '인간다움'을 가르치고 배우는 것을 가장 중요시 했기에 유교 혹은 유학이란 언명이 생겨났을 것이다. 그런데 여기서 우리는 공자의 정치사상의 몇 가지 내용과 특징을 살펴보려고 한다.

먼저 공자의 정치는 "군자는 사람의 도로써 사람을 다스리다가 고치면 그친다."라고 말하고 있듯이, '인간 본성의 덕'으로 다스리는 '덕치德治'에 입각해 있다는 것이다. 나아가 덕치는 교화적이라고 할 수 있다. 그래서 공자는 "정치를 덕으로 하는 것은, 비유하자면 북극성이 제자리에 있으면 여러 별들이 그것으로 향하는 것과 같다"[37]고 말하였다. 그리고 그는 인간 본성의 덕으로 다스리는 '덕치德治'와 법제금령法制禁令의 수단을 통해 강제적으로 다스리는 '법치'를 다음과 같이 비교하고 있다.

"백성을 강제적인 법제금령法制禁令으로 이끌고, 형벌(형刑)로써 가지런히 한다면 백성들이 형벌이 두려워 악행을 행하지는 않지만 부끄러워할 줄 모른다. 백성을 이끌기를 덕德으로써 하고, 예禮로써 가지런히 하면, 백성들이 부끄러워할 줄 알 뿐만 아니라 올바르게 된다(格격=正정)."[38]

이렇게 공자는 정치의 목적을 백성을 올바른(格격=正정) 상태 혹은 선에 도달(지어선至於善)하게 하는 것에 두면서 엄격한 형벌주의 혹은 강압주의가 아니라, '자발적 동의'에 의한 교화주의 혹은 자율주의를 채택하는데, 이는 다음과 같은 구절에서도 확인된다.

자장이 묻기를, "무엇을 일러 네가지 악이라고 합니까?" 공자께서 대답하시길, 가르치지 않고 죽이는 것을 학대하는 것이라고 한다. ······ [39]
계강자가 공자에게 정치에 대해 물으면서 말하기를, "만일 무도한 자를 죽어 도가 있는 데에로 나아가면 어떻습니까?" 공자께서 대답하시길, "정치를 함에 어찌 죽이는 방법을 쓰겠는가? 그대가 선하고자 하면 백성이 선해진다. 군자의 덕은 바람이고, 소인의 덕은 풀과 같다. 풀에 바람이 불면, 풀은 반드시 눕는다."[40]

그렇다면 여기서 다음과 같은 의문을 지닐 수 있다. 앞서 공자는 "강제적인 법제금령法制禁令으로 백성을 이끌고, 형벌로써 가지런히 하는 강압적 정치"와 "백성을 덕으로 이끌고, 예로써 가지런하게 하는 자율적 교화"를 구별하였는데, 주자朱子는 이러한 교화教化의 방법을 성인聖人이 제도화하여 만들어 놓은 '예악禮樂'과 '형정刑政'이라고 해석하고 있다는 것이다. 즉 공자는 예악禮樂은 덕치의 수단으로 제시하고, 형정刑政은 강압적인 법치를 의미하는 것으로 제시함으로써 이 양자는 상호 배타적인 성격을 지니고 있다고 말하고 있다. 이에 반해, 주자는 이를 병행하는 것으로 해석하고 있다. 그렇다면 주자는 잘못 해석하고 있는 것일까? 이 의문은 공자가 왜 '정명正名'이 필요한지를 역설하는 데에서도 나타난다.[41]

　　자로가 말하기를, "위나라 임금이 선생님을 기다려 정치를 하면, 선생님께서는 장차 무엇을 먼저 하시겠습니까?" 공자께서 말씀하시길, "반드시 정명正名할 것이다." 자로가 말하길, "이렇습니까? 선생님의 우원하심이여. 어떻게 정명할 것입니까?" 공자께서 말씀하시길, "비루하구나, 자로야. 군자는 알지 못하는 것에는 침묵해야 한다. 이름이 바로 서지 않으면, 말이 순조롭지 못하고, 말이 순조롭지 못하면 일이 성립되지 않고, 일이 성립되지 않으면 예악이 일어나지 않고, 예악이 일어나지 않으면 형벌이 알맞지 않고, 형벌이 알맞지 않으면 백성이 손과 발을 둘 곳이 없게 된다."[42]

여기서 공자는 정명正名이 이루어질 때 '말이 순조롭고(언순言順)', 말이 순조로우면 '일이 이루어지고(사성事成)', 일이 이루어져야 '예악이 일어나고(예악흥禮樂興)', 예악이 일어날 때 비로소 '형벌이 알맞게 이루어져(형벌중刑罰中)' '백성들의 행위규범을 제시할 수 있다(민유소조수족民有所措手足)'고 말하고 있다. 여기서 문제는 예악과 형벌, 그리고 백성들의 행위규범간의 관계이다. 공자는 "시詩에서 일어나, 예禮에서 자립하고, 악樂에서 완성한다."[43]고 말했다. 그리고 예禮란 '천리天理의 절문節文'이자 '인사人事의 의칙儀則'이라는 주자의 전형적인 해석[44]으로 알 수 있듯이, 인간행위에 합당한 절도와 문식을 규정하여 줌으로써(약아이례約我以禮)[45] 친소親疎(친친지쇄親親之殺)와 도덕의 체득 정도(존현지등尊賢之等)에 따라 인간들 간의 관계를 차등적으로 구분해 주는 역할을 한다.[46] 그리고 이와 대비되게 악樂이란 예禮에 의해 구분된 인간들을 조화로 이끌어 주며 윤리倫理와 통하는 것이다.[47] 요컨대 유가에 따르면, "선왕이 예악禮樂을 제정한 것은 신체적 욕망을 충족시켜 주려는 것이 아니라, 백성들에게 장차 호오好惡를 공평하게 가르쳐서 인도人道의 올바름(정正)으로 회복하려고 한 것이다."[48] 그런데 이러한 예악禮樂은 형정刑政과 그 궤도를 같이 한다고 말해진다.

> 예禮로써 백성들의 뜻을 인도하고, 악樂으로써 그 소리를 조화롭게 하고, 정치로써 그 행위를 일치시키고, 형벌로써 그 간악함을 막는다. 예악형정禮樂刑政은 그 지극한 곳에 이르러서는 하나이니, 민심을 같게 하고 다스림의 도가 나오게 하는 근거가 된다.[49]

> 예禮는 백성의 마음을 조절하고, 악樂은 백성의 소리를 조화시키고, 정치로써 그것을 행하고, 형벌로써 막는다. 예악형정은 온 천하에 두루 행해져서 어긋나지 않는다면 왕도가 갖추어질 것이다.[50]

요컨대 모든 인간은 천명의 본성을 타고났는데, 그 본성을 알았을 때 비로소 진정한 인간, 즉 군자가 될 수 있는 근거를 확보한다.[51] 사람됨의 근거를 알고 그 근거에 부합하는 길을 갈 때 명실이 상부한 인간이 된다(정명正名). 그리고 이 사람됨의 근거에 부합하는 길을 가도록 가르쳐주는 수단이 바로 성인이 만든 예악형정禮樂刑政이다. 예악형정이 올바로 시행될 때 왕도王道가 완비되고 치도治道가 형성되어 백성들은 인간다운 삶을 영위할 수 있다. 그런데 여기서 우리의 관심은 "일반적으로 치자治者의 덕치와 교화의 수단으로 백성들의 자발적 동의를 요구하는 '예악禮樂'과 강제적인 법치를 시사하는 '형정刑政'이 지극한 곳에서는 하나이다."는 말이다. 성인聖人이 백성들을 교화시키기 위해 사용하는 '형정刑政'은 왜 인위적 형벌주의 혹은 위협주의가 아닌가? 이 물음은 우선 "유가는 법치에 반대하였는가?" 하는 문제로, 나아가 공자가 제창한 덕치德治와 인치人治(혹은 플라톤적 철인정치), 동양 법가의 법치法治, 그리고 서구 근대의 입법주의立法主義 간에 관계 설정을 요구한다.[52]

# 4

## 덕치와 인치, 그리고 법치

### 법치와 인치, 그리고 플라톤적 철인왕정치

먼저 법치法治와 인치人治 및 플라톤적 철인왕정치의 관계를 살펴보자. 유가의 덕치德治와 인치人治와 연관하여 이승환은 다음과 같이 규정하고 있다.

"덕치德治란 지도자의 도덕적 감화력에 의해 백성(노동력과 생산력)을 끌어모으고, 백성을 교화시켜 범죄나 분쟁이 없는 평화로운 사회를 만들려는 통치 방법이다. 지도자가 솔선수범하여 도덕적 모범을 보일 때 백성들도 사심 없이 양보하고 협동하게 될 것이라는 유가의 덕치사상은 …… 인치와 불가분의 관계에 있다. 인치人治란 덕 있는 사람에 의한 통치를 말한다. 덕치라는 개념이 통치 방법으로서 도덕교화의 과정에 주안점을 둔다면, 인치人治는 도덕적 자질, 품성에 착안하는 용어이다. 그러나 실질 내용에 있어서 덕치와 인치는 불가분의 관계에 있다."[53]

요컨대 통치의 내용과 방법을 지시하는 덕치德治와 통치의 주체 문제를 다루는 인치人治는 비록 구별되는 용어라고 할지라도 덕을 지닌 군주(주체)가 덕으로써 정치한다(방법)는 '유덕자정치有德者政治'를 주장한다는 점에서 양자는 불가분의 관계에 있다. 그런데 이러한 이승환의 덕치에 대한 설명에는 "덕치德治는 군주의 자의恣意에 의한 인치와 구별되는 '표준'으로서의 법도法度를 갖추고" 그 법도에 따라 정치를 시행한다는 보완이 필요하다고 생각된다. 우리는 이 점을 강조할 때에 비로소 유가의 '유덕자정치론有德者政治論'에 대해 "오직 서구에만 보편적 의의와 가치를 지닌 발전선상에 놓여 있는 문화적 현상이 존재해 왔다"고 주장하는 이른바 '서구중심주의자'들이 '동양적 전제정치oriental despotism'라는 말로써 "법률이나 다른 규칙에 의해 규제받지 않는 단일한 인간(통치자)이 자신의 변덕스런 자의恣意로 군림한 사회"[54]라고 비판한 것에 대한 명확한 반론을 제시할 수 있다. 요컨대 서구중심주의자들의 주장은 비록 현실에서 유교를 국가이념으로 채택하여 출몰했던 여러 왕조의 쇠락기에 이런 현상이 일어났다고 할지라도, 유가 주장의 핵심을 논파한 것으로 볼 수 없다. 왜냐하면 유가의 통치자는 자신의 변덕스런 자의恣意가 아니라, 하늘이 명한 본성의 덕을 체득하고 법도(구矩)를 기준으로 정명正名을 구현하기 위하여, 먼저 솔선수범적인 자세로 교화적 정치를 실행할 때에 비로소 정당하게 성군聖君이라고 칭할 수 있기 때문이다. 공자의 다음 언명은 이를 잘 설명해 준다.

애공이 정치를 묻자, 공짜께서 말씀하시길, "문왕과 무왕의 정치는 방책에 펴 있으니, 그 사람이 있으면 그러한 정사가 거행되고, 그러한 사람이 없으면 그러한 정사는 종식됩니다. …… 그러므로 정치를 함은 사람에게 달려 있고, 사람은 도덕적 수양을 기준으로 취하고, 도덕적 수양은 도로써 하고, 도를 닦음은 인仁으로 합니다. 그러므로 군자는 자신을 수양하지 않을 수 없으니, …… 사람을 알지 않을 수 없고 …… 하늘을 알지 않을 수 없습니다."[55]

여기서 공자의 언명은 유가에서 덕치德治와 법도法度에 기준한 인치人治의 관계를 잘 설명해 주고 있다. 공자에 따르면, 정치에는 표준으로서 선왕의 법도法度(규구規矩)가 있으며, 이 법도는 인仁의 덕을 지닌 유덕자에 의해 시행될 때 비로서 온전한 정명을 구현할 수 있다. 따라서 정치를 하려는 자는 인仁으로 수신修身하여 인정仁政 즉 덕치德治를 행해야 한다는 것이다. 요컨대 비록 선왕이 만든 훌륭한 법도가 있다고 할지라도, 그 법도는 하늘이 부여한 덕을 깨닫고 실행할 능력을 지닌 유덕자에 의해서만 행해질 수 있다. 그래서 공자는 "그 사람이 있으면 그러한 정사가 거행되고, 그러한 사람이 없으면 그러한 정사는 종식된다"라고 말하여 덕치와 인치의 관계를 설명한다. 『맹자』 또한 이를 다음과 같이 부연 설명하고 있다.

맹자가 말하기를, 이루의 눈 밝음과 공수자의 솜씨로도 규구規矩를 쓰지 않으면 원형을 이루지 못하고, 육률六律을 쓰지 않으면 오음을 바르게 하지 못하고, 요순의 도에 의해서도 인정仁政을 쓰지 않으면 천하를 다스릴 수 없다. …… 한갓 선한 마음으로는 정치를 하기에 부족하고, 한갓 법(제도)만으로도 스스로 행해질 수 없으니 …… 이런 까닭으로 오직 인자仁者만이 높은 지위에 있어야 하는 것이니, 불인不仁하면서 높은 지위에 있으면 이는 그 악을 많은 사람에게 펴는 것이다. 위에서 도를 헤아림이 없고, 아래에서는 법을 지킴이 없어 조정에서는 도를 믿지 않으며 관리들은 법도를 믿지 않으며, 군자가 의를 범하고, 소인이 법을 범한다면, 그러면서 나라가 보존되는 것은 요행이다.[56]

여기서 맹자는 ① 요순의 도로 상징되는 인정仁政이란 자의적인 것이 아니라, 방원方圓을 만드는 규구規矩처럼 명확한 표준을 지니며, ② 정치는 단순히 선한 마음 혹은 선한 제도로만으로 시행되는 아니라, ③ 덕을 깨닫고 실천할 능력을 지닌 유덕자有德者의 덕치德治로 시행되어야 함을 분명히 말해주고 있다. 그렇다면 이러한 유덕자 정치와 또 하나의 인치人治인 플라톤의 이른바 '철인청치'의 차이를 살펴보자.

공자가 정명正名의 이념을 구현하려고 했다면, 플라톤은 정의正義를 최고 이념으로 간주한다. 플라톤에 따르면, 만물에는 고유의 덕arete이 있어 각각 고유한 '기능ergon'을 수행하게 하는 근거가 된다. 그런데 그는 "영혼에는 세상의 다른 어떤 것으로도 해낼 수 없는 그런 어떤 기능이 있다. 즉 보살피거나 다스리는 것, 심사숙고하는 것……, 이런 것들을 우리는 영혼의 기능이라고 한다. …… 영혼의 고유한 덕을 빼앗는다면 자신의 기능을 훌륭하게 수행할 수 없다. …… 정의正義는 영혼의 덕이지만, 불의不義란 그것의 악덕惡德이다."[57]고 전제하고, "정의正義와 함께 생기는 모든 것은 덕이고, 정의正義 없이 생기는 것은 부덕不德이다."[58]라고 말한다. 그런데 플라톤에 따르면, 영혼의 덕인 정의正義를 구현할 수 있는 것은 인간 영혼 가운데 지성知性이 가장 아름답고 훌륭한 본성으로 부여되어 있으며,[59] 따라서 이 지성知性의 계발을 통해 인간다운 훌륭한 삶을 영위할 수 있다. 지혜를 사랑함으로써 지성을 계발한 자가 바로 치자治者로서 철인왕哲人王이다. 그리고 철인왕의 지혜로운 앎은 만물의 존재근거이자 인식의 가능근거인 '선善의 이데아'에 대한 통찰에 근거해 있다.[60] 그리고 플라톤은 이러한 '선의 이데아'를 통찰한 철인왕의 교육과 계도에 의해 이상국가가 건설될 수 있다고 말한다.

"철학자들이 그들이 사는 국가의 왕이 되거나, 현실세계의 왕과 왕자들이 철학적 정신과 권력을 동시에 지닐 때까지 ……. 국가는 재앙에서 완전히 벗어날 수 없을 것이다. 내가 생각하기에는, 인류에게도 재앙이 그치질 않을 것이다. 그렇다면 여기서 우리가 말하는 이상국가만이 생명을 가질 수 있고 광명을 보존할 것이다."[61]

절대적인 '선의 이데아'(태양)를 통찰한 철인의 통치는 ① 인간의 덕인 이성에 의한 지배이며, 이는 곧 ② '선의 이데아'의 현실적 제도화이며, 정의正義의 구현이다. 이는 공자가 "사시四時를 운행하고 온갖 만물을 생장하게 하는"[62] 만물의 근원으로서 "하늘이 나에게 덕을 주셨다"[63]고 말한 것과 유사하다. 공자에게서 절대적인 하늘은 덕의 근원으로서 플라톤의 '선의 이데아'와 같은 역할을 한다. 그리고 공자가 군자와 소인의 차이로 상달上達을 제시하고 있는 것은[64] 플라톤이 철인왕에게 선의 이데아에 대한 통찰을 요구한 것과 유사하다. 플라톤의 철인왕 정치와 정치·도덕·교육의 일체를 주장하는 유가의 왕도정치는 상당히 일치하는 측면이 있다.[65]

## 유가와 법가의 법치, 근대 입법주의 간에 관계

다음으로 유가와 동양 법가의 법치法治, 그리고 서구 근대의 입법주의立法主義 간에 관계를 살펴보자. 유가의 덕치는 ① '형벌주의'와 '위협주의'를 배격하고, 교화敎化에 의한 자발적 동의의 원칙을 지향하고, ② 예악형정禮樂刑政이란 단지 교화를 위한 도구의 구실을 하며, ③ 정명正名의 원칙과 인간의 보편적인 덕의 구현이라는 이상을 지니고, ④ 선왕의 법도를 표준으로 현실에서 시중時中의 도로 구현하려고 한다. 그렇다면 이러한 유가와 법가의 법치는 어떤 차이가 있는가? 이 문제를 규명하기 위해서는 먼저 '법法'이란 무엇을 의미하는지 분명히 할 필요가 있다. 주지하듯이 '법法' 자는 본래 水수, 물처럼 공평함 + 廌치, 닿기만 해도 그 죄상을 안다는 영험한 짐승 + 去거의 회의문자로서, ① "죄를 공평하게 알아 죄 있는 자를 제거한다", ② (거去의 대상을 법法이라고 하면) 교화의 수단 혹은 방법이라는 의미를 지닌다. 자전字典에 나열된 의미 중 현재 우리의 관심과 연관된 것만을 살피면 다음과 같다.

- 법 : ① 형법(유작오학지혈왈법惟作五虐之刑日法: 서경), ② 법령(이용형인利用刑人 이정법야以正法也: 역경), ③ 제도(존선왕지법遵先王之法: 맹자), ④ 도리(법자法者 천하지정식天下之程式: 관자) ⑤ 모범(행위세위천하법行爲世爲天下法: 중용)
- 방법: ① 수단(교적병법敎籍兵法: 사기), ② 방식(위관실지법爲官室之法: 묵자)
- 본 : 사물의 표준이 되는 도량형度量衡이나 규구준승規矩準繩의 기기器機(공의어법工依於法: 예기)
- (부처의) 가르침

여기서 법法이란 말을 유가는 좁은 의미의 형법과 법령 혹은 법술法術만이 아니라, 제도制度와 도리道理 그리고 모범模範 혹은 표준標準 등과 같은 넓은 의미로 사용하고 있다는 것을 확인할 수 있다. 이는 유가의 정치이념이 백성의 교화를 근본으로 한다는 것과 연관된다고 하겠다. 즉 법가法家는 '법法'의 의미를 '좁은 의미의 법' 즉 법령과 형벌 혹은 형상刑賞과 법술에 한정시키고, 왕이 신하와 백성을 통제하기 위한 통치도구로서 간주하였다. 이와 대비되게 유가는 법을 형법과 법령뿐만 아니라, 제도와 도리 그리고 모범(표준) 등을 포함하는 성인聖人의 예악형정禮樂刑政의 가르침으로 간주하며, 백성의 교화를 목적으로 시설된 임시적 방편으로 간주하였다.


## 공자의 덕치와 근현대 제헌 입법주의


다음으로 공자의 덕치와 서양 근현대 입법주의적 법치法治와의 관계를 살펴보자. 일반적으로 오늘날 서구에서 법의 지배는 자유민주주의의 핵심 원칙으로 ① 법치法治는 자의적 권력에 의한 지배에 반대되는 관념으로서 법의 최고성(↔ 인치人治), ② 법 앞의 평등, ③ 입헌적 법(헌법)이 상위법으로 통상법을 구속한다는 관념을 지칭하며, 기본권의 보장, 권력의 분립, 입헌주의 등의 필수적 요건을 갖추고 있다.[66]

근현대적 입법주의적인 시각에서 보면, 유가에는 ① 인간을 도덕적 우열로 구분 짓고, ② 성인聖人을 군주로 추대할 구체적인 제도적·법적 장치가 결여되어 있으며, ③ 군주의 자의적 독선을 견제할 법적 근거가 미약하며, ④ 형식적으로 보장된 법과 합리적 행정 및 사법제도가 분리되어 있지 않았다고 비판할 수도 있겠다. 여기에는 '정치학'이란 말의 의미규정 및 주된 영역이 다르다는 것도 한몫하고 있다. 근현대 정치학은 전통적으로 정체, 법률, 그리고 제도 등에 주된 관심을 갖고 있다. 그런데 유가는 정치라는 말에 공적인 권력의 행사만 아니라, 종교와 윤리적인 삶 및 가정 생활 등과 같은 인간의 일반적인 삶 전체를 포함한다.[67] 나아가 유가에서 정치는 교육적인 것으로 구성원 및 공동체의 완성을 지향한다. 유가는 ① 법의 최고성이 아니라, 인륜성의 구현을 지고의 이념으로 간주하였으며, ② 법 앞의 평등 이전에 모든 인간이 천명으로서 인간됨의 본성을 지니고 태어났다는 점에서 유적 공동체를 구성한다고 주장하였으며, ③ 법이 상위법으로 통상법을 구속한다고 생각한 것이 아니라, 천명의 법도와 인간 덕성의 구현을 위해 현실의 예악형정은 수단으로 종속되어야 한다고 말하였다.

또한 양자의 인간 및 국가관의 차이를 지적하지 않을 수 없다. 주지하듯이 서구 근현대의 자유주의의 근간에는 자율적·주체적 존재로서 원자적 개인을 실체로 간주하고(인간원자론), 명목적·수단적 존재로서 사회는 단지 계약된 것이다(사회계약론). 따라서 서구 정치사상사에서 입헌주의는 본래 "어떻게 통치자를 규제할 것인가?"라는 문제제기에서 출발한 것으로 기본적으로 정부의 행위에 대한 규제의 체계로 정의되며,[68] 따라서 법은 최고성을 지니고, 법 앞에 만인의 평등을 요구하게 되었다. 그런데 유가는 공동체적 존재로서 인간을 기성旣成의 어떤 사물이 아니라, 인간성을 실현하려고 끊임없이 노력하는 가능성의 존재로 파악하였다. 그리고 정치란 인간이 지닌 가능성을 공동체에 온전히 구현하도록 교화하는 교육적 역할을 수행하는 것이다. 따라서 모든 법 또한 성인聖人의 예악형정禮樂刑政과 같이 인륜의 이념 실현에 봉사하는 도구일 따름이다. 자주 인용되는 다음의 언명들은 이런 의미에서 이해할 수 있다.

섭공이 공자께 말하길, "우리 무리 중에 몸을 정직하게 하는 자가 있으니, 그 부모가 양을 훔치자 자식이 증명했다." 공자께서 말씀하기길, "우리 무리에 정직한 자는 그와 다르다. 부모는 자식을 위해 숨겨주고, 자식을 부모를 위해 숨겨주니, 정직함은 그 가운데 있다."[69]

도응이 물어 말하길, "순이 천자가 되고, 고요가 사士(법의 집행관)가 되었는데, 고수(순의 아버지)가 사람을 죽였다면 어떻게 하겠습니까?" 맹자께서 말씀하시길, "(법을) 집행할 따름이다." "그렇다면 순임금은 금지하지 않습니까? 맹자께서 말씀하시길, 순임금이 어떻게 금지할 수 있겠는가? 전수받은 바가 있는 것이다." "그렇다면 순임금은 어떻게 하시겠습니까?" 맹자께서 말씀하시길, "천하를 버리되 마치 헌신짝처럼 버리는 것처럼 보고, 몰래 업고 도망하여 바닷가를 따라 거처하며, 종신토록 흔쾌히 즐거워하며 천하를 잊으셨을 것이다."[70]

유가에서는 ① 공직에서 공적 업무를 수행하는 자는 자신의 사적 감정을 개입하지 않고 법의 원칙을 따라 법을 집행해야 하며, ② 임금의 부모라도 살인죄와 같은 중범죄의 경우 똑같이 법의 지배를 받아야 하지만, 그러나 ③ 인간은 공적인 직책을 부여받기 이전에 먼저 천륜으로 부자간의 연을 맺고 태어났다는 점에서 공적인 법보다는 부모간의 인륜적 질서가 우선해야 한다는 점을 확인할 수 있다. 그렇다면 왜 이렇게 유가는 가족윤리를 우선적인 것으로 간주하고 사회윤리를 이차적인 것으로 정립했을까? 그것은 바로 무릇 윤리규범이란 인간의 자연스런 마음에 근거해야 자발적 준수가 가능하다는 것이다. 유가에서 가족이 강조되는 것은 바로 이러한 배경에서이다. 즉 가족들 간의 사랑은 인간의 가장 자연스런 감정이기 때문에 자식의 부모에 대한 윤리인 효孝와 부모의 자식에 대한 사랑인 자애慈愛, 그리고 형제간의 공경과 우애에 기반하여 그 연장으로서 이차적인 사회적·윤리적 규범을 정립하려고 했던 것이다.

그런데 공자는 유덕자有德者가 "백성들에게 이익이 되는 것에 근거하여 이롭게 해주는(인민지리리지因民之所利而利之)"[71] 민본정치를 제시하였지만, 백성이 주체가 되는 민주주의를 주장하지 않았다는 점 또한 지적해야 하겠다. 이는 곧 유가의 정치윤리 및 철학이 칸트의 이른바 '자율의 정식'을 통한 보완적으로 재해석 되어야 한다는 것이다. 여기서 관건이 되는 개념은 '자율(Autonomie = autos 자기 + nomos 법칙·규범 : 자기 입법, 자기 규정)'과 '타율(Heteronomie = hetro 타자 + nomie : 타자에 의한 규정)'이다. 칸트는 법칙을 준수할 때 우리가 지니는 동기에 초점을 두고 이 양자를 구별한다. 즉 그는 우리 자신이 내외적 필요와 강제에 의해 마지못해 법칙을 준수하는 것을 '타율'이라고 말한다. 그리고 우리 자신이 인륜성에 근거하여 스스로 제정·승인하여 모든 사람이 기꺼이 준수하는 것을 일어 '자율'이라고 말한다. 그는 이 정식을 우선 다음과 같이 표현한다.

> 너의 의지가 자신의 준칙을 통해서 동시에 자기 자신을 보편 법칙을 세우는 존재로 간주할 수 있도록 행위하라.[72]

자율의 정식은 '자기 목적으로서' 이성적 존재자가 자기 입법적이라는 것이었다. 그렇다면 이제 자기 목적으로서 존엄성을 지니고 있는 이성적 존재자의 공동체로서 '목적의 왕국Reich der Zwecke'의 이념이 자연스럽게 도출된다.

> 너의 준칙을 통해서 너 자신이 항상 보편적인 목적의 왕국의 법칙을 세우는 구성원이듯이 행위하라.[73]

목적의 왕국은 구성원들의 자율, 또는 의지의 자유를 통해서만 가능하며, 비록 최고의 통치자와는 달리 그 성원들은 법칙에 종속되지만, 그들 자신의 이성적 의지가 부과한 법칙에만 종속된다.[74] 그리고 구성원들의 자율은 그들의 절대적 가치 또는 존엄의 근거가 된다. 교환 가치를 지니는 물건Sachen은 대치할 수 있지만, 절대적 존엄성을 지닌 인격Person은 가치로 환산하거나 다른 무엇으로도 대치될 수 없다. 그렇다면 이제 우리가 살펴볼 것은 공자의 정치철학은 이러한 '자율의 정식', 즉 '보편적 자기입법의 원리'를 충족 여부이다. 이 점에 대해 우리는 우선 긍정적으로 답할 수 있다고 생각한다. 그렇지만 여기에 대해서는 다소 유보적인 단서가 필요하다. 그것은 먼저 유학은 그 어느 학파보다도 칸트와 마찬가지로 자율의 정신에 입각한 '자기 정립'을 강조해 왔다고 할 수 있다. 그래서 공자는 "옛날의 배우는 사람은 '자기 정립(위기爲己)'을 하였다면, 오늘날의 배우는 사람은 다른 사람을 위한다(위인爲人)"[75]고 한탄했다. 요컨대 유학에서는 자율적인 '위기(위기爲己 혹은 유기由己)'와 타율적인 '위인(위인爲人 혹은 유인由人)'의 구별이 특별히 중요하다. 바로 이런 이유에서 "군자는 자기(기己)에게서 구하고, 소인은 남(인人)에게서 구한다."[76]고 말하는 것이다. 나아가 공자는 "안연이 인仁에 대해 청문했을 때" 이렇게 대답하였다.

"삿된 자기를 이기고 예禮에로 되돌아가는 것이 인仁을 실천하는 것이니, 하루하루 삿된 자기를 이기고 예로 되돌아가면 천하가 인으로 돌아갈 것이니, 인을 실천함은 자기로 말미암는(유기由己) 것이지 남으로부터 말미암는(유인由人) 것이겠는가?"[77]

이렇게 공자는 자율적 자기정립 혹은 자기 책임을 강조하면서, 도덕적인 인仁의 실천 또한 타인으로부터 강제되는 것이 아니라, 본래 자기의 정립이라고 말하고 있다. 그런데 이러한 자기 정립은 천명天命의 본성을 인식하고,[78] 그 타고난 본성으로 자기정립을 이룬다. 이러한 자기정립을 이룬 사람이 바로 유가의 군자이며, 대인大人이다. 공자는 부단한 노력으로 마흔에 미혹되지 않고, 쉰에 천명의 본성을 깨닫고, 수양을 통해 예순에 귀가 순해지고(耳順), 마침내 자신의 존재와 도덕 법칙(구矩)이 온전히 일치하는 궁극 경지에 도달했다고 술회하고 있다.[79] 나아가 증자曾子가 공자의 일이관지의 도로 해석한 '충서忠恕'에서 '충(忠＝中＋心)' 또한 이러한 자기 정립이외에 다른 것이 아닐 것이다.[80] 그런데 기실 '자율'과 '타율'에 기준을 두고 인간의 행위규범을 다루었던 최초의 인물 중의 하나는 아마도 유가의 창시자 공자였을 것이다. 앞서 언급했듯이, 공자가 말한 법제 · 금령 · 형벌은 칸트가 말하는 타율에, 그리고 덕과 예는 자율에 정확히 일치한다고 판단된다. 나아가 유가의 정치는 강제로 시행되는 것이 아니라, "덕으로 교화하기 때문에, 비유하자면 북극성이 제자리에 있으면 모든 별이 그에게 향하는 것과 같은"[81] 방식으로 시행된다. 요컨대 유교의 정치는 곧 사람의 본성으로 교화하는 것으로, 곧 먼저 자신의 본성을 깨달은 군자가 아직 깨닫지 못한 사람을 교화하여 함께 '목적의 왕국'의 보편적 입법의 주체가 되고, 사회는 이상 국가에 도달한다는 것을 말해 주고 있다. 이 단계는 『대학』의 마지막 관문이자 목적으로 '지극한 선에 정주(지어지선止於至善)'하는 단계로서 여기서 모든 구성원은 칸트의 용어로 '자율의 정식'을 충족시키면서, 목적의 왕국의 군주이자 신민이 되는 것이다. 여기서는 욕망의 충돌과 생존 경쟁이 없으며, 따라서 욕망 충돌을 판가름할 "송사가 필요 없다"[82]고 할 것이다. 앞서 말했듯이 이 목적의 왕국의 군주이자 신민들은 법제나 금령 혹은 형벌에 의해 '타율적으로' 다스려 지는 것이 아니라, 예禮를 자각하고 자율적 · 자발적으로 실천한다. 여기서 우리는 정치를 통해 정치의 세계를 밖으로 추방하여 정치를 완성하고자 하는 유가 정치철학의 역리(정치미학)를 보게 된다.

그러나 과연 유가는, 그리고 특히 주자는 모든 인간이 이러한 목적의 왕국의 군주이자 신민이 될 수 있다고 말하였는가? 주지하듯이 유가는 오직 성인聖人만이 "하늘을 계승하여 법도를 세울 수 있다(계천립극繼天立極)"[83]고 공언하고 있다. 다음의 구절들은 유가가 목적의 왕국의 이념을 주장했다고 말하는 데에 부정적인 것으로 간주될 수 있는 것들이다.

공자께서 말씀하시길, "백성은 (이치)에 따르게 할 수는 있어도, 알게 할 수는 없다."[84]

"천자가 아니면 예禮를 의논하지 못하며, 제도制度를 만들지 못하고, 문자文字를 상고하지 못한다."[85]

"군자의 덕은 바람과 같고, 소인의 덕은 풀과 같아서, 풀에 바람이 불면 반드시 쓰러진다."[86]

그럼에도 불구하고 유가는 현인賢人은 물론이고, 자포자기자만 아니라면 누구나 부단한 노력을 통해 덕을 터득하고 변화하여 성인聖人에 도달할 가능성을 지니고 있다[87]고 말하고 있다. 요컨대 유가에서는 인간은 누구나 보편적인 도덕법칙인 '소이연지고所以然之故: 존재근거이자 소당연지칙所當然之則: 당위규범'을 가장 온전히 부여받고 그것을 실천할 능력을 지니고 태어났다. 따라서 그 타고난 도덕법칙을 자각하고 자율적으로 그 법칙을 제정 승인하고, 거기에 자율적으로 따름으로써 목적의 왕국의 군주인 동시에 신민이 될 수 있다. 즉 "군자는 사람의 도(덕)로써 사람을 다스리다가 고치면 더 이상 다스리기를 그만 둔다."고 말했듯이, 먼저 도덕률을 깨닫고 자율적 주체가 된 군자는 도덕의 원리로 일반 백성을 다스리다가 그들 또한 교화되어 자율적으로 도덕률을 발견·제정·승인하고 거기에 따르면 그와 친하게 되어 함께 목적의 왕국의 군주이자 신민이 된다. 유가의 이런 이념은 비록 민주정치의 이념이 아니라 민본주의를 주창하는 것으로 귀결되지만, 그 논리에 결함이 있는 것은 아니다. 요컨대 덕 있는 자가 정치를 행해야한다는 유가의 '유덕자 정치론'은 현대 보편적인 이념으로 받아들여지는 민주주의 이념을 전제하고 재해석하면, 이는 치자이자 피지차인 '시민의 군자화'를 요구한다고 할 수 있다. '시민의 군자화' 이념은 '우민주의'로 전락할 수 있는 현행 '자유주의적 민주주의'의 한계를 넘어 보편적인 민주주의 이념을 구현에 공헌할 수 있는 측면이 있다고 하겠다.[88]

# 8장

## 유교, 보편적 가족주의의 이념

# 1

## 가족에 관한 사상으로서 유교

유교는 "가족에 관한 사상이다"고 할 만큼 가정을 중시하였다.[1] 바로 이러한 가족주의에 입각해서, 유교는 불교와 도교와 같은 여타 학설들을 '무군무부無父無君의 허무적멸지도虛無寂滅之道'라고 비판하며 그 정체성을 정립해 왔다. 한 예로, 신유학자 육구연陸九淵, 1139~1192이 '우주宇宙'에서 '우宇'가 공간적인 '한 지붕(면宀)' 아래 천지사방天地四方을, '주宙'가 시간적인 한 흐름 아래 '고금왕래古今往來'를 나타낸다는 것에서 깨달음을 얻어 "우주가 내 마음이고, 내 마음이 곧 우주이다"[2]라고 했듯이, 유가는 "우주는 한 몸, 한 동포同胞이며, 만물은 한 가족이다"는 관점을 역설해 왔다.

그런데 한국사회의 미래를 걱정하는 학자들은 거의 예외 없이 '가족주의'를 한국사회의 가장 중요한 폐단 중의 하나로 지목하면서, 그 폐단은 전통적 유교 규범에서 유래했다고 말한다. 요컨대 "한국 사회의 시민의식은 아주 낮으며, 이러한 부정적 측면은 주로 가족주의familism와 연관되어 있다." 즉 "효孝를 중추로 하는 가족도덕이야 말로 건전한 시민의식을 마비시키는 가장 중요한 장애물"[3]이기 때문에, 우리가 가족주의의 극복을 고민할 때 반드시 짚고 넘어가야 할 장벽이 바로 유교적 가치라는 것이다.

그래서 "유교문화권의 가족주의의 내용은 여성과 연소자의 희생과 억압에 기반한 가족질서, 그리고 이에 기반한 사회질서를 의미하며, 21세기의 새로운 사회는 '유교적 가족주의'를 얼마나 철저하게 극복할 수 있는가에 달려 있다." 혹은 "유교의 핵심은 가족주의이며, 한국인은 유교의 충실한 신봉자로서, 종교에 가까울 정도로 유교의 가족주의를 숭배해 왔다. 한국사회가 안고 있는 정실주의, 연고주의, 권위주의, 위계주의, 폐쇄적 공동체주의 등의 폐단은 모두 유교적 가족주의에서 유래한 것이다"[4]는 주장이 있어 왔다. 여기서 우리는 유교에 대한 이러한 비판이 진정 정당한 것인가 하는 문제를 다루려고 한다.

# 2

## 유교에서 인간의 덕과 이상

주지하듯이 "인간이란 무엇인가?" 하는 인간의 자기 물음은 모든 물음이 인간에 의해, 인간을 위해 제기된다는 점에서, 가장 중요하고 궁극적인 철학적 질문 가운데 하나로 간주된다. 춘추전국시대의 여러 학파들 또한 "인간의 본성이란 무엇이며, 그것은 어떻게 실현할 것인가?"하는 문제를 제기하고 거기에 답하려고 했다. 그리고 그들은 또한 각각의 우주론과 인성론에 토대를 두고 도덕·윤리이론을 구성하고, 종국적으로는 정당하고 효과적인 정치체제를 제시하여 혼란한 시대를 극복하고 새로운 시대를 예비하고자 했다. 제자백가 중의 하나였던 유교儒敎(학學)란 "사람이 되도록 필수적인 것을 르치고(교敎) 배우는(학學) 것을 가장 중시한 이념체계"로 규정할 수 있다. 그렇다면 유교는 그 명칭에서 부터, 그 어느 종파보다도 "인간이란 무엇인가?" 하는 문제에 골몰하며 인간다운 본성의 덕을 배우고 가르쳐서 인간다운 삶을 영위하는 인륜적 공동체 건설에 정열을 기울였다.

유가에 따르면, 가능적 존재로서 '인간人間'이란 수직적으로는 완전자인 '하늘(천天)'과 잔인殘忍하여 인륜적 삶을 구현하지 못하는 '금수禽獸'의 중간 존재이며, 수평적으로는 다른 인간과 더불어 살아가는 '관계적·공동체적·유類적 존재'이다. 즉 하늘과 땅 사이에서 다른 존재자들과 함께 살아가는 인간이란 간단없는 호학好學을 통해 성인聖人이 되기를 희구하며, 인륜성人倫性을 구현함으로써 완전자인 하늘(천天)과 합일하여, 마침내 만물을 화육化育하는 천지天地의 공능에 동참하여, 천지와 더불어 우주의 삼재三才가 되는 것(여천지능삼與天地能參)을 인간존재의 이상으로 규정하였다.[5] 따라서 유가적 인간이란 성인聖人이 되는 학문을 좋아함으로써 인간 본성의 보편 덕을 자각하고, 이 보편 덕을 가족(문) → 국가 → 천하에 확장하여 구현함으로써 가장 온전한 인간, 인간의 완성을 이루는 것을 목표로 한다. 유가는 인간을 인간답게 하는 덕이란 보편자인 하늘에서 부여받고 태어난 자연스런 것이라고 주장한다.

유가의 원리에 따르면, 만물의 존재근거이며, 윤리적으로 선한 덕의 원천이 되는 천天은[6] 인간 및 만물에게 그 존재 근거(소이연지고所以然之故)이자 마땅히 구현해야 할 당위규범(소당연지칙所當然之則)이 되는 본성의 덕을 부여했으며, 이 존재근거와 행위규범에 따라 본성대로 살아가는 것이 '도'이며, 성인이 이 길을 닦아 제시해 놓은 것이 바로 예악형정禮樂刑政과 같은 가르침(교敎)이다. 그런데 마음을 지닌 지향적 존재로서 인간이란 '사물'처럼 자체동일성을 지닌 이미 만들어진 존재자가 아니라, 시간과 역사 속에서 부단히 인간다운 본성의 덕을 계발하여 그 존재 의미를 구현하는 가능성의 존재이다. 그렇다면 인간이 스스로 계발·구현해야 할 인간다운 본성의 덕이란 무엇을 말하는가? 주지하듯이 공자는 잔인한 금수와 구별되게 하는 인간의 보편적인 덕을 '인仁' 개념으로 정립하였다.

그런데 인간의 보편적 덕이 되는 인仁은『설물해자』에 따르면 "친애親愛한다는 의미로 두 사람(人+二)에서 유래했다"[7]고 하는데, 이는 곧 인간이란 (지인殘忍한 금수禽獸와 구별되는) '서로 친애하는 공동체적 존재'라는 것을 함축한다. 그래서 다산 정약용은 유가의 인仁을 다음과 같이 해석했다.

인仁이란 두 사람이다. 옛 전서篆書에서는 '인人'자를 중첩시켜 '인仁'자로 삼았다. 이는 자子를 중첩시켜 손孫자로 쓴 것과 같다. 인仁이란 사람과 사람의 지극함이다. 자식이 부모를 효도로 섬기니 자식과 부모는 두 사람이고, 신하가 임금을 충심으로 섬기니 신하와 임금은 두 사람이고, 형과 아우가 두 사람이고, 목민관과 백성이 두 사람이다. 이로 말미암아 보면 창힐倉頡과 복희伏羲가 문자를 제작한 처음부터 원래 행사行事로써 회의會意한 글자이다.[8]

그리고 유가의 '공동체적 인간'에 대해서는 다음과 같이 정의한다.

대저 인간이 이 세상에 태어나 땅에 내려온 처음부터 죽는 날까지 함께 더불어 살아가는 자는 인간뿐이다. 가까운 자를 부모형제라 하고, 먼 자를 친구와 이웃이라 하고, 낮은 자를 신하와 하인, 어린이라고 하고, 높은 자를 군사와 노인이라 한다. 무릇 나와 더불어 머리를 같이 둥글게 하고 모난 발을 하고 하늘을 이고 땅을 딛는 자는 모두 나와 더불어 서로 의지하고 서로 돕고 서로 교제하고 서로 접촉하며 서로 바로 잡아주며 생활하는 존재이다.[9]

이처럼 인간을 "더불어 서로 의지하여 돕고, 교제하며 바로 잡아주고, 함께 생활하는 공동체적 존재"로 보았기 때문에 다산은 '유도儒道'란 오직 인간들 간의 만남에서 '교제를 잘하는 것일 따름이다.'[10] 혹은 "사람의 길(人道)은 인仁을 추구하는 것에서 벗어나지 않고, 인仁을 추구하는 것은 인륜

人倫을 벗어나지 않는다. 경의삼백經禮三百과 전례삼천典禮三千에서 천하만사와 만물에 이르기까지 모두 인륜人倫 가운데에서 일어난다."[11]고 말하여, 일견 고원해 보이는 유학의 도道는 곧 인륜의 도에서 벗어나지 않는다고 말하였다. 요컨대 유학의 도는 인간의 사회적 관계에서 성립되는데, 인간이 사회적 제 관계에서 자신의 도리를 다하는 것에서 인간의 보편적인 덕(仁)이 구현되고 정명正名이 실현된다고 하겠다.

공자가 인仁을 인간의 보편적인 덕이라고 주장했다면, 맹자는 인仁을 인간의 존재의미로 규정하면서, 다른 학파들의 도전에 직면하여 그 덕의 선천성을 증명하고자 했다. 그래서 그는 "인仁을 사람 마음으로, 사람됨의 의미이며, 따라서 인간은 타고난 본성의 덕인 인仁에 기거할 때 자연스럽고 편안하다."[12]고 말한다. 그리고 맹자는 인간은 인仁한 본성을 지니고 태어났기 때문에 타인에 대한 동정심同情心인 측은지심惻隱之心(불인인지심不忍人之心)을 '무조건적이며 자발적으로' 드러내며, 바로 이 점에서 잔인한 금수와 구별된다고 말한다. 이는 맹자의 「유자입정의 비유」에 잘 나타나 있다.[13] 여기서 맹자는 '무조건적·자발적으로' 우러나오는 순수하게 선한 감정이 있다는 사실을 들어, 이를 단서로 우리 본성이 인仁하다는 것을 논증하고 있다. 그리고 맹자는 이 측은지심惻隱之心 이외에, 자신과 남이 잘못하면 부끄러워하고 미워하는 마음(수오지심羞惡之心), 웃어른을 공경하고 양보하는 마음(사양지심辭讓之心), 옳음과 그름을 구별할 줄 아는 마음(시비지심是非之心) 또한 본성에서 무조건적이며 자발적으로 우러나온다고 주장한다. 여기서 우리는 개인과 사회의 문제에서 양주楊朱의 개인주의적 유아론爲我論과 묵자墨子의 전체주의적 겸애론兼愛論를 지양한 맹자의 중도적인 입장을 확인할 수 있다. 양주楊朱의 위아주의爲我主義는 개인적인 생명生命을 절대시한 나머지, 인간들 간의 유적인 공동체의 삶을 고려하지 않는다. 이에 반해 묵자의 겸애주의兼愛主義는 윤리의 기반을 인간의 본성이 아니라 이익에 두고, 겸애를 통한 이익의 최대화에 골몰하였다(의義 리야利也). 양주가 개인실체론자이자 사회명목론자라고 한다면, 묵자는 그 반대로 개인명목론자이면서 사회실체론자라고 할 수 있다. 이에 대해 맹자는 인간에게는 고유한 본성이 있으며, 그 고유한 본성은 공동체에서 함께 삶을 영위하는 타인에 대한 동정심이라는 사실을 지적하면서 인간들 간에는 유적 연대성이 있음을 부각시켰다.

그런데 맹자 이후 송대에 이르기까지 유학자들은 "인仁이란 널리 사랑하는 것이다"(한유) 등과 같은 단편적인 해설만 하였다. 불가와 도가의 심오한 형이상학이 지배하고 있던 시대에서 도불의 허학虛學을 극복하고 실학實學으로서 중국 정통학문의 부흥을 목표로 했던 송대에는 유학에 대한 우주론적·형이상학적 정초를 요구하고 있었다. 따라서 유교의 보편적인 덕인 仁에 대해서도 인간 본성이 '측은지심惻隱之心'으로 피어난다고 하는 경험적 확증만이 아니라, 그 가능근거에 대한 우주론적인 정립이 필요했다. 인仁에 대한 우주론적인 정초에 기여한 인물은 바로 정명도이다. 그는『중용』과『역경易經』에 대한 재해석을 통해 인仁이란 '만물과 일체가 되는 경지'라고 주장하여, 송대 인仁 개념 정립에 획기적인 전기를 마련했다. 그는「식인편識仁篇」에서 다음과 같이 말했다.

『의서醫書』에 손과 발이 마비된 증상을 '불인不仁'이라고 한 것은 그 이름에 해당하는 실상을 가장 잘 표현한 것이다. 인仁한 사람은 천지만물을 한 몸으로 여기니, 나 아닌 것이 없다. 만물이 바로 자기임을 체득한다면, 도달하지 못할 게 무엇이겠는가? …… 학자는 모름지기 먼저 인仁을 체득해야 한다. 인仁이란 혼연히 만물과 한몸이 되는 것으로 의義·예禮·지智·신信이 모두 인仁이다."[14]

그런데 송대 신유가의 인仁 개념 정립에서 정점에 도달한 인물은 「인설仁說」을 기술을 주자로 간주된다. 이 저작에서 그는 여기서 ① 당시 인仁 개념에 대한 혼란을 비정하고, ② '사랑(愛)'이라는 감정을 피어내는 인仁은 천지생물지심天地生物之心에서 유래했으며, ③ 체용體用과 본말本末이 별개의 두 것이 아니라는 것을 밝혔다. 여기서 주자는 비록 '물아혼연일체物我渾然一體'의 방법에 의해 인仁을 이루는 것이 아니라, 인仁을 온전히 실현함으로써 자연히 '오여만물일체吾與萬物一體'의 경지에 도달하는 것이라 말하여, 방법과 목적의 혼동을 경계하지만, 어쨌든 그는 보편적 덕인 인仁을 가장 온전 실현하면 궁극적으로 만물과 일체가 되는 경지에 도달하게 된다고 주장하였다.

# 3

## 유교의 '보편적 가족주의' 논리

앞서 공자가 인仁을 인간의 보편적 덕으로 정립하였으며, 맹자는 인仁을 인간의 존재의미이자 인간 마음에 내재하는 선천적인 덕으로 증명했으며, 나아가 후대 신유가인 정명도와 주자는 우주론적으로 정초하여 인仁을 온전히 실천하면 천지만물과 혼연일체가 되는 경지에 도달하게 된다고 말하면서 유가의 이상으로 삼았다는 것을 살펴보았다. 그렇다면 이제 이러한 논의의 연장선상에서 유가의 보편적 가족주의 논리를 살펴보자.

유가에 따르면, 이 우주에 존재하는 모든 것은 '대대관계對待關係'로 존재한다. 유가 우주론의 전형을 이루는 태극太極 → 양의兩儀 → 사상四象(오행五行) → 팔괘八卦 → 만물萬物에 이르는 우주생성론[15]은 현실 시간상 선재하는 일자一者로부터 만물이 유출한다는 것이 아니라, 대립자가 교역交易하며 무한히 '변역變易'하는 가운데 바뀌지 않는(불역不易) 보편자가 있다는 말이다(변역지중유태극變易之中有太極). 유가의 사전에는 현실상 존재하는 모든 것은 오직 '관계'로만 존재한다. 동動이 배제된 정체된 정靜이나, 변역變易을 전제하지 않는 상常은 무의미하다. 천天 · 지地, 인人 · 물物, 남男 · 여女, 부父 · 자子, 군君 · 신臣 등은 모든 음陽 · 양陰의 상관개념으로 일자 없는 타자는 공허한 추상에 지나지 않는다. 김충열 교수는 이를 다음과 같이 표현하고 있다.

　동양사상의 전통에서는 세상을 창조하고 만물을 생성하는 전지전능한 유일자가 상정되지 않는다. 하늘과 땅이라는 각기 다른 위치와 성능性能을 지닌 두 당체가 어우러져 우주 공간을 구조하고, 만물을 싣고 사시四時를 운행하며 만물을 생성한다. 어느 한 존재가 전능한 공능을 갖춘 것이 아니기 때문에, 반드시 상반된 두 성능이 만나야만 비로소 생산과 성취가 가능하다는 것이다. 이러한 이치를 포괄적으로 대표하는 개념이 천지, 건곤, 음양, 남녀, 자웅 등이고, 이 가운데에서 음양陰陽 개념은 전방위적으로 응용력을 갖는다.[16]

　개별적 인간이 일차적 · 직접적으로 처하는 관계상황은 우선 '가족'이라는 그물망이다. 유가는 우주의 모든 존재자를 가족에 비유할 뿐만 아니라, 현실의 가족 관계를 보다 보편적인 자연적 질서에서 연역적으로 도출한다. 그래서 『역易』「설괘전說卦傳」에서는 가족 구성원, 즉 부모와 세 아들, 세 딸이 각각 팔괘八卦에 대응하는 것으로 제시한다.[17] 요컨대 현상세계의 운동변화의 구조와 패턴을 반영하는 상징물인 팔괘八卦를 가족 구성원 간의 역할관계에 대응시킨 것은 『주역』 괘효卦爻가 인사와 자연을 포괄하는 보편적인 상징체계라는 점에서, 가족관계가 자연과 인사의 수직적 · 수평적 질서체계 속에 보편적으로 관철되고 있음을 확인할 수 있다.[18]

　『예기』에서는 "예禮는 부부간에 서로 삼가 조심함에서 시작한다."[19]고 말하고 있고, 『중용』에서는 "군자의 도는 부부관계를 실마리로, 마지막에 극진하게 되면 천지에 현저하게 드러나는 것이다"[20]고 설명하고 있듯이, 발생론적인 측면에서 보았을 때, 가족은 우선 '부부夫婦'에서 출발한다. 그래서 『역』「서괘전」에서는 남녀·부부라는 원초적 존재단위의 종적縱的 내원來源과 거기서 파생되는 시간적 생명의 지속성, 그리고 공간적 인간관계의 횡적橫的 폭사성輻射性을 다음과 같이 말한다.

하늘과 땅이 있고 난 뒤에 만물이 있고, 만물 있고 난 뒤에 부부가 있고, 부부가 있고 난 뒤에 부자가 있고, 부자가 있고 난 뒤에 군신이 있고, 군신이 있은 뒤에 상하가 있고, 상하가 있고 난 뒤에 예의가 실행될 곳이 있으니, 부부의 도는 항구적이지 않을 수 없다. 그러므로 항괘로 받는다. 항은 항구적이다는 것이다.[21]

그리고 집안의 도리(자인자家人者 가내지도家內之道)를 나타내는 「가인괘家人卦」에서는 가족의 탄생과 형성과 탄생, 그리고 그 구성원들의 의무관계, 그리고 가족이 인륜관계를 넘어 천하라는 광대한 조직의 기본 인핵仁核(온상溫床)으로서 절대적 영향을 지닌다는 것을 말하면서, 천지만유의 평란平亂과 존망存亡은 가정으로부터 비롯됨을 강조한다.[22]

가인은 여자가 안에서 자리를 바로하고 남자가 밖에서 자리를 바로 잡으니, 남자와 여자가 바르게 하는 것이 하늘과 땅의 큰 뜻이다. 가인은 엄한 군주가 있으니 부모를 말하는 것이다. 부모는 부모답고, 자식은 자식답고, 형은 형답고, 아우는 아무답고, 지아비는 지아비답고, 지어미는 지어미다워서 가족의 도가 바르게 되니, 가족이 바르게 되면 천하가 안정되리라.[23]

요컨대 유가에서 가족은 '나'와 혈연적으로 맺어진 천륜의 공동체로서 시·공적 연속성을 지닌 하나의 소우주小宇宙이다. 가족에서 시간적·종적

관계를 형성하는 부모-나-자녀의 수직적 계승 관계에서는 자애慈愛와 효도孝道의 덕목이 자연스럽게 드러난다. 그리고 가족에서 공간적·횡적 관계를 형성하는 형-나-아우의 수평적 연대 관계에서는 공경恭敬과 우애友愛의 덕목이 그 상관적 접점에서 실현되어야 한다. 이러한 하나의 소우주로서 가족에서 요구되는 자애와 효도, 공경과 우애의 덕목을 점차 사회, 국가, 천하 및 만물로 확장하여[24] 궁극적으로 나와 만물이 일체가 되는 대인의 경지에 도달하고자 하는 것이 유가의 이상이다. 유가의 이런 이상은 주지하듯이 장재張載의 「서명西銘」에 가장 잘 드러나 있다.

하늘을 아버지로 부르며, 땅을 어머니라 부른다. 나는 작은 존재로 혼연히 그 가운데 자리하고 있다. 그러므로 천지에 가득한 것이 우리 몸을 이루며, 천지를 이끄는 것은 우리의 성性이다. 만민은 우리 동포며, 만물은 우리와 무관하지 않다. 임금은 우리 부모의 종자宗子며, 그 대신은 그 종자宗子의 가상家相이다. 연세 많은 어른을 높이는 것은 (우리 집안의) 어른을 어른으로 섬기는 까닭이요, 외롭고 약한 이를 자애慈愛함은 어린이를 어린이로서 보살피는 것과 같다. …… (천지의 작용인) 화化를 잘 살펴서 그 일을 잘 계승하고, (천지의 마음인) 신神을 잘 궁구하면 그 뜻을 잘 계승할 수 있다.[25]

대략 이런 내용의 「서명」은 '천지인天地人으로 대표되는 삼재三才 및 우주 만물이 일체一體'라는 가족주의를 지향하고, 따라서 묵자적인 무차별적 겸애 혹은 박애를 주장하는 것으로 보일 수 있다. 그래서 양시楊時는 정시程頤에게 다음과 같이 질문했다.

안자와 중궁과 같은 (현인인) 사람도 …… 인仁의 체體에 대해서는 일찍이

(감히) 말하지 않았다. ······ 그런데 「서명」은 성인聖人의 은미한 뜻을 나타냄이 지극히 깊다고 할 수 있으나, 체體는 말하고 용用을 말하지 않음으로써 (묵가의) 겸애의 폐단에 흐를 것 같다.[26]

이에 대해 정이는 다음과 같이 답했다.

「서명」은 리理를 미루어 의義를 보존하여 옛 성인이 미처 말하지 못한 것을 넓혔으니 맹자가 성선性善 · 양기養氣를 논한 것과 공이 같다. ······ 어찌 묵자의 설에 비교하겠는가? 「서명」은 '리일이분수理一而分殊'를 밝혔다. (이와 달리) 묵자의 학설은 근본을 둘로 하고 분수는 없다. 어른을 어른으로 섬김과 어린이를 어린이로 돌봄을 남에게까지 미침은 '리일理一'을 천명한 것이다. 사랑에 차등이 없음은 근본을 둘로 함이다. (리일理一을 모르고) 분수分殊만을 고집하면 그 폐단이 삿됨이 지나쳐 인仁을 잃게 되며, 등분이 없는 것의 잘못은 겸애를 주장하며 의義가 없다고 하게 된다. 등분을 세우고 '리일理一'을 추론함으로써 삿됨으로 흐르는 것을 바로 잡는 것이 인仁을 실행하는 방법이다. (리일理一만을 알고) 등분 없이 겸애에 미혹되어 어버이가 없다고 하는 극단에 빠지면 의義를 해치게 된다.[27]

「서명」은 우주의 모든 존재자들이 한 근원에서 나온 한 형제, 한 가족임을 강조한다. 그래서 양시는 「서명」이 개별적인 특수성(용用)보다도 만물이 하나(체體)임을 역설한 것이 아닌가 하고 조심스럽게 질문했던 것이다. 그런데 정이程頤는 「서명」에서 말하는 체體는 용用을 전제로 것이기 때문에, '리일理一'과 '분수分殊'를 함께(리일이분수理一而分殊) 말하고 있다고 해석한다. 여기서 '리일理一'이란 모든 존재자들의 근원적인 동일성과 연속성을 확인해 주는 개념이며, '분수分殊'는 역사적·공간적·상대적 이질성과 단절성을 설명해 준다. 묵자의 겸애주의兼愛主義는 리일理—만 말하고 분수分殊를 알지 못한 것이라면, 양주楊朱의 위아주의爲我主義는 분수分殊만 말하고 리일理—을 알지 못한 것이라 하겠다. 즉 보편이자 절대인 리일理—은 상대相對에 대립하여 악무한적으로 정립된 것이 아니라, 상대相對를 통해 자기실현을 한다(분수分殊). 그래서 진영첩陳榮捷은 '리일이분수理—而分殊'를 다음과 같이 해설한다.

> 정이程頤의 편지에 '리일이분수理—而分殊'라는 구절이 발견됨에 주목하자. '분分'이란 낱말은 '분개分開하다divide'는 뜻의 평성平聲으로 발음되는 것이 아니다. 이러한 잘못된 이해가 '구별distinction'과 같은 잘못된 번역을 낳았다. 오히려 그것은 '의무duty', '공유share', '품수稟受, endowment'를 의미하는 거성去聲으로 발음되어야 한다. 철학적으로 그것은 개별적인 사람 혹은 사물에 품부된 보편, 즉 개별자에 부분적으로 혹은 완전하게 '품부된 보편'을 의미한다. 따라서 현현顯現, manifestation으로 번역한다.[28]

이러한 정주程朱의 '리일이분수理—而分殊'설이 지니는 의미는 무엇인가? 적어도 한당 및 장재의 기氣철학의 지배적인 패러다임은 그리스 자연철학과 마찬가지로 유한 수의 아르케를 통해 상위로 올라가는 우주론이었다. 그런데 정주는 전체로서 리일理—에서부터 아래로 내려오는 방식을 취하여 ① 인위적인 단순성을 피하고, ② 인간을 복합적·역동적 상호관계를 변화하는 질서 속에 정위定位하는 유연한 접근을 시도했다. 바로 이 점에서 아마도 조지프 니덤J. Needham은 주자 철학을 중국적 유기체 철학의 정점에 서 있다고 말한다.[29] 즉 정주程朱는 리理를 변화하는 시간과 공간에서 다양하게 현현되는 것으로 정립함으로써 자아와 타자, 우주만물간의 동질성과 이질성, 연속성과 차이성을 함께 설명하였다.

주지하듯이 공자의 『논어』가 인仁 개념을 중심으로 전개되었다면, 맹자는 당시 양주·묵적에 맞서 인의仁義를 동시에 말함으로써 어떤 의미에서 체용론을 최초로 전개했다.[30] 정자는 이러한 맹자의 개념을 끌고 와서 '리일理一'이 체體로서의 인仁에 해당한다면, 분수分殊는 의義로서의 용用에 해당하다고 설명한다. 즉 맹자는 인仁을 인심人心, 혹은 단적으로 사람人으로서 사람의 편안한 집이며, 의義는 사람의 (바른) 길이라고 거듭 주장하면서 '거인유의居仁由義'라는 표현을 자주 사용했다. 정이程頤의 리일이분수理一而分殊는 바로 이러한 맹자의 인의仁義 관계에 대한 해석에서 나온 것이다. 나아가 맹자의 다음과 같은 언명 또한 체용론 및 리일이분수理一而分殊의 입장에서 해석할 수 있다.

군자는 사물에 대해서는 아끼지만(애愛) 인仁으로 대하지 않고, 백성에게는 인仁하기는 하지만 친親하지 않으니, 친척과는 친하면서 백성에게는 인仁하고, 백성에게는 인仁하면서 사물은 아낀다. 지혜로운 자는 알지 않음이 없으나, 마땅히 급한 것에 먼저 힘쓰고, 어진 사람은 사랑하지 않음이 없으나 어진 이와 친함을 급선무로 여기고, 요순의 지혜로 만물을 두루 알지 않음이 없지만 급히 먼저해야 할 것에 힘쓰고, 요순의 인仁도 사람을 사랑하지 않음이 없지만 어진 이와 친함을 급선무로 한다.[31]

즉 보편적인 인仁 혹은 리일理一의 관점에서 본다면, 인자仁者는 모든 사람을 두루 사랑하고, 가족·사회·국가, 그리고 만물까지도 나와 한몸으로 여긴다. 바로 이 점에서 나와 친척, 타인, 만물 등은 모두 일체로서 하등의 차등이 없다. 그러나 이러한 인仁의 실현은 구체적인 상황, 즉 시간과 장소에 제약되어 상대적으로 적용될 수밖에 없다. 보편적인 리일理一은 구체적인 상황에서는 정명正名의 논리, 중용中庸의 원리, 그리고 마땅함(의義 의야宜也)의 원리에 따라 실현될 수밖에 없다. 그리고 이러한 정명과 알맞음, 마땅함의 논리에 따라 친함에 상대가 있으며(친친지쇄親親之殺), 그 덕德의 높이에 따라 차등적으로 존비尊卑해야 한다(존현지등尊賢之等).[32] 나아가 조화와 균형을 고려하는 최적의 상태를 실현해야 하기 때문에 먼저 해야 할 것과 나중에 해야 할 것이 구별된다.

그런데 유가의 모든 윤리는 가족윤리인 '효제孝悌'에 근간을 두고, 국가-천하-우주로 확장 구현된다. 그래서 『논어』에서 유약有若은 "효제孝悌는 인仁을 실천하는 근본이다."[33]고 말했다. 그리고 공자 또한 "선생께서는 어찌하여 정치를 하지 않으십니까?"라는 물음에, 『서경』의 구절을 언급하면서, "부모에게 효도하고, 형제간에 우애하여 정치에 베푼다고 하였으니, 이 또한 정치를 하는 것이다."[34]라고 말하여, 유약의 주장을 뒷받침하고 있다. 그리고 『맹자』와 『대학』에서도 다음과 같이 말하고 있다.

사람이 배우지 않고도 할 줄 아는 것이 양능良能이며, 생각하지 않고도 아는 것이 양지良知이다. 어려서 손을 잡고 가는 아이도 그 어버이를 사랑할 줄 알며, 그가 장성하면 그 형을 공경할 줄 안다. 어버이를 친애함이 인仁이며, 어른을 공경함이 의義이니, (이는) 다른 것이 아니라 천하에 공통되기 때문이다.[35]

소위 '나라를 다스림(치국治國)'은 반드시 먼저 '그 집을 가지런히 해야 한다(제가齊家)'는 것은 그 가족을 가르치지 못하면 남을 가르칠 수 있는 자가 없다는 것이다. 그러므로 군자는 집 밖으로 나가지 않고도 가르침을 나라에 완성한다. 효도(효孝)는 인군을 섬기는 방법이고, 공경(제弟)은 어른을 모시는 방법이며, 자애로움은 민중을 부리는 방법이다.[36]

여기서 맹자는 모든 사람은 선천적으로 양지·양능을 타고난다고 전제하고, 그 예로 어린아이도 어버이를 사랑할 줄 알며(효孝) 장성하면 형을 존경할 줄 안다(제弟)[37]는 것이다. 그런데 어버이를 친애함이 인仁이며 이를 미루어 (남의) 어른을 공경함이 의義라고 할 수 있는데 이는 천하에 공통된 것이다. 즉 나의 어버이를 친애하는 근원적 연속성과 형을 존경하는 수평적 연대성이 모든 인간관계를 총망라하는 도덕 원리가 된다. 여기서 우리는 맹자의 인의仁義가 근원적인 연속성과 연대성을 갖는 종적·횡적 질서임을 간파할 수 있다. 그리고 '효'가 수직적으로 윗사람을 섬기는 것을 대표하는 덕목이라면, '제'는 수평적인 우애 혹은 웃어른을 공경하는 덕목을 대표한다. 그렇다면 유가에서 가족윤리인 '효제孝悌'가 바로 인간관계의 수직적·수평적 질서를 총망라하는 핵심 원리라고 하겠다.[38] 나아가 맹자는 "요순의 도는 효제일 따름이다."[39]고 말하여, 효제를 잘 실천함으로써 요순과 같은 성인聖人의 경지에 도달할 수 있다고 주장하였다.

그렇다면 왜 이렇게 유가는 가족윤리를 근간으로 하여 사회윤리를 정립했을까? 그것은 바로 무릇 윤리규범이란 인간의 자연스런 마음에 근거해야 자발적 준수가 가능하다는 것이다. 유가에서 가족이 강조되는 것은 바로 이러한 배경에서이다. 즉 가족들 간의 사랑은 인간의 가장 자연스런 감정이라는 이유로 자식의 부모에 대한 윤리인 효孝와 부모의 자식에 대한 사랑인 자애慈愛, 그리고 형제간의 공경과 우애에 기반하여 윤리적 규범을 정립하려고 했던 것이다.

# 4

## 유교가족주의와 그 비판들

### 가족과 가족주의

먼저 가족家族 및 가족주의家族主義에 대한 정의에서 출발해 보자. 한자어 '가家'는 宀면, 사방으로 덮힌 지붕＋豕시, 돼지로 이루어진 회의문자로 '한 지붕 아래에서 돼지를 기르며 사는 집'이라는 의미에서 출발하여, 돼지가 새끼를 많이 낳는다는 점에 착안하여 뜻이 확장되어 '사람들이 모여 자손을 낳으며 함께 기거하며 공동체적 삶을 영위하는 집'을 뜻하게 되었다. 그리고 '족族' 이란 가차자假借字로 '계溪(흘러들다)', '취聚(모여들다)'의 뜻으로 "같은 성姓(女여＋生생)을 지닌 자손들이 출생 후에는 서로 친애親愛하고, 사망하면 서로 애통해 하고, 평상시에는 함께 모여 사는 까닭에 '족族(겨레, 직계혈족, 일가, 인척, 당내, 민족, 백집, 무리 등)이라고 불렀다"고 한다.[40] 또한 '족族'이란 원래 '화살이 가득한 자루'[41]를 상징하는 글자로서 '수많은 가정이 함께 모여 있다'는 뜻이다. 혹은 '方방＋人인＋矢시'로 구성되어 "'시矢(화살)를 세워놓고 맹세함"을 나타내는데, 이는 곧 한겨레를 상징하는 깃발을 세워놓고 그 밑에서 맹세한다는 의미에서 출발하여, 그 맹세에 참가하는 사람인 '씨족氏族의 구성원'을 뜻하게 되었다. 이러한 가족家族은 계승의 주체가 되는 혈연관계, 성원들 간의 관계를 처리하는 규범, 그리고 체계적 조직을 그 구성요소로 한다.

영어의 'family'는 라틴어 'familia'에서 유래하였는데, 그것은 '하나의 건축물 안에 거주하는 사람들의 공동체'로서 특히 일부일처제 하에서는 사회의 최소 기본 단위를 의미한다. 그런데 하나의 경제 생활단위로서 인간은 가족을 단위로 생산과 소비생활을 영위한다. 경제단위로서의 가정의 주된 특징은 동거同居(동적同籍.공동의 공간), 공재共財. 공동의 재산, 합찬合爨. 한솥밥을 먹는다라고 할 수 있었다.[42]

현대의 학자들은 '가족'이란 혼인에 의해 성립된 특정한 애정적 유대(사랑)를 지니고 특정한 사람들의 집단(아마도 핵가족 내의 부부관계와 부모-자녀 관계)이 특정한 공간(가정家庭)에서 함께 생활하면서 '애정적 보살핌'의 기능을 수행하며, 생산-재생산-성sexuality-자녀의 사회화 등과 같은 기본구조를 지니고 있다는 점에 대해서 의견의 일치를 보고 있다. 요컨대 "가족이란 서로를 친밀親密하여 비非가족원과 구별할 수 있는 분명한 경계를 가져야 하고, 가족의 구성원들이 함께 기거할 수 있는 장소가 있어야 하며, 구성원들 끼리 서로에게 애정을 느끼는 관계의 친밀성이 연속적으로 보장되어야 한다."[43]는 말이다.

일반적으로 '가족주의'란 "모든 가치가 가족 집단의 유지존속과 관련하여 결정되는 사회조직의 형태"를 말하고, "가족이 다른 어떤 집단과도 비교할 수 없을 정도로 중시되며, 개인은 가족에서 독립하지 못하고, 가족 내의 관계가 여타의 사회관계를 지배할 때 우리는 그 사회가 가족주의의 논리에 기초해 있다"고 말한다.[44]

문제는 이러한 '가족주의'의 개념은 '가족중심주의'(가치의 중점을 개인보다 가족 전체에 두는 태도 ↔ 집단주의)라는 측면과 '의제擬制 가족주의'(가족의 인간관계를 사회적 영역에까지 의제擬制적으로 확대 적용하려는 태도: 국가 가족주의, 경영 가족주의, 연고가족주의 등)라는 부정적인 측면을 포괄한다는 데에서 발생한다.[45]

즉 가족주의는 가족적인 단위의 정서적 교감을 중시한다는 점에서 긍정적인 측면을 갖고 있지만, ① 현재의 가족과 후일의 자손들의 요구를 위해서 사회 일반의 공익적인 요구를 무시하거나 희생할 수 있다는 가족이기주의家族利己主義, ② 확대된 가족의 친족이나 연고 집단에 집착하여 가족 밖의 사회를 무시하는 연고주의緣故主義, 그리고 ③ 수직적·위계적 관계의 질서와 의무를 강요하고 구성원 각자의 권리에는 무관심한 가부장적家父長的 권위주의權威主義를 연상시킨다. 그래서 한 사전에서는 "가족주의에서 가족은 여성보다 남성이 우월한 지위에 있게 되고, 부부관계보다 부모와 자녀의 관계가 중시되며, 가족 개개인보다는 가문家門의 한 단위인 집안이 우선하는 가부장적 가족 형태로 인식된다. 특히 개발도상국에서는 이러한 가족주의가 지배적이어서 관료 조직에서도 구성원의 화합과 위계질서가 강조되는 반면 공公과 사私의 구별이 명확하지 않은 것이 보통이다."[46]고 기술하고 있다.


## 유교 가족주의의 비판

한국사회의 미래를 걱정하는 학자들은 거의 예외 없이 이러한 '가족주의'를 한국사회의 가장 중요한 폐단 중의 하나라고 지목하면서, 그 폐단은 전통적인 유교적 규범에서 유래했다고 말한다. 이러한 상황에서 우리는 유교 가족주의에 대한 비판들의 유형들을 살펴보고 그 정당성을 논구해 볼 필요성을 느낀다. 이러한 문제의식에서 먼저 '유교 가족주의'에 대한 비판의 실례로 자주 원용되는 공자의 언명과 그와 결부된 비판을 살펴보자.

섭공이 공자께 말하길, "우리 무리 중에 몸을 정직하게 하는 자(직궁자直躬者)가 있으니, 그 부모가 양을 훔치자 자식이 증명했다." 공자께서 말씀하기길, "우리 무리에 정직한 자는 그와 다르다. 부모는 자식을 위해 숨겨주고, 자식을 부모를 위해 숨겨주니, 정직함은 그 가운데 있다."[47]

공자의 이 언명은 "가족들 간의 사적私的인 애정이 공적公的인 사회윤리에 우선한다"는 말로 해석되어, 이에 근거를 두고 유교문화 전통의 특수성과 연관한 이른바 '아시아적 가치' 혹은 '친고죄' 등의 논쟁이 있었다. 즉 "유가의 윤리는 사회 윤리에 대하여 가족윤리를 우선한다는 점에서 보편적 윤리 규범으로 발전할 수 없다"[48]는 것이다. 일찍이 현상윤이 (조선) 유학의 공죄功罪를 논한 다음의 언명 또한 이런 맥락에서 나온 것이다.

**(유교) 가족주의의 폐해 :** 사회 안정의 기초가 일가一家의 평화에 있는 것은 사실이나, 유학사상은 이것을 역설力說하는 나머지 효孝를 너무 과중過重하게 본 결과로 국가와 사회를 집(가족)보다 경시하는 폐해가 있다. 금일今日 이 폐해를 감感하는 것은 중국이나 조선이 일반인 것도 양국이 다 같은 유교국儒敎國인 까닭이다. 여기에 대해서는 저 한말韓末의 탐관배貪官輩의 행동이 그 증명이 되는 것이다. 즉 국가의 관리로서 국가의 이익을 위해 행동할 것이 당연한 일이나, 그들의 눈앞에 국가보다 집(가족)이 먼저 보이고 국가의 이익보다 자가의 이익이 더 긴緊하게 보였던 까닭이다. 그리고 본즉 이것은 전혀 유교사상이 집(가족)을 국가보다 증시한 여폐餘弊라고 아니할 수 없다.[49]

유교의 친친親親의 원리에 근거한 가족주의[50]에 대한 논쟁과 비판은 이미 전국시대부터 있어 왔다. 당시의 묵가墨家는 이미 유가의 가족 본위의 인륜관을 별애別愛의 원리라고 비판하면서 겸애兼愛의 윤리를 강조하였으며, 도가道家 역시 유가의 인의예지仁義禮智에 바탕한 인륜관에 대해 부정과 비판적 태도를 갖고[51] 무위자연의 도덕 형이상학을 역설하였다. 법가法家는 유가의 가족주의적 인륜관에 대한 비판과 부정을 기초로 하여 군주 본위의 공적 윤리의 건립을 주장하였다.

특히 법가의 한비자는 가족이라는 사적인 단위를 넘어서는 국가를 공적 영역으로 보고, 유가의 공동체적 윤리를 국가의 공적 이익에 배치되는 것으로 파악한다. 그러므로 그는 사적 이해를 차단하는 수단으로서 법法의 의미를 파악하고, 법法이라는 공적公的 수단을 통해 유가의 가족 윤리에서 발생하는 감정을 중시하는 것을 가족적 이해에 매몰되어 공적 규범을 무시하는 것으로 평가한다. 바로 이런 이유에서 법가에서는 공자의 언명에서 나타난 '직궁자直躬者', 즉 가족의 범죄를 공적인 법에 회부하는 자를 질서 유지의 차원에서 시상施賞해야 한다는 논리를 피력하고 있다.[52] 법가적 입장에서 볼 때, 유가는 사회변천에 따른 가족규범에 대한 사회규범의 우위성에 주목하지 못하고, 유교적 예악禮樂은 기본적으로 가족규범에 근거를 둔 것이기 때문에 새로운 체제현실에 부합하지 않는다는 것이다.

다른 한편 『여씨춘추』 「당무」에서는 유가와 도가를 종합적으로 통일하여 '직궁자直躬者'를 "나라에는 신의信義를, 부모에게는 효도한 것"으로 기술하고 있다. 이렇게 '직궁直躬의 설화'가 제자서諸子書에 두루 보이는 것을 보면 가족과 사회의 관계와 그 규범의 갈등 문제가 춘추전국시대 당시에 이미 지식인들 사이에서 논의되고 있음을 알 수 있다.[53]

## 유교 가족주의의 옹호

여기서 우리는 법가적인 비판에 대해 유가의 가족주의를 옹호하고자 한다. 먼저 저 공자의 언명이 말하고자 하는 바가 무엇인지를 살펴보자. 섭공과의 대화에서 공자가 강조하고자 한 것은 국가 이익을 실현하기 위한 목적으로 제정된 강제적 규범으로 백성을 이끄는 것이 아니라, 백성의 자연성에 근거한 규범 즉 예와 덕에 의한 통치를 염두에 둔 것으로 보아야할 것이다.[54] 공자의 주된 관심은 법치가 갖는 부정적인 측면을 경계한 것이지 보아야지, 공적 윤리와 가족 윤리를 대립시켜 가족 윤리만을 일방적으로 옹호한 것으로 볼 수 없다는 것이다.

나아가 지적해야 할 것은 유교가 비록 자식에 대한 부모의 사랑이 공적 규범의 준수에 앞선다고 주장한다고 할지라도 이것이 '가족이기주의'를 주창하는 것은 아니라는 것이다. 즉 유교는 '보편적 가족주의'를 주장한다는 것이다. 여기서 말하는 보편적 가족주의란 유교가 우선 가족들 간의 사랑의 실천이라는 1차적 관계에서 출발하지만, 그 사랑은 '서恕'의 규범 즉 "대저 인仁한 사람은 자기를 정립하고자 하면 남을 정립시켜 주고, 자기가 통달하고자 하면 남을 통달시켜 주는 것"[55] 혹은 "자기가 욕망하지 않는 것을 남에게 베풀지 말아야 한다"[56]는 방식으로 실천되어, 궁극적으로는 보편적으로 확장된다는 것을 말한다. 이 '서恕'의 원리를 『대학』에서는 다음과 같이 표현하고 있다.

윗사람에게서 싫었던 것으로 아랫사람을 부리지 말고, 아랫사람에게서 싫었던 것으로 윗사람을 섬기지 말며, 앞 사람에게 싫었던 것으로 뒷사람에게 먼저 하게 하지 말며, 뒷사람에게서 싫었던 것으로 앞 사람이 따르게 하지 말고, 오른쪽 사람에게서 싫었던 것으로 왼쪽 사람과 사귀지 말고, 왼쪽 사람에게 싫었던 것으로 오른쪽 사람과 사귀지 말 것이니, 이것을 일러 혈구絜矩의 도라고 한다."[57]

이러한 유교의 '서恕'의 원리는 칸트의 지적처럼 행위의 준칙이 지녀야 할 '보편화 가능성의 원리'와 이성적 존재인 인간은 공동체의 구성원으로서 각자 존엄한 인격을 지니고 있다는 점에서 평등하다는 '공평성의 원리'[58]를 충족시킨다. 왜냐하면 이 '서恕'의 원리에 따르면, 각각의 주체는 어느 쪽으로 치우치거나 기울지 않은 '중中'의 관점에서 보편자인 하늘에서 유래한 인간 본성의 덕인 인仁을 자각적·주체적으로 정립을 이루며 자발적으로 실천하며(보편적 자기입법의 원리), 타자 또한 '서恕'의 관점에서 나와 동일한 욕망과 인격을 지닌 주체로 인정하기(공평성의 원리) 때문이다.

요컨대 유가에서 인간의 본성은 '인仁'(人+二)이라고 말하고 있듯이, 인간은 관계적·사회적 존재이다. 이러한 관계적·사회적 존재로서 인간은 일차적으로 혈연적인 천륜天倫의 가족이라는 관계를 형성한다. 이 가족의 관계에서 요구되는 천륜의 윤리를 시간적·수직적 자애와 효도의 덕목(부자자효父慈子孝)과 수평적·공간적인 공경과 우애의 덕목(형우제공兄友弟恭)을 역지사지易地思之의 역전환성을 요구하는 공평성의 원리인 '서恕'의 원칙에 따라 점차 사회, 국가, 천하 및 만물로 확장하여 미루어 나아가 궁극적으로 나와 만물이 간극 없이 일체가 되는 대인의 경지에 도달하고자 하는 것이 유가의 이상이라고 할 수 있다. 공자의 저 언명은 분명 "무릇 윤리규범이란 인간의 자연스런 마음에 근거했을 때에 인간적인 인륜의 사회가 구현될 수 있으며, 나아가 인간 본성에서 우러나온 자연스런 마음에 근거했을 때에 비로소 인간에 의한 자발적 동의와 준수가 가능하다"는 것이다. 자식이 공적인 범죄를 저질렀다고 하더라도 그 자식과 혈연으로 맺어진 부모에게 그 자식에 대한 혈연적 사랑보다도 공적인 책무를 강요하는 것은 법가적인, 말하자면 무부무자無父無子의 익명적인 이차적 이익사회만을 주창하는 것이 되고 말며, 이런 사회에서 인간적인 모습이란 찾을 볼 수 없다는 것이다.

## 가부장적 권위주의

나아가 유교의 가부장적 권위주의에 대한 비판이 있어왔다. 사회의 기본 단위로서 가족家族은 수평적으로는 부부夫婦를, 수직적으로는 부모자녀父母子女를 기반으로 형성되었지만, 유교는 가족의 질서는 가부장家父長이 통솔해야 한다고 주장한다. 나아가 가족은 수직적·시간적으로 본다면 위로는 조상祖上과 아래로는 자손子孫으로 연결되며, 횡적으로는 형제자매兄弟姉妹 및 동렬의 친족으로 연결된다. 이렇게 가족의 범위가 확대되면 그것을 종족宗族(가家)이라고 부른다. 유교에서는 종법제도宗法制度에 의해 가족(종족)의 질서를 확립하고자 하였다. 그런데 유교의 가족구성원리와 개념은 서주의 종법제에서 시작된다. 서주 종법의 특성은 부계적pater-lineal, 부권적父權的, father-right, 부치적父治的, patriarchal, 세 가지로 요약된다. 종법은 혈통이 부계로 계산되고, 가족의 신분과 권위가 아버지에서 아들로 이어지며, 가족의 권력은 남자 연장자에게 부여하는 제도인 것이다. 유교의 가족에서 핵심이 되는 조상과 후손의 개념은 남자 혈통을 기억하는 체계이다. 즉 종법제宗法制하에서는 적장자嫡長子가 아버지의 지위를 계승하여 대종大宗

이 되고, 다른 아이들이 분봉分封되어 소종小宗이 되는 제도를 말한다.[59] 적장자嫡長子(종자宗子)는 조상의 제사祭祀를 받들고, 가문의 질서를 유지하며, 가문의 전통傳統을 계승하는 자로서 다음과 같이 역할을 부여받는다.

"위로 조상의 제사를 지내는 것은 존귀한 사람을 존귀하게 여기는 것이고, 아래로 자손을 다스리는 것은 친족을 친하게 대하는 것이다. 방계로 형제를 다스리고 경제적 수단으로 종족을 통합하고 조상 제사순서를 바르게 하여 예의로 이를 구별할 때 사람의 도리가 극진해진다."[60]

이렇게 종법의 원리에 의해 혈연적인 전승관계로 결합된 가족관은 동시에 정치적인 상하의 신분질서로서 연결됨으로써 중층적인 의미를 지니게 되면서, 가족 제도는 동시에 정치적인 목표를 달성하기 위한 정치제도로 기능하였다. 그래서 유교에서는 각 가문의 전통이 계승됨으로써 궁극적으로는 국가의 기반이 확고해 진다고 주장하고 있다. 이러한 유가의 인간 이상에 대해 다음과 같은 비판이 가능하다.

모든 인간은 존재론적으로 동일한 근원을 갖는다고 하면서도 사회적 차별을 고착하는 제도와 관념을 만들어내는 것이다. 즉 '우주는 한 몸'이라는 이론과 '남녀는 다르다'는 현실이 함께 작동하고 있다. 인간은 부모로부터 나온다고 하면서 그 계보는 아버지의 것만 확인할 수 있는 시스템이다. 이렇게 동일성과 차이성의 논리를 적절하게 이용하는 방법으로 가족내부는 물론 사회 전체를 '조화롭게' 운용할 수 있었던 것 같다.[61]

유교의 가족관계는 물론 가부장적家父長的이라는 근본적 특징을 갖기는 하지만, 부자자효父慈子孝, 부화부순夫和婦順, 형우제공兄友弟恭 등과 같이 가족 구성원들 사이에 쌍무적 의무관계를 요구한다는 점에서 최소한 그 정신이나 원리에 있어 일방적이거나 폭력적인 권력관계는 아니었으며, 나아가 가부장적 폭력은 반유교적 유습이라고 할 수 있다. 그리고 비록 유교사회의 가부장은 비록 나머지 구성원들에 비해 상대적으로 우월한 지위를 누리기는 하였지만, 가부장에게 수신修身을 통한 제가濟家를 요구한다는 점에서 야수와 같은 폭군으로 군림할 수 없었다[62]고 반론할 수 있다. 그러나 유교를 지배이념으로 했던 현실 사회와 그 역사를 살펴보면, 유교는 가부장적 권위주의에 대한 이러한 비판으로부터 결코 자유로울 수는 없을 것이다. 제1의 물결로서 농업혁명으로 형성된 농경사회에서 "가족은 (논에서 힘을 쓰는: 田전+ 力력=男남) 남편이 밥벌이 하고, 아내는 집안을 돌보며 어린 자녀를 여럿 거느리고 그런 가족 형태였다. 이 가족형태는 산업과의 과정 속에서 대량생산의 사회의 요구에 맞게 변형되었는데, 그것이 바로 전 세계적으로 확산된 '제2물결'의 핵가족이다. 이는 제2물결이 만들어낸 하나의 현상이었으며, 동시에 새로운 제3의 물결을 위한 하나의 정지작업이었다."[63] 그래서 제3의 물결에서는 여성의 사회참여와 양성평등이 현실화된다는 것이다. 요컨대 유교가 지니고 있는 가부장적 권위주의는 전근대적인 농업사회 일반이 지니고 있던 역사적 산물일 수 있다는 것이다. 우리는 유교가 비록 수직적 권위주의를 옹호하고 있다고 할지라도, 존재론적으로 수평적인 쌍무적 호혜주의를 표방하고 있다는 사실 또한 기억해야 한다. 유교는 모든 존재를 음양陰陽의 대대관계관계로 파악한다는 점에서, 미래의 어느 시점에 여성이 양陽의 역할을 하며 중심이 되는 사회가 출현한다면, 그 역시 수직적 위계질서의 유지차원에서 옹호될 수 있다는 이념을 자체 내에 내포하고 있다고 할 수 있다.

# 5

## 유교 가족주의의 현대적 의의

지금까지 우리는 유교의 이상과 '보편적 가족주의' 논리를 살펴보면서, 유가는 인간의 보편적 덕인 인仁을 실현하는 데에 인간의 이상이 있다고 주장하며, 그 이상이란 인간과 만물이 일체가 되는 경지를 추구한다고 말하였다. 그런데 여기서 문제가 발생하는데, 그것은 '만물과 일체'가 되는 경지를 추구하는 인仁한 사람이 상대적인 시공간 내에서 대면하는 구체적 현실적인 이름(명名)을 지니는 타자들(부父, 자子, 군君, 인人, 물物 등)을 무차별적으로 똑같이 사랑할 수는 없다는 점이다. 여기서 유가가 제시한 것은 만물이 일체라는 이념을 견지하면서, 중용와 정명의 원리에 입각하여 가장 친밀한 일차적 관계인 '가족'에 대한 사랑을 우선으로 하면서 점차 확장하여 사회, 국가, 천하, 심지어 만물을 아끼는 데에 이르려야 한다(친친親親－인민仁民－애물愛物)는 것이다.

'가족'을 윤리의 근간이자 출발점으로 채택한 전통 유교와는 달리, 근현대에서는 사적 영역으로서 가족의 폐쇄성을 비판·해체시키면서, 개인을 주체로 설정하여 자유와 권리를 기초로 하여 사회윤리를 정립한다. 그래서 유교 윤리는 사회 윤리에 대해 가족윤리를 우선한다는 점에서 보편적 윤리 규범으로 발전할 수 없다는 비판을 받기도 하지만, 동시에 현대의 개인주의적 윤리의 문제점을 해결할 수 있는 대안代案이 될 수 있다고 하는 상반된 평가를 받고 있다.[66]

특히 유가의 가족주의 및 효제孝悌의 윤리론은 ① "개인을 희생시키면서 전체로서의 가족을 위해야 한다"는 가족 중심주의 및 가부장제의 폐해, ② "현재의 가족과 후일의 자손들의 요구를 위해서 사회 일반의 요구 혹은 공익을 무시하거나 희생할 수 있다"는 가족이기주의, ③ 가족의 인간관계를 사회적 영역에 까지 의제擬制적으로 확대 적용하는 의제가족주의와 ④ 공사公私의 혼동 등과 연관하여 일말의 원인을 제공했다고 비판받고 있음을 지적하였다.

그런데 기실 공평무사公平無私한 성인聖人을 목표로 하여 자기정립의 학문(위기지학爲己之學)을 표방하며, 이렇게 정립된 도덕적 주체의 자기수양과 절제(극기복례克己復禮, 견리사의見利思義, 살신성인殺身成仁 등)를 역설했던 유교는 (가족이기주의家族利己主義를 포함한) 여하한 형태의 이기주의와도 적어도 이념상 아무런 관계가 없다. 나아가 상관적 대대관계待對關係에서 추기급인推己及人의 서恕 혹은 혈구지도絜矩之道를 실천하며 중용中庸과 중화中和를 표방한다는 점에서 유교는 그 어떤 '중심주의'와도 근본적으로 거리를 둔다. 여기서 우리는 ① 개인주의와 집단주의, ② 공公·사私 혹은 가족윤리와 사회윤리가 대립할 경우, 유교는 어떤 입장을 견지하였는지를 살펴봄으로써 유교는 적어도 이념적으로는 저러한 비판으로부터 자유롭다는 것을 함축하면서, 그 현대적 의의를 제시하고자 한다.

## 개인주의 VS 집단주의

　먼저 개인주의 및 집단주의와 연관하여 유가의 입장을 살펴보자. 먼저 「유교儒教와 한국의 가족주의」를 논하면서 "유교에서의 가족의 의미"를 다음과 같이 규명하고 있는 김동춘의 지적을 살펴보고 논의해 보자.

　　효의 윤리 속에서는 나 혹은 개인을 독립된 자아로 의식하기 보다는 '가족으로서 우리'를 구성인자로서 전제한다. 한편 전통사회의 윤리로서 …… 근대 서구에서 나타나는 자유롭고 독립적이며, 권리의식을 갖는 개인을 전체로 하지 않고 있다. 서구 근대의 민주주의 사상과 유교가 가장 날카롭게 대립하고 있는 점은 유교의 반개인주의적 성격에 있다. …… 사회관계에 대한 유교의 가르침은 상하관上下觀과 차별관差別觀으로 구별되는데……. 유교의 전제군주제도는 가장 중심의 가족제도와 가족윤리의 토대 위에 세워졌으며 봉건적인 신분제에 기초해 있었다. 삼강오륜 중에서 신信을 제외하고는 모두가 가족 관계 속의 규범이다. 자유, 인권, 사생활, 법적 절차, 사회계약, 시민사회, 공동영역 등의 개념이 크게 결여되어 있으며, 민주적 사회관계, 양성평등, 타인에 대한 관용, 공익우선의 가치관과 배치되는 요소를 갖고 있다. 가족 간의 결속을 지역사회, 국가 안에서의 실천보다 중시하는 이러한 가르침은 …… 나를 극도로 억제하고 가족공동체의 한 구성원으로서의 부자간의 수직적인 관계를 인간됨의 가장 중요한 기준으로 설정하고, 그것을 기초로 하여 여타의 사회관계를 적용하는 윤리체계를 만들어낸 유교적 가치와 깊은 연관이 있다고 볼 수 있다.[67]

　주지하듯이 현행 주도적인 자유주의에서는 더 이상 분할되지 않는 독립된 '개인individual'을 실체로 간주하고(개인 실체론), 사회는 계약에 의해 구성된 것에 지나지 않는다(사회명목론). 따라서 모든 가치는 실체로서 독립적 · 자율적인 개인으로부터 나오며, 그 행위에 대해서는 궁극적으로 자기 자신만이 판단하고 책임진다. 따라서 자유 지상주의에서 '자유'는 생명 및 재산과 함께 기본삼권으로 간주된다. 따라서 인격을 권리로 파악하고, 인간관계는 '권리의 거래'로 취급된다. 이렇게 재산을 자유 및 생명과 더불어 삼위일체로 파악한 다음, 개인의 신성불가침의 사유재산을 보호하기 위하여 정부가 설립된다. 요컨대 개인주의자들에게서 사회 혹은 국가라는 것은 계약 혹은 약정된 것이다. 따라서 사회와 국가란 개인들이 욕망실현을 최대화 · 최적화하기 위한 하나의 방편으로 합의에 의해서 구성된 '인조물'일 따름이다. 그런데 이러한 사회 계약설은 개인의 독자성을 중시함으로써 결국 이기주의로 전락할 위험이 있다. 이 입장에서 가족을 본다면 가족이란 단순히 가족 구성원들의 합에 불과하고, 가족 구성원들은 서로 분리 독립된 존재이다.

　다른 한편 집단중심적 관점에서 보면 가족구성원들은 독립적 주체로서 의미를 지니고 못하고 상호 의존하여 가족이라는 집단의 구성원이라는 점에서만 그 존재의 의미를 지닌다. 전자에게는 가족 구성원 각자의 욕망을 얼마나 잘 충족시킬 수 있는가 하는 것이 주된 관심사가 된다면, 후자에게는 구성원 각자의 욕망을 억제하고 심지어 희생하면서도 가족 공동의 이익과 발전을 위해서 무엇을 할 것인가 하는 것이 주된 관심이 된다. 그런데 이 양자는 개인과 가족, 혹은 개인과 사회를 독립된 실체로 인정하는 공통점이 있다. 맹자가 논파하려했던 양주楊朱의 위아주의爲我主義가 개인주의에 가까운 논리라고 한다면, 집단주의는 묵적의 겸애의 논리에 근접한 것이라고 하겠다. 우리는 흔히 유교를 집단주의 혹은 전체주의, 혹은 전제군주제의 이념적 토대가 된 것으로 해석하기도 한다. 그런데 수신修身에서 제가

齊家, 치국治國, 평천하平天下에 이르는 관계를 본말론本末論으로 파악한 유교는 그 언제나 주체의 자리정립(충忠)을 전제로 하여 추기급인推己及人의 서恕를 실천덕목으로 제시했다는 사실을 염두에 둔다면 결코 집단주의로 환원될 수 없다고 하겠다. 다음 두 구절을 살펴보자.

"누구를 섬기는 일이 가장 큰가? 어버이를 섬기는 것일 가장 크다. 누구를 지키는 것이 가장 큰가? 자신을 지키는 것이 가장 크다. 자신을 잃지 않고서 능히 그 어버이를 잘 섬겼다고 하는 자는 내가 들었지만, 자신을 잃고서 그 어버이를 잘 섬길 수 있다고 하는 자는 내가 듣지 못했다."[68]

"아래 지위에 있으면서 윗사람에게 신임을 얻지 못하면 백성을 다스릴 수 없다. 윗사람에게 신임을 얻는 데 길이 있으니 벗에게 신임을 얻지 못하면 윗사람에게 신임을 얻지 못할 것이다. 벗에게 신임을 얻는 데 길이 있으니, 어버이를 섬김에 기쁘게 해드리지 못하면 벗에게 신임을 받지 못할 것이다. 어버이를 기쁘게 해드리는 데에 길이 있으니 자신을 반성하여 성실하지 못하면 어버이에게 기쁨을 받지 못할 것이다. 자신을 성실하게 하는 데 길이 있으니, 선善에 밝지 못하면 자신을 성실하게 할 수 없다."[69]

유교의 도덕적 주체는 "우선 '선에 밝음(명호선明乎善)'으로써 자신을 정립하고, 그 정립을 통해 어버이를 기쁘게 해드리고(열어친悅於親) → 벗에게 신임을 받고(신어우信於友) → 백성을 다스림(가득이치민可得而治民)으로 나아감을 역설하고 있음을 분명히 확인할 수 있다. 요컨대 유교는 "모두가 천하국가를 말하지만, 천하의 근본은 국가에 있고, 국가의 근본은 가족에 있고, 가족의 근본은 우리 자신에게 있다"[70]고 주장한다. 이처럼 유교는 개인주의자들처럼 개인을 주체로 정립한다. 그러나 그 주체는 고립되거나 타자와 인연을 맺지 않는(절연絕緣) 주체가 아니라, 일차적으로 우선 가족관계에서 출발하여 다양한 관계적 상황에서 타인과 교제하며 그 본성의 덕을 도덕적 의무로 실현하는 자아이다. 그리고 "천하의 일이 나의 일이고, 나의 일이 천하의 일이다" 혹은 "만물과 일체가 되는 것이 최상의 경지이다"고 주장한다는 점에서 유교 또한 집단주의 혹은 전체주의자들처럼 전체 및 총화적 선을 중시한다. 그런데 유교의 도덕적 주체는 개별적인 자아에서 출발하여, 가정, 국가, 천하, 그리고 온 우주적 대아大我로 승화되는 도덕주체이다. 그 자아는 우선 비근하게는 부부夫婦의 도에서 출발하여 궁극적으로는 우주적으로 만물과 일체를 이루려 하지만, 단순히 무차별적으로 일체가 되는 것이 아니라 정명과 중용의 원리에 입각하여 구체적인 시공간적 상황에서 요구되는 의무와 도리를 온전히 다하는 방식으로 자기실현을 추구한다.

관계적·공동체적 존재인 인간에게서는 자기정립으로 모든 문제가 끝나지 않고, 타자정립(친민親民) 및 상호인정의 과정을 겪는다. 가정, 가문, 국가, 그리고 천하에는 타자로서 또 다른 자아들이 존재한다. 각각의 영역에서 정립된 자아들은 헤겔과 맑스가 보여주고 있듯이 치열한 인정투쟁을 통해 주종主從관계에 놓일 수도 있고, 자유주의자들의 가정대로 상호 이익증대를 위해 협상과 계약을 맺을 수도 있다. 자기정립에서 출발하여 제가齊家, 치국治國, 평천하平天下를 거쳐 마침내 지선至善의 공동체를 구현하려는 이상을 지녔던 유교는 상호승인으로서의 '서恕'(如여+心심: 같은 마음)를 공동체의 윤리로 제시하였다. 내가 주체라면 타자 또한 주체로 승인하고, 내가 어떤 욕망을 지녔다면 상대 또한 그런 욕망을 성취하는 존재로 승인하고, 내가 당하기 싫은 것이 있을 때 상대 또한 그럴 수 있다는 것을 인정할 때

너와 나의 진정한 대화와 우리로서의 관계맺음이 가능하다. 물론 이러한 상호승인의 원리는 근현대 자유주의의 지저를 형성한다고 말할 수도 있으리라. 그런데 개인 실체론(사회 명목론)을 배경으로 하는 자유주의적 상호인정은 완결된 원자적 개인이 주체가 되어 타인의 방해나 강제 없이(소극적 자유) 소유권을 거래하고 계약을 맺는다. 여기에서 타자에 대한 의무란 계약에 의해 성립되며, 상대에게 위해危害를 가하면 법과 계약에 의한 제재를 받게 된다. 이와 대비되게 인간을 철저히 유적·공동체적 존재로 파악하는 유가의 주체는 ① 자신을 표준(규구規矩, 중中)으로 정립하는 도덕적 주체이며, ② 이렇게 정립된 주체는 인仁한 본성을 실현하는 존재이기 때문에 상대방에 대한 사랑(애인愛人)의 의무를 지니며, ③그 의무에는 교육을 통한 교화(불인인지정不忍人之政, 친민親民)가 포함된다. 그리고 ④ 이렇게 중中으로 상호 정립을 이룬 주체들은 '자신을 미루어 남에게 나아가는(추기급인推己及人)' 같은 마음(서恕＝여심如心)으로 상호 승인하고, 궁극적으로 사랑으로 서로 돌보는(애인愛人) 지선至善의 공동체건설을 이상으로 한다.

## 유교에서 공과 사

이제 유교에서 자주 논의되는 공公·사私의 문제를 살펴보자. 이 구절은 가장 많은 오해가 있는 구절이지만, 다음의 『맹자』의 언명이 가장 잘 설명해 주고 있다.

도응이 물어 말하길, "순이 천자가 되고, 고요가 사士(법의 집행관)가 되었는데, 고수(순의 아버지)가 사람을 죽였다면 어떻게 하겠습니까?" 맹자께서 말씀하시길, "(법을) 집행할 따름이다." "그렇다면 순임금은 금지하지 않습니까? 맹자께서 말씀하시길, 순임금이 어떻게 금지할 수 있겠는가? 전수받은 바가 있는 것이다." "그렇다면 순임금은 어떻게 하시겠습니까?" 맹자께서 말씀하시길, "천하를 버리되 마치 헌신짝처럼 버리는 것처럼 보고, 몰래 업고고 도망하여 바닷가를 따라 거처하며, 종신토록 흔쾌히 즐거워하며 천하를 잊으셨을 것이다."[71]

여기서 우리는 유가에서는 ① 사회 윤리의 문제로서 공직에서 공적 업무를 수행하는 자는 자신의 사적 감정을 개입하지 않고 법의 원칙을 따라야 하며, ② 임금의 부모라도 살인죄와 같은 중범죄의 경우 똑같이 법의 지배를 받아야 하지만, 그러나 ③ 공적인 질서의 준수에 앞서 부모간의 인륜적 사랑이 먼저 선행되어야 한다고 주장하는 것을 확인할 수 있다. 바로 여기에서 공公 · 사私의 문제가 제기되거니와 이는 서양에서도 이미 플라톤과 아리스토텔레스의 주요한 논점 중의 하나였다.

주지하듯이 플라톤은 부인과 자식으로 구성된 가족을 경제적 이익 증진만을 추구하는 배타적인 사적 집단으로 규정하고, 사적 감정의 확장 가능성에 회의를 표하면서, 공적인 덕성은 오직 공적인 영역에서만 발달할 수 있다고 주장한다. 즉 그는 개별가족의 혈연적 유대의식과 사적 이익은 국가차원의 공동이익과 충돌을 일으킨다고 간주하고, 개별가족을 해체하고 국가사회 전체를 하나의 거대한 인위적인 가족으로 재편할 것을 제안하였다.[72] 이에 반해 아리스토텔레스는 인간의 자연스런 유대감을 무시하고 인위적인 유대감으로 대치하는 것은 정상적이지 않는 방법이기 때문에 납득하기 어려운 것이라고 비판한다.[73] 그래서 그는 개별가족을 해체하지 않고 국가사회를 가족들과 마을들의 연합체로서 가족 공동체를 구상한다. 연합체를 결성한 구성원들은 사회활동 가운데 서로 우정友情을 키우는데, 이러한 우정으로 형성된 상호신뢰와 보살핌이라고 하는 자연적 유대감으로 묶인 것이 바로 아리스토텔레스가 제안하는 공동체이다.[74]

여기서 유교는 우선 플라톤보다 아리스토텔레스적인 노선을 선택했다고 할 수 있지만, 궁극적으로 사적인 감정에 토대를 둔 것이 아니라 천리지공天理之公에서 유래하는 인간 본성(天命之性)을 제안한다는 점에서는 플라톤적이라고 할 수도 있을 것이다. 즉 맹자의 「유자입정의 비유」에서 살펴보았듯이, 유교는 윤리덕목이란 무조적적이며 자발적으로 우러나는 인간의 자연스런 마음의 본성에 근거해야 자율적으로 준수된다고 말한다.[75] 그리고 바로 이 점에서 유교는 가족 간의 사랑에서 출발하여 그 사랑을 확장시켜 모든 인류가 한 가족처럼 친애하는 보편적 가족주의의 이념을 제시하려고 하였다. 따라서 위의 공자와 맹자의 언명은 "인仁이란 사람 그 자체인데 어버이와 친함이 가장 크다"[76] 혹은 "어버이를 섬김에 기쁘게 해드리지 못하면 벗에게 신임을 받지 못한다"는 입장, 즉 본말론의 입장에서 본本이 정립된 후에 말末이 설수 있다는 관점에서 이해해야 한다. 어버이를 섬기는 근본적인 친친親親의 덕목이 이루어지는 않은 데에서, 백성을 다스리는 말단末端의 치민治民의 도리가 행해질 수 없다는 것이다. 따라서 위의 구절은 사적 영역과 공적 영역이 충돌하였을 때에, 사적 영역을 우선시해야 한다고 역설하는 것으로 해석할 수 없다고 하겠다. 맹자가 "인仁하고서 자기 부모를 저버리는 자는 없고, 의義로우면서도 자기 군주를 차선이라고 생각하는 자는 없다."[77]라고 말한 것에서 알 수 있듯이, 유교는 공적인 국가의 일과 사적인 가정의 일을 대립시킨 것이 아니라, 각자가 처하는 구체적인 시공적 상황과 직책(名)에 따라 주어지는 역할과 의무를 본말론의 원칙에 따라 축차적逐次的·단계적으로 온전히 실현해야 한다고 말하고 있다.

유가는 공·사의 문제를 나 vs 전체, 가족 vs 사회(국가) 등의 대립문제로 파악하지 않았다. 유교가 말하는 공·사의 대립은 가족 대 국가와 같은 영역의 대립이 아니라, 인욕人欲의 '사私'와 천리天理의 '공公'의 관계를 말한다. 인욕의 사사로움(人欲之私)와 천리의 공의로움(天理之公)의 대립은 개인(사악한 욕망의 과도한 추구와 인의예지의 본성의 실현간의 대립: 극기복례克己復禮) 안에서 뿐만 아니라, 가족(가족이기주의 대 보편적 가족주의), 지역사회(혈연연고주의 대 박애주의), 국가, 세계 등 모든 곳에 나타날 수 있다. 따라서 앞서 유교 가족주의의 산물이라고 비판되는 가족이기주의, 혈연연고주의, 의제가족주의 등은 유교가 가장 배척하는 '인욕지사'이지, 결코 '천리지공'일 수 없다. 따라서 유교는 결코 사사로운 가족 윤리, 혹은 가족 이기주의를 주장하지 않았다고 하겠다.

# 9장

## 유교 도덕철학의 학적 정당성 탐구

### 칸트의 정언명법으로 본 주자의 도덕철학

# 1

# 도덕철학의 학적 기초

20세기 초중반의 '논리실증주의'에 기반을 둔 분석철학이 발흥하였다. 분석철학자들은 '검증가능성'의 원리라는 오캄적인 면도날을 통해 전래의 형이상학적 진술들은 그 의미를 검증할 수 없다는 점에서 '무의미'하다고 주장하며, 그 문제들을 학적 영역에서 추방·해소시키려고 하였다. 이러한 사조는 윤리학에도 영향을 끼쳐 전래 윤리학에 대한 이차적·반성적 작업을 시도하는 이른바 '메타윤리학'의 등장을 초래하였다. 메타윤리학자들은 분석철학자들이 전래 형이상학에 대해 시도했던 작업들을 윤리학에 그대로 적용하여 전래 윤리학의 토대·논거·원리·규범 등에 대한 무차별적인 검증작업을 시도하였다. 그 결과 전통적인 형이상학에 근거한 윤리설, 특히 덕virtue 윤리 등은 그 기반이 약화되고, '공동체주의' 혹은 '약정주의', '상대주의' 그리고 '회의주의' 등이 강세를 보이고 있는 실정이다.

그런데 18세기의 칸트1724~1804는 수학에 기초한 근대 자연과학이 혁혁한 발전과 더불어 정밀한 학적 토대를 형성하고 있지만, 당시의 형이상학(제일철학)과 도덕철학(윤리학)은 어떠한 정당한 토대를 확립하지 못하고, '독단론'과 '회의주의'의 싸움터가 되는 것을 목도하였다. 그래서 칸트는 순수 이론이성의 비판을 통해 형이상학의 가능성을 진단하고, 실천이성의 비판을 통해 학적인 도덕 형이상학의 건립으로 나아갔다. 그런데 칸트는 본격적인 도덕 형이상학의 건립에 앞서, 독단적이지 않으면서 학문적인 요건을 갖춘 도덕 형이상학립을 위한 기본적인 토대정립을 시도하는데, 『도덕 형이상학의 정초』는 그 소산이라고 하겠다.

칸트는 이 작업을 통해 이성의 월권적 사용에 의한 독단적인 도덕 형이상학이 아니라, 미래 엄밀한 학적인 도덕 형이상학의 정초를 시도하였다. 여기서 칸트는 독단적이지 않고, 나아가 상대주의와 회의주의의 먹이도 되지 않는, 엄밀한 도덕의 형이상학이 갖추어야할 원리를 제시한다. 후술하겠지만, 칸트의 "보편의 정식"은 윤리학이 '상대주의'와 '회의주의'로 전락하는 것을 방지해 주는 최소한의 필요조건이다. 그리고 자기목적의 "자율의 정식"은 윤리학의 가능근거·내용·구성방식을 제시해 준다. 기실이 정식들은 탈형이상학의 시대에 가능한 거의 유일한 도덕이론의 원천이라고 할 수도 있다.

바로 이 때문에 우리는 칸트가 제시한 원리를 살펴보고, 그것을 우리의 전통 윤리에 지대한 영향을 끼진 주자의 도덕철학과 대비적으로 고찰하여, 그 학적 정당성을 논구해 보고자 한다. 이를 위해 먼저 칸트가 도덕 형이상학의 정초를 시도한 동기와 그 귀결점을 살펴보도록 하겠다. 그런 연후에 칸트가 제시한 세 원리를 살펴보면서, 그것을 주자의 도덕 원리와 대비하여 논구해 보고자 한다. 마지막으로 주자의 도덕철학이 지니는 특색을 몇 가지 언명으로 제시하면서 마무리하고자 한다.

# 2

## 도덕 형이상학의 정초 문제

임마누엘 칸트는 인간 이성의 능력을 검토하는 여러 비판서들을 통하여, 특히 학문으로서 형이상학과 윤리학(도덕형이상학)의 가능성을 검토했다. 즉 18세기의 칸트는 당시 자연과학의 성공을 목도하면서, 철학의 본령으로 간주되어온 형이상학(제일철학)에 대해서는 『순수이성비판』 서문에서부터 "인간 이성이 그 본성상 거부할 수 없고, 그 능력상 대답할 수도 없는" 문제, 따라서 '독단론'과 '회의주의'의 전제가 지배해온 "분쟁이 그치지 않는 싸움터"[1]로 묘사하고, 학적 엄밀성이 결여되어 있다고 비판했다. 그러면서 그는 "이성이 하는 일 중에서도 가장 어려운 「자기 인식」의 일에 새로 착수하여 하나의 재판소를 설치"하려고 하는데, 그 재판소란 곧 "순수이성의 비판"이라고 말한다. 그리고 이 비판이란 「이성의 능력 일반」에 대한 비판으로서 "이성이 모든 경험에서 독립하여 추구할 수 있는 모든 인식에 관한 것으로, 형이상학 일반의 가능 여부와 결정, 가능할 수 있는 형이상학의 원천·범위·한계 등을 규정"[2]하는 것을 목적으로 한다. 그리고 이 비판을 통하여 다음과 같은 결론을 내린다.

오성은 …… 대상을 우리에게 부여할 수 있는 감성의 한계를 초월할 수 없다. 그리고 주제 넘게도 체계적인 원리적 형식으로 사물 일반에 대한 선천적인 종합적 인식을 제공한다고 주장하는 '존재론'이라고 하는 오만에 가득한 이름은, 따라서 단순히 '순수 오성의 분석'이라는 가장 온건한 제목에 자리를 내주어야 한다.[3]

결국 칸트는 만학의 여왕이었던 형이상학을 '선험 철학'으로 변형되어야 한다고 주장한다. 그리고 그가 주장한 "선험 철학은 대상 일반에 관계하는 개념과 원칙의 체계에서 오성과 이성만을 다룰 뿐, 주어질 수 있는 대상을 설명(Ontologia: 존재onta에 대한 논리 · 이치 · 질서logos 제시)하지는 않는다."[4] 이와 같은 관점에서 그는 「순수 이성의 건축술」을 논하면서, 새로운 "도덕의 형이상학"을 구축하려는 의도를 분명히 하고 있다.

형이상학은 순수 이성의 사변적 사용의 형이상학과 실천적 사용의 형이상학으로 나뉘며, 그러므로 자연 형이상학이거나 또는 도덕 형이상학이다. 자연 형이상학은 모든 사물의 이론적 인식에 관한 이성의 모든 순수한 원리, 한갓 개념에 기본한 (따라서 수학을 제외한) 모든 이성의 순수한 원리들을 포함한다. 도덕 형이상학은 행동 태도를 선천적으로 규정하고, 필연적으로 만드는 원리들을 포함한다. 그런데 도덕성은 우리들로부터 온전히 선천적으로 도출될 수 있는, 행위들의 유일한 합법칙성이다. 그래서 도덕 형이상학은 본래 순수 도덕학으로 어떠한 인간학(경험적 조건)에도 기초해 있지 않다.[5]

요컨대 (형식학으로서 논리학을 제외하면) 칸트 당시의 내용(질료)적 인식을 담고 있는 학문으로는 물리학(자연학)과 윤리학(인간학)이 있는데,

이 양자는 각각 형이상학적 토대를 필요로 한다. 그런데 물리학의 토대인 자연 형이상학에는 '순수 이론이성의 비판'이 선행하여 그 자리를 대신했 듯이, 실천적 인간학 역시 도덕 형이상학의 정초를 받아야 한다.

> 도덕 형이상학은 필수불가결하다. 선천적으로 우리 이성 안에 놓여 있는 실 천적 원칙들의 원천들을 탐구하기 위한 동인에서 그러하지만, … 어떤 것이 도덕적으로 선한 것이라면 … 그것은 또한 윤리법칙을 위하여 일어난 것이어 야만 한다. … 그런데 윤리적 법칙은 그것은 순수성과 진정성에서 순수 철학 이 아닌 어떤 곳에서 찾을 수가 없다. 그러므로 이 순수 철학(형이상학)이 선 행하여 한다. 이것 없이는 도무지 어디에서도 도덕철학은 있을 수 없다.[6]

칸트의 도덕 형이상학의 목표는 모든 이성적 존재자들이 반드시 동의 할 수밖에 없는 '최상의 도덕원리'를 확립하는 데에 있었다.[7] 이 작업의 일 환에서 나온 『도덕 형이상학의 정초』는 도덕 형이상학의 건축을 위한 선 행 작업으로 윤리학에서 '순수한 부분' 또한 '선천적인 부분'에 속하는 순수 도덕 원리를 찾아내어 정당화하려는 것이었다. 따라서 이러한 시도로 제 안된 정언명법의 정식은 모든 경험적 사실과 독립적이며, 순수 도덕적 개 념의 논리적 특징으로부터 도출된 것으로, 이 작업은 '순전히 분석적'이었 다.[8]

칸트는 『도덕 형이상학의 정초』 2장에서 세 가지 주요한 논증을 제시하 고 있다. 그것은 첫째, 보편성은 도덕법칙의 형식을 제공한다(보편법칙의 정식), 둘째, 목적 자체로서 이성적 본성(인간성)은 법칙의 실질을 제시한 다(목적 자체의 정식), 셋째, 목적의 왕국에서 자율입법은 준칙의 완전한 규정과 목적의 전체성을 표현한다(자율의 정식)는 것이다.[9] 칸트의 이러한 세 가지 논증은 초월적인 존재자로부터 그 정당성을 이끌어 내었던 전래의 형이상학적 윤리학을 비판하는 준거가 될 뿐만 아니라, 근현대 다양한 상대주의적 혹은 회의주의적 윤리학을 지양하고, 엄밀한 학적 윤리학을 구성하는 데에 필요한 최소한의 단서를 제공한다. 이러한 최소한의 단서(혹은 그 이상의 무엇)을 제공해 주고 있기에 막스 셸러Max Scheler는 칸트의 윤리학에 대해 "엄밀한 학문적 통찰에서 볼 때, 오늘날까지 철학적 윤리학의 가장 완전한 모습을 보여 주었다"[10]고 평가했던 것이다. 그래서 우리는 전통 형이상학적 윤리학이 지니고 있는 신비적 정당화 과정은 논외로 하고, 그 전체적인 체계가 칸트가 제시한 세 가지 정식을 충족시키고 있는지를 살펴보고, 그 학적 정당성을 논구해 보는 것은 상당히 생산성 있는 논의가 될 수 있다고 판단한다. 바로 이런 관점에서 우리는 동아시아 전통 윤리의 주도적인 역할을 했던 주자朱子의 도덕윤리 및 도덕 철학의 원리를 칸트가 제시한 세 가지 정식과 연관하여 대비적으로 살펴보고자 한다.

# 3

## 칸트의 정식과 주자의 도덕철학

### 보편법칙의 정식

칸트의 『도덕 형이상학의 정초』는 도덕성의 최고 원리를 탐색하는 작업으로, 실천철학에서 '보편적 타당성'을 갖는 윤리학을 가능하게 하는 조건들을 이성적으로 반성·해명하려는 시도였다. 그래서 그는 제1장 "도덕에 대한 평범한 이성 인식에서 철학적 인식으로 이행"하기 위한 첫 장을 시작하면서, 다음과 같이 선언한다.

이 세계 안에서뿐만 아니라 이 세상 밖에서도 무조건적으로 선하다고 간주할 수 있는 것은 오직 '선의지' 자체밖에 없다.[11]

여기서 '선의지'란 행위의 결과를 고려하거나 혹은 마음의 경향성에 따르는 것이 아니라, "선하다고 인식하는 바로 그것만을 선택하는 능력" 즉 단적으로 어떤 행위가 옳다는 그 이유만으로 그 행위를 선택하는 의지를 말한다. 이렇게 윤리학의 기초를 선의지 자체에서 찾음으로써 칸드는 인간의 감정이나 자연적 질서 혹은 신의 의지나 계시, 그리고 행복에 대한 욕구 등에서 도덕의 원천을 구하려는 시도들을 '타율의 윤리학'으로 간주하고 거부한다. 나아가 "'선의지'는 타고난 건전한 오성에 이미 내재해 있기 때문에, 배울 필요 없이 단지 일깨우기만 하면 되는 것으로, 우리의 모든 행위의 가치를 평가할 때 항상 상위에 놓여 있으면서 모든 다른 가치의 근거가 된다." 이러한 선의지는 (도덕적) 의무와 연관된다.[12] "의무란 법칙에 대한 외경심에서 나온 행위의 필연성으로"[13] 선의지가 그 자체 선한 이유는 "경향성이나 두려움이 아니라, '의무이기 때문에'(의무에서 유래했기 때문에) 도덕적인 내용을 갖는다."[14]

나아가 칸트가 "자연의 모든 것은 법칙에 따라 움직이며, 오직 이성적 존재만이 법칙에 대한 표상에 따라, 원칙에 따라 행위할 수 있는 능력을 갖는데, 그것이 의지이다"[15]라고 규정하고 있는 것에 비추어볼 때, '선의지'란 순수한 이성적 존재만이 가질 수 있는 '순수 실천 이성'을 말한다. 신적인 완전한 존재의 의지가 아니라, 불완전한 인간의 의지는 개인의 주관적인 조건(외적 동기)들에 종속되기 때문에, "절대적·무조건적으로 선하다고 불리기 위해" "의지를 객관적 법칙들에 일치하도록 결정하는 강요"가 필요하다. 이것이 의지에 대한 강요인 한 지시·명령이라고 하며, 이 지시·명령의 정식을 일컬어 '명법'이라고 한다.[16] 그런데 이 명법은 실천법칙이 되기 위해서는 누구에게나 타당한 보편성과 무조건적으로 타당한 필연성을 지니는 '정언명법'이어야 한다. 그래서 칸트는 유일한 명법이면서 무조건적으로 타당한 명법을 다음과 같이 제시한다.

그러므로 정언적 명령법은 단 하나뿐인데, 그 준칙을 통해서 네가 그것을 동시에 보편적인 법칙으로 삼으려고 할 수 있는 그런 준칙에 따라서만 행위하라는 것이다. …… 그렇기 때문에 의무에 관한 보편적인 명령법은 이렇게 말할 수도 있을 것이다. 마치 네 행위의 준칙이 네 의지에 의해 보편적인 자연법칙이 되어야 할 것처럼 그렇게 행위하라.[17]

이것이 바로 "보편성은 도덕법칙의 형식을 제공한다"는 '보편법칙의 정식'이다. 이러한 칸트의 논리를 통해 주자朱子의 도덕철학을 조명해 보자.

칸트는 "이성은 법칙으로부터 행위를 유발하기 위해 요구되는 것이기 때문에 의지는 단지 실천이성일 뿐이다" 혹은 "자연의 모든 것은 법칙에 따라 움직이며 오직 이성적인 존재만이 법칙에 대한 표상에 따라, 원칙에 따라 행위하는 능력을 갖는데, 그것이 의지이다"라고 말한다. '의지'란 주자가 "마음이 성性과 정情을 갖추고, 성과 정을 총괄한다(심통성정心統性情)"고 말할 때의 이 '마음'이 지니는 두 측면인 지知와 의意 가운데 '의(영위營爲)'에 포섭될 수 있는 개념이다.[18] 그리고 칸트가 "무조건적으로 선하다고 간주하는 '선의지', 즉 행위의 결과를 고려하지 않고 "선하다고 인식하는 바로 그것만을 선택하는 능력"으로 "이미 내재해 있기 때문에, 배울 필요 없이 단지 일깨우기만 하면 되는", "의지를 객관적인 법칙들에 맞게 결정하는 강요(자기 강제)"는 바로 주자의 '도심道心'에 해당한다. 나아가 칸트가 인간의 의지가 "그 자체로 온전하게 이성과 맞지 않아 주관적인 조건들", 곧 외적 동기들에 종속하는 경우를 들고 있는데, 이 때 그가 말하는 의지는 바로 주자의 인심人心에 정확히 대응한다. 주지하듯이 인심과 도심이란 언명은 유교 도통론道統論의 관건으로 다음 구절에서 유래하였다.

인심人心은 오직 위태롭고 도심道心은 오직 미묘하니, 오직 정일精一하여 진실로 그 중中을 취하라.[19]

주자는 이 구절을 다음과 같이 해석하고 있다.

허령지각虛靈知覺한 마음은 하나일 따름이지만, 인심과 도심의 다름異이 있다고 하는 근거는, 혹 형기의 사사로움에서 생기고(기혹생어형기지사其或生於形氣之私), 혹 성명의 바름에 근원함으로(혹원어성명지정或原於性命之正) 지각하는 것이 같지 않기 때문이다. 그러므로 (인심은) 혹 위태하고 불안하며, (도심은) 혹 미묘하여 나타나기 어렵다. 그런데 사람은 형기가 없을 수 없다. 따라서 가장 지혜로운 사람이라고 하더라도 인심이 없을 수 없다. 그리고 또한 성性이 없을 수 없기 때문에 가장 어리석은 사람이라도 도심이 없을 수 없다.[20]

곧 "지각 능력이 있는 사람의 마음은 우리 몸을 주재하며 대상에 응대하는데, 몸의 신체적 욕구에 의해 일어나는 것을 인심이라 하고, 의리義理의 공의로움으로 말미암아 피어나는 것을 가리켜 도심이라고 말한다."[21] 그런데 여기서 주자는 인심人心이란 "배고픔과 배부름, 추움과 더위 등과 같이 우리 몸의 혈기와 형체에서 발생하는 것으로, 다른 사람이 알 수 없기 때문에 사사로운 것"[22]이라고 하였다. 그리고 도심道心은 "보편적인 이치(성즉리性卽理)에 근원을 두고, 그 이치에 따르고자 하는 자발적인 마음을 말한다. 요컨대 "배고픔과 배부름, 추움과 더위 등과 같이 우리 몸의 혈기와 형체에서 발생하는 것으로서 타인이 알 수 없지만(형기시자形氣之私)", "배고프면 음식을 먹으려 하고, 갈증이 나면 물을 마시려고 하고, 여름에 시원하고자 하고, 겨울에 따뜻하고자 하는 마음의 의지"가 바로 인심이다. 그리고 하늘이 명한 인간 본성의 올바름을 지각하여 거기에 따르고자 하는(혹원어성명지원或原於性命之正) 순수한 마음의 도의적인 지향志向이 도심이다. 요컨대 도심은 '존재근거(소이연지고所以然之故)'이자 '그 근거에 부합하기 위해 마땅히 그래야만 하는 법칙(소당연지칙所當然之則)'의 통일로서 '리理'를 지향하고, 그것에 대한 어떤 이해 타산적 사량 없이 그 리理에 무조건적으로 따르려고 하는 마음의 순수 의지라고 하겠다. 그리고 주자는 '존재근거'는 '바꿀 수 없으며(불가역不可易)', '당위법칙'은 '그만둘 수 없다(불용이不容已)'[23]고 말하고 있듯이, 인간이 존재하는 한에 있어서 그 존재근거이자 거기서 유래하는 당위법칙을 충족시켜야 한다는 점에서, 리理는 인간이 그만둘 수 없는 행위의 필연성을 지시한다. 칸트가 '선의지'는 '의무' 개념과 연관되어 있는데, "의무란 법칙에 대한 외경심에서 나온 행위의 필연성(그래야만 하는 행위)이다"고 말한 것과 정확히 일치한다고 판단된다. 그리고 칸트는 '의무에 적합한 것Pflichtmaessig'과 '의무에 말미암는 것aus Pflicht'을 구분하여, 후자만이 도덕적이라고 말하고 있는데, 이 역시 주자의 도심은 "성명의 바름에 근원한다"는 표현과 정확히 일치한다.

이제 칸트가 유일한 명령이자, 무조건적으로 타당한 명령으로 "네 의지의 준칙이 보편법칙에 타당하도록 행위하라"고 제시한 것을 살펴보자. 여기서 '준칙Maxiem'이란 "의지의 주관적 원리"를 말한다. 그리고 이것이 명령의 형식을 지니는 것은 "객관적 법칙과 불완전한 인간의 주관적 의지간에 괴리가 발생하며, 따라서 불완전한 인간의 주관적 의지가 객관적 법칙에 따라야 하기" 때문이다. 그렇다면 주자 또한 인심과 도심의 관계에서 이러한 명령을 하고 있다고 할 수 있다. 즉 주자가 "신체를 지니고 있는 데에서 발생하는 위태하고 불안不安한 인심은 리理: 객관적인 법칙를 지향하는 도심의 명령을 들어야한다"는 것이다. 그래서 그는 "인심은 졸도이고 도심은 장수이다."[24] 혹은 "마시고 먹는 것은 인심이다. 그 도가 아니고, 그 의가 아니면 아무리 많은 재물이라도 취하지 않는 것이 도심이다. 만일 도심이 주가 된다면, 인심은 도심에 명령을 들을 뿐이다."[25]라고 규정하여, 불완전한 인간의 주관적인 의지(인심)의 준칙이 객관적 도덕법칙(도심)에 따라야 함을 분명히 하고 있다.

## 목적 자체의 정식

이제 칸트가 제시하는 '목적 자체의 정식'을 살펴보자. 목적 자체의 정식이란 "목적 자체로서 이성적 본성(인간성)이 법칙의 실질을 제시한다"는 것을 말한다. 칸트는 이 정식은 다음과 같이 표현한다.

네 자신의 인격에 있어서나 모든 다른 사람의 인격에 있어서 인간성을 단순히 수단으로 사용하지 말고 동시에 목적으로 사용하도록 행위하라.[26]

여기서 칸트는 '인간성Menschheit'이라는 말을 '이성적 본성vernunftige Natur'과 같은 의미로 사용하고 있는데, "이성을 지닌, 특히 이성적 의지를 지닌 인간의 본질적인 특성"을 말한다.[27] 우리가 우리 자신이나 다른 사람들을 단지 수단이 아니라, 항상 동시에 목적으로 대우하지 않을 수 없는 것은 바로 이런 특성 때문이다. 칸트는 「이성적 행위자의 본성으로부터 논증」을 하는데, "이성적 본성이 목적 그 자체로 존재한다"[28]는 점에 근거를 두고 이 정식을 제안한다. 우리는 이성적 행위자로서 우리의 본성 때문에 목적으로 간주되어야 하며, 우리를 포함한 모든 개인들을 도덕적 행위자로 간주하고 대우해야만 한다는 것이다. 또한 칸트는 「정언명법의 본질로부터 논증」을 하는데, 이 논증은 다음과 같다. 만일 정언명법이 존재한다면, 이는 우리에게 절대적이며 객관적인 목적을 명령해야 한다. 이 목적은 절대적 가치를 지녀야 하므로, 우리가 산출하는 상대적 목적일 수 없고, 따라서 이성적 행위자(인간)일 수밖에 없다. 이것 없이는 어떠한 절대적 가치도, 정언명법도 있을 수 없다. 따라서 정언명법은 우리에게 인간을 절대적 목적 또는 목적 그 자체로 대우하라고 명령한다는 것이다.[29]

나아가 칸트는 '보편법칙의 정식'에 이미 '목적 자체의 정식'이 포함되어 있다고 말한다.[30] 요컨대 '보편법칙의 정식'은 우리에게 오직 모든 사람에 대하여 보편법칙일 수 있는 준칙에 따라서만 행위할 것을 명령한다. 이 법칙은 자유의 법칙이므로 이는 우리의 행위를 결정함에 있어 다른 사람의 이성적 의지를 고려해야 한다는 것을 의미한다. 즉 우리는 이성적 존재로서의 다른 사람들이 우리와 같은 법칙에 따라 행위할 수 있는 오직 그러한 방식으로만 행위해야 한다. 그러므로 다른 사람들의 이성적 의지는 우리의 행위를 제한하며, 우리에 의해서 임의적으로 유린될 수 없다. 마찬가지로 우리는 우리 자신의 이성적 의지를 단지 욕구 충족의 수단으로 사용해서는 안 된다는 것이다.[31] 다시 말하면, 모든 도덕원리는 어떤 역할에 처해 있는가에 상관없이 모든 당사자를 동등하게 취급하는 '동등 고려equal consideration'를 요구하는데, 이 정식은 그것을 반영한 것이라는 말이다.

그렇다면 칸트의 "목적 자체로서 이성적 본성(인간성)이 법칙의 실질을 제시한다"고 표현되는 '목적 자체의 정식'은 ① 이성적 본성이 목적 그 자체로 존재하며, ② 도덕원칙의 행위자는 이성적 의지를 지닌 주체로서 목적 그 자체라는 것, ③ '동등 고려equal consideration'의 원칙에 따라 나 이외의 타자 또한 동시에 목적이라는 것을 말해 준다. 이러한 칸트의 정식을 주자의 도덕철학에서 확인하고자 한다. 즉 주자 철학에서 도덕법칙의 실질을 구성하는 목적 그 자체는 우선 인간의 본성으로 인간 마음에 가장 온전히 갖추어져 있다는 것이다. 따라서 이 인간의 본성(인의예지)은 그 자체 목적으로서 도덕원칙이 구현해야 할 도덕의 내용을 구성한다. 나아가 칸트가 "도덕원칙의 행위자는 이성적 의지를 지닌 주체로서 목적 그 자체"라고 했듯이, 주자 또한 인간 마음을 본성의 도리를 자각하고 실현하는 주체로 제시했다고 할 수 있다. 나아가 충서忠恕의 방법으로 인仁의 실천방법(자기가 하고자 하지 않은 바를 남에게 베풀지 말라己所不欲 勿施於人)을 제시한 유가는 그 어느 학파보다도 '동등 고려'의 원칙을 중시하고 있다고 할 수 있다. 그리고 앞서 주자는 "따라서 가장 지혜로운 사람이라고 하더라도 인심이 없을 수 없고, 또한 성性이 없을 수 없기 때문에 가장 어리석은 사람이라도 도심이 없을 수 없다"고 말했다는 점에서 모든 인간은 목적 그 자체로서 도덕의 주체가 될 자질이 있다고 주장했다고 하겠다.

먼저 주자가 "도덕법칙이 구현해야 할 도덕의 실질이 우리 인간에게 가장 온전히 갖추어져 있다"고 주장했다고 말할 수 있는 근거부터 살펴보자. 주자는 정자程子의 언명을 계승하여 보편적인 천리天理가 인간 마음의 본성으로 확인된다(성즉리性卽理)고 말한다. 그래서 그는 "성性은 형상과 그림자가 없지만, 이는 단지 마음(심心) 가운데 도리"[32]로서 확인된다고 말한다.

> 성性은 마음의 도리道理이고, 마음은 몸을 주재主宰하는 것이다.[33]
> 성性은 마음이 지닌 리理이고, 마음은 리理가 모여 있는 자리이다.[34]

요컨대 우리의 마음은 천리의 본성(성즉리性卽理)을 그 도리로 담지하고, 천리가 세계에 작용하게 하는 활동적 대행자로서 몸을 주재主宰한다. 마음이 지니는 성性은 천리이기 때문에 아직 불선不善이 존재하지 않는다.[35] 리가 존재의 소이연지고所以然之故이자 소당연지칙所當然之則이듯이, 성性 또한 인간 존재의 근거이면서 주체인 마음이 실현해야 할 당위법칙을 제시해 준다.[36]

마음의 도리로서 성性의 내용은 인의예지仁義禮智이다.[37] 주자는 주체인 마음에 도덕의 내용인 인의예지가 가장 온전히 갖추어져 있다고 말한다. 그렇다면 여기서 인식론적인 문제가 발생한다. 인의예지의 성性이 우리에게 갖추어져 있다는 것을 어떻게 알 수 있는가? 주자는 다음과 같이 증명했다.

"그러나 사단四端이 아직 피어나기 전 이른바 혼연渾然한 전체는 소리와 냄새로 말할 수 없고, 모양으로서도 말할 수 없는데 무엇으로 찬연燦然하게 이와 같은 조리가 있음을 알 수 있겠는가? 대개 리의 증험이란 바로 피어난 곳에 의존하여 나아가 증험할 수 있다. 무릇 만물에는 반드시 뿌리가 있다. 성性의 리는 비록 형상이 없으나, 단서가 피어난 것에서 가장 잘 증험할 수 있다. 그러므로 그 측은으로 말미암아 반드시 인이 있음을 알고, 수오로 말미암아 반드시 의가 있음을 알고, 공경으로 말미암아 반드시 예가 있음을 알고, 시비로 말미암아 반드시 지가 있음을 안다. 본래 리가 안에 없다면 어떻게 밖에 단서가 있을 수 있겠는가? 밖에 단서가 있음으로 말미암아 반드시 안에 리가 있음을 속일 수 없다."[38]

이렇게 주자는 도덕원칙의 실질 내용을 구성하는 '인의예지'가 우리 마음의 본성으로 가장 온전히 갖추어져 있다고 주장하였다. 그렇다면 주자에게도 "이성을 소유한, 특히 이성적 의지를 소유한 인간의 본질적인 특성"을 발견할 수 있는가? 여기서 칸트가 말하는 목적 자체로서 '이성적 의지'란 다름 아닌 '도덕원칙'을 발견하고, 거기에 대한 외경심에서 그것을 실천에 옮길 수 있는 의지를 말한다. 주자에게서 목적 자체로서 '이성적 의지'와 같은 역할을 하는 것은 바로 기氣의 정상精爽으로서의 마음[39]이다. 우선 주자는 '마음'을 무형무위하고 형적이 없는 리理가 아니라 기氣라고 말함으로써 공적성空寂性에서 벗어난다. 그리고 여기서 '정상精爽'이란 마음心이 신체 및 다른 사물보다 탁월한 어떤 것임을 나타낸다. 곧 기의 정상으로서 마음은 천하의 모든 리를 가장 온전히 구비하고 밝게(상爽＝명明) 조명할 수 있다는 것을 말한다. 주자는 마음은 우선 "능히 반성할 수 있고, 반성하는 것을 직분으로 한다"[40] 혹은 "반성이란 사람의 가장 심오한 것으로 마음이 담당한다"[41]고 말한다. 그런데 '반성한다'(사思)는 것은 맹자에서 나타났듯이, 우리 마음이 외물에 물화物化되지 않고, 자신의 본성을 자각하고 그 본성을 실현할 능력을 지니고 있다는 것을 말한다. 나아가 주자에 따르면, 마음이란 분별적인 인식과 의지적 주재의 작용을 수행한다.

"지知와 의意는 모두 마음에서 나온다. 지知는 별식別識을 주관하고, 의意는 영위營爲를 주관한다."[42]

여기서 '별식別識'이란 마음이 시비是非 · 선악善惡 · 유무有無 · 동정動靜 · 가치價値 등을 분별 · 인식할 수 있는 능력을 말하고, 의意로서의 '영위營爲'란 행동의 의지(칸트의 실천이성)를 말하는데, 곧 주체로서의 마음이 사물의 가치를 판단 · 결단 · 실천한다는 의미이다. 그렇기에 "마음은 과거를 기억하고 다가올 미래를 예측할 수 있으며,"[43] "몸을 주관하여 만사에 응대할 수 있다.[44] 바로 이런 이유에서 주자는 다음과 같이 결론짓는다.

"마음은 사람의 몸을 주재하는 것이고, 하나이지 둘이 아니며, 주체가 되어야지 객체가 되지 않으며, 사물에 명령을 내리지 사물의 명령을 받지 않는다."[45]

요컨대, 주자에 따르면 우선 인간 마음은 기의 정상精爽으로 허령명각虛靈明覺하여 지각의 능력을 지니고 있다. 이 마음은 천리를 가장 온전히 지니고 있으면서 다른 존재자들의 물리적 충격과 정신적 작용에, 그리고 이러한 상호작용의 맥락 내에 있는 존재자의 리理를 지각한다. 그런데 모든 리理는 궁극적인 태극太極에서 유래한다는 점에서, 마음이 지각하는 것은 실존의 존재자에 내재하는 태극太極이라고 할 수 있다. 인간은 유類적으로 특별한 지각 능력을 통하여 태극太極의 리를 인식·이해할 수 있고, 이를 통해 리에 합당하게 혹은 지知적으로 행동할 수 있다는 점에서 우주에서 탁월한 지위를 지닌다. 인간으로 하여금 태극太極을 알 수 있도록 하늘(천天)이 부여한 특권은 인간에게 또한 각별한 책임 혹은 운명을 규정한다. 즉 인간에게는 우주에서 다른 모든 존재자들의 양육자 즉 (하이데거Heidegger의 표현을 빌리면) "존재의 목자牧者"로서의 책임이 주어져 있다. 인간은 기氣의 정상精爽으로서 마음을 지니고 있기에 천지의 운행에 동참할 수 있는 운명을 지니고 있다. 이런 의미에서 주자가 말하는 천지의 화육작용에 능참能參하는 인간은 (칸트식으로 말한다면) '제한된 의미에서 우주의 창조자' 그 이상의 주체라고 말할 수도 있겠다. 주자가 제시한 인간 마음은 신체 및 다른 만물과 탁월한 존재자로서 지각知覺, 반성反思, 가치판단(지知: 별식別識), 의지적 영위작용(의意: 영위營爲) 등을 수행하는 주체이기 때문에, 칸트가 주장한 바와 같이 "이성적 의지를 지닌 도덕적 주체로서 목적 그 자체"라고 할 수 있다. 나아가 주자는 모든 인간이 이 탁월한 마음을 지니고, 여타 동물과 구별된다고 말하고 있기 때문에, 모든 인간을 수단이 아니라 동시에 목적으로 대우하라고 말하고 있다.

## 자율의 정식

　마지막으로 '자율의 정식'이란 "목적의 왕국에서 자율입법은 준칙의 완전한 규정과 목적의 전체성을 표현한다"는 것이다. '보편성의 정식'이 법칙의 형식인 보편성에 의해 도덕성의 원칙을 표현한 것이라면, '목적 자체의 정식' 법칙의 내용은 우리 자신과 다른 사람의 인간성이 필연적으로 지니는 절대적 가치를 제시한 것이다. 이제 도덕법칙이 지니는 보편성의 형식과 절대적 가치의 내용이 결합하여[46] 이성적인 존재인 우리 스스로가 도덕법칙을 만든다는 '자율의 정식'이 성립된다. 이 정식은 이성적 의지가 자신이 따를 법칙을 세우거나 스스로 제시하는 원리이다. 여기서 관건이 되는 개념은 '자율(Autonomie = autos자기 + nomos 법칙·규범 : 자기 입법, 자기 규정)'과 '타율(Heteronomie : heteo 타자 + nomie : 타자에 의한 규정)'이다. 칸트는 법칙을 준수할 때 우리가 지니는 동기에 초점을 두고 이 양자를 구별한다. 타율이란 우리 자신이 내·외적 필요와 강제에 의해 마지못해 법칙을 준수하는 것이며, 이에 비해 자율이란 우리의 인륜성에 근거하여 스스로 제정·승인하여 모든 사람이 기꺼이 준수하는 것을 말한다.

　그런데 여기서 도덕 행위가 타율적 동기를 갖는 것은 상대적·조건적인 가언 명법If……the ……으로 보편적·무조건적·필연적 타당성을 지닐 수 없다. 따라서 도덕법칙이 존재한다면, 그것은 정언명법의 형식을 지닐 수밖에 없으며, 정언명법은 인간의 자율적 동기에 기초해야만 한다. 바로 여기에서도 칸트는 이론철학에서 시도했던 '코페르니쿠스적 전회'를 수행하고 있다. 즉 칸트는 이론철학(이성)에서 우리의 세계가 우리가 발견한 것이 아니라 우리 오성의 선험적 범주를 부여한 것이라고 말했듯이, 실천철학에서도 도덕법칙은 타율적으로 주어진 것이 아니라 우리 이성이 자율적으로 제정·동의하여 우리 행위에 부과하여 행위함으로써 그 법칙을 세계에 부과하는 것이라고 주장한다. 그는 이 정식을 우선 다음과 같이 표현한다.

너의 의지가 자신의 준칙을 통해서 동시에 자기 자신을 보편 법칙을 세우는 존재로 간주할 수 있도록 행위하라.[47]

자율의 정식은 '자기 목적으로서' 이성적 존재자가 자기 입법적이라는 것이었다. 그렇다면 이제 자기 목적으로서 존엄성을 지니고 있는 이성적 존재자의 공동체로서 '목적의 왕국Reich der Zwecke'의 이념이 자연스럽게 도출된다.

너의 준칙을 통해서 너 자신이 항상 보편적인 목적의 왕국의 법칙을 세우는 구성원이듯이 행위하라.[48]

목적의 왕국은 구성원들의 자율 또는 의지의 자유를 통해서만 가능하며, 비록 최고의 통치자와는 달리 그 성원들은 법칙에 종속되지만, 그들 자신의 이성적 의지가 부과한 법칙에만 종속된다.[49] 그리고 구성원들의 자율은 그들의 절대적 가치 또는 존엄의 근거가 된다. 교환 가치를 지니는 물건Sachen은 대치할 수 있지만, 절대적 존엄성을 지니는 인격Person은 가치로 환산하거나 다른 무엇으로도 대치할 수 없다.

그렇다면 이제 우리가 살펴볼 것은, 주자의 도덕철학이 이러한 '자율의 정식', 즉 '보편적 자기입법의 원리'를 충족시키고 있는가 하는 것이다. 주자에 따르면, 인간은 누구나 보편적인 도덕법칙인 '소이연지고'(所以然之故:

존재근거)이자 '소당연지칙'(所當然之則: 당위규범)을 가장 온전히 부여받고 그것을 실천할 능력을 지니고 태어났다. 따라서 그 타고난 도덕법칙을 자각하고 자율적으로 그 법칙을 제정 승인하고, 거기에 자율적으로 따름으로써 목적의 왕국의 군주인 동시에 신민이 될 수 있다. 요컨대 이는 "사람의 본성이 모두 본래 선하게 태어났지만, 그것을 깨달음에는 선후가 있어, 뒤에 깨닫는 사람은 반드시 앞의 깨닫는 사람이 하는 것을 본받아 선을 밝혀 그 본성을 회복할 수 있다"[50]고 주자가 말한 것과 같은 관계에 있다. 즉 "군자君子는 사람의 도(덕)로써 사람을 다스리다가 고치면 더 이상 다스리기를 그만둔다"고 말했듯이, 먼저 도덕률을 깨닫고 자율적 주체가 된 군자는 도덕의 원리로 일반 백성을 다스리다가 그들 또한 교화되어 자율적으로 도덕률을 발견·제정·승인하고 거기에 따르면 그와 친하게 되어 함께 목적의 왕국의 군주이자 신민이 된다고 말할 수 있겠다. 유가의 이런 이념은 비록 민주정치의 이념이 아니라 민본주의를 주창하는 것으로 귀결되지만, 그것은 플라톤-아리스토텔레스가 민주정치란 우민정치로 귀결될 수 있다고 지적한 것과 같은 논리에서 이해할 수 있다고 할 수 있다. 우리는 목적의 왕국의 이념을 피력한 휴머니스트로서 칸트가 성악설'[51]을 주장했다는 것과, 그리고 현실 법철학에서 플라톤적인 교화가 아니라 강력한 형벌론을 피력했다는 사실 또한 비슷한 맥락에서 이해할 수 있다고 생각한다.

# 4

# 맺음말

이제 우리는 주자의 도덕철학을 몇 가지 언명으로 정리하고 우리의 논의를 마치려고 한다. 그는 적어도 다음의 10가지 테제를 제시하고 있다.

1. 우리는 (동물과 구별되는) 인간 존재이다.
2. 인간 존재에게는 (세 변의 길이가 같은 것이 정삼각형의 존재 근거이듯이) 그 존재 근거가 있다(소이연지고所以然之故 : 인의예지). 이 존재 근거는 바뀔 수 없다(불가역不可易 : 만약 바뀔 수 있다면, 삼각형이 사각형이 되고, 인간이 소나 돼지가 되는 결과가 초래된다).
3. 인간의 존재 근거는 우리 감관에 의해 지각되는 도구적인 어떤 것(수단, 물건)이 아니기 때문에 형상을 넘어서는 형이상자이다.
4. 인간의 존재 근거는 궁극존재에서 유래하는 선한 가치를 지닌 존재론적 개념이다.
5. 가치론적으로 보았을 때 선한 인간의 존재근거는 인간의 도덕적 동기를 설명해 주는 단서이며, 도덕적 행동으로 이끌어 주는 원천이며, 선에 대한 규범적 · 기술적 정의를 제시해 준다.

6. 인간의 존재근거는 우리 마음의 본성으로 온전히 내재되어 있는데(성즉리性卽理), 인간 마음은 그 본성을 인식할 수 있을 뿐만 아니라, 의지적으로 실천할 수 있는 능력을 지니고 태어났다.

7. (마치 정삼각형이 세 변이 길이가 같은 삼각형의 원리를 충족시킬 때 정삼각형이 되듯이) 우리가 인간이기 위해서는 인간의 존재 근거에서 유래하는 도덕의 법칙(소당연지칙所當然之則)을 실현해야만 한다. 그 법칙은 인간의 존재근거에서 유래하기 때문에 법칙을 실현하지 않는다는 것은 그 존재 근거(의미 : 인간됨)를 포기하는 것이므로, 그만둘 수 없다(불가이不可已).

8. 인간 마음은 도덕원리에 대한 외경심에서 그 원리를 무조건적·자발적으로 따르려고 하는 의지(도심道心)도 있지만, 다른 한편 신체적의 욕구(형기지자形氣之私)에 의해 외적 대상을 무반성적으로 의욕하는 경향성(인심人心)을 나타내기도 한다.

9. 인간이 도덕원칙을 자각하고 자율적으로 도심을 위주로 하여 인심을 통어할 때 대인大人이 되지만, 그 역으로 인심이 과도하여 도심이 드러나지 못하게 할 때 소인小人이 된다.

10. 인간 존재는 그 본성을 자각하고 자율적으로 주체화하여 온전히 실현할 때 천지의 작용에 동참하며, 우주에서 궁극적으로 빼어난 삼재(三才)가 될 수 있다. 그렇지 않고 그 역으로 본성을 자각하지 못하고 실현하지 못할 때에는 최소한의 인간적인 도리마저 구현하지 못하여 마침내 동물적인 단계로 전락할 수도 있다.

지금까지 우리는 이러한 주자의 도덕철학의 언명을 칸트가 도덕 형이상학의 정초를 위해 제시한 세 가지 정식, 즉 ① 보편법칙의 정식, ② 목적 자체의 정식, 그리고 ③ 자율의 정식과 연관하여 살펴보았고, 주자의 도덕 철학이 이 정식을 어느 정도 충족시기고 있는지를 논구하였다. 지금까지 논의를 통하여 주자의 도덕철학은 지각능력과 의지력을 지닌 존재자(이성적 존재자)가 ① 그 존재근거가 되기 때문에 바꿀 수 없고(소이연지고所以然之故 불가역不可易) 또한 마땅히 실현해야만 하는 법칙이기 때문에 그만둘 수도 없는(소당연지칙所當然之則 불가이不可已) 보편적·필연적인 도덕법칙이 존재한다는 것, ② 도덕의 주체는 그 자체 내에 도덕의 근거와 도덕을 실행할 수 있는 능력을 지니고 있는 그 자체 목적적 존재라는 것, 그리고 ③ 그 도덕 존재는 도덕법칙을 자각하고 자기정립(위기爲己)을 통해 그 도덕 법칙에 자율적으로 따를 수 있다는 것을 제시하였다.

기실 칸트의 세 정식은 전래의 만학의 여왕으로서 형이상학이 여왕의 자리에서 폐위된 상황에서 학적인 도덕철학이 성립하기 위한 최소의 요건이라고 할 수 있다. 먼저 "보편적인 도덕법칙이 존재한다"는 사실은 도덕 혹은 윤리학이 '상대주의' 혹은 '회의주의'에 빠지지 않고 객관적인 학문적 윤리학이 가능하도록 해 주는 필요조건이다. 나아가 이성적 존재가 자기 목적이라는 것, 그리고 도덕률은 이 목적적 존재가 형이상자의 정초를 받지 않고 자율의 원칙으로 도덕법칙을 정립하고 승인한다는 것은 탈형이상학의 시대에 유일하게 가능한 도덕이론 혹은 윤리학의 충분조건이라고 할 수 있다. 칸트의 도덕 형이상학의 정초는 바로 이 기준을 제시하고 있다고 판단되기 때문에 우리는 그의 정식을 통해 주자의 도덕철학을 살펴보았던 것이다.

그러나 주자의 도덕 철학은 지금까지의 논의로 판단할 때 이 요건을 충족시키고 있다고 할지라도 그의 도덕철학은 '형이상학적 윤리설'이라는 사실은 분명하다. 주자가 말하는 도덕 주체의 마음에 비록 객관적인 도덕

근거가 존재한다고 할지라도 그것은 궁극 존재인 하늘天 혹은 궁극원리(태극太極)에서 유래한 것이다. 주자가 말하는 도덕의 주체가 비록 그 도덕원리를 온전히 주체화하여 자연히 천지의 작용에 궁극적으로 동참하는 존재로 고양될 수 있다고 할지라도, 그 도덕원리가 증명할 수 없는 혹은 (칸트처럼) 단지 요청된 형이상자로 남아 있는 한, 그리고 천지의 화육작용이 무엇인가 하는 문제가 우리에게 모호하게 남아 있는 한, 우리는 무엇을 주체화하였고 어떤 작용을 하고 있는지에 대해 전혀 알지 못할 수도 있다.

그렇지만 여기서 우리의 제안은 이것이다. 즉 비록 현대가 탈형이상학의 시대라고 할지라도 우리가 주자의 형이상학을 다시 검토해볼 필요가 있다는 것이다. 방기 · 해체된 전래의 형이상학을 치유 · 극복할 방안의 하나로 주자의 형이상학을 재구성할 수는 없는 것일까? 왜냐하면 개념상 초월이자 현실상 내재인 주자의 리理는 '초월적 이원론'과 '현대 물리일원론'을 지양하는 제3의 것이기 때문이다. 나아가 인간에게서는 순수하게 선한 도덕 감정이 있으며, 이 감정은 인간 본성의 자연스런 발현이라는 주자의 주장은 인간은 타고난 본성의 자발적 실현에 의해 금수禽獸와 구별되며, 나아가 인간의 도덕 감정과 그 행위는 그 본성의 자각에 의해 자율적으로 발현 · 실천되는 것이지, 외적 · 강제적 · 타율적으로 부가되는 것이 아니라는 말이다. 주자의 도덕주의적 인간이해는 진정 금수와 구별되는 인간다움이란 무엇이며, 무엇이 인간다운 행위를 가능하게 하는 지에 대한 유학적 고민의 소산이라고 할 수 있다.

과학주의적 물리일원론이 대세를 이루는 지금의 AI시대는 마음에 대한 기능주의적 이해가 지배적인 입장을 형성한다. 기능주의에 따르면, 심적 상태란 컴퓨터 프로그램으로 코드화되어(혹은 유기체의 전체 목적과 연관하여) 추상적인 입력 · 출력 · 논리적 상태와 연관된 물리적인 입력과 출력, 그리고 다른 내적 상태와 연관된 일련의 과정에서 어떤 역할을 수행하는 것으로 정의된다. 기능주의는 심리학의 인지주의(유기체가 감관을 통해서 정보를 수용·형성·저장하여 지적 행위로 귀결시키는 것), 컴퓨터 과학자(정보를 형성하고 지적 행위를 수행하는 프로그램의 개발), 그리고 인공지능연구자(지적 행동의 프로그램화 시도)들의 광범위한 동의를 획득하고 다양한 방면으로 응용되고 있다. 그러나 이러한 과학주의적 물리일원론의 시대는 곧 마음의 상실 시대라 할 수 있다.

일찍이 부국강병만을 추구하던 전국시대의 혼란기에 살았던 맹자는 "사람들이 기르던 닭과 개가 집밖으로 나가면 찾으려 하면서도, 마음을 잃고서는 구할 줄 모른다"고 탄식하고, "학문의 길은 다른 곳에 있는 것이 아니라 그 잃어버린 마음을 구하는 것일 뿐이다"고 주장하였다. 한국의 다산 정약용 또한 "인간다운 인간이 되게 하는 근거는 마음일 뿐이니, 마음을 인식하면 인간이 되고, …… 마음을 다스리면 인간이 된다"라고 말하였다. 그런데 다소 고답적이고 과거회귀적인 도덕 감상가의 넋두리에 지나지 않을 수도 있을 맹자와 다산의 이 언명은 오늘날 마음의 상실시대 혹은 상실된 마음의 시대를 사는 위기의 인간을 구하는 참된 처방책이 아닐까?

맹자는 우리 감관이 외물을 지각함에 있어 외물에 이끌리기 쉽지만, 마음이라는 특별한 기관은 반성의 능력을 지니고 있기 때문에, 그 능력을 발휘함으로써 우리가 고유하게 지니는 마음의 본성을 인식·정립·실현할 수 있다고 말했다. 또한 우리는 존재론적 불안감에 빠져들기도 한다. 철학자 하이데거가 구별했듯이, 어떤 대상에 대한 두려움에서 발생하는 심리적 공포와는 달리 존재론적인 불안은 우리의 실존적 자각에서 대상 없이 불현듯 일어나는 양심의 소리이다. 우리 마음에는 입출력을 매개하는 역할로 정의되는 기능주의적으로 마음이해로는 설명할 수 없는 불안감과 같은 그 무엇이 존재하지는 않는가?

AI시대에는 과연 "인간의 자연적 지능 혹은 그 이상의 기능을 하는 인공지능 로봇이 과연 가능하겠는가(엔지니어의 문제), 가능하다면 그것은 어떻게 · 어떤 방식(인간과 같은 방식?)으로 기능하며(인지주의의 문제), 그렇다면 그 인공지능 로봇을 무엇(인간?)이라고 불러야 하는가(철학적 정의의 문제) 하는 문제가 제기된다.[52] 이에 대한 주자의 도덕주의적 관점에 의한 대답은 아마도 이러할 것이다. 인간의 자연적 지능과 같이 혹은 그 이상의 지적 과제를 수행하는 AI로봇이 (원리상) 가능할 수 있다. 그러나 그 로봇이 ① 생물학적 몸을 주재하여 여타 동물과 구별되는 가치 있는 인간의 본성 혹은 심성을 지니고 있지 않다면, ② 인간과 동일한 방식으로 자기의 본성을 자각하여(자기인식의 문제) 자율적으로 자기완성의 길(인도人道)을 가지 않는다면, 나아가 ③ 자신의 본성의 덕을 밝히면서(명명덕 明明德) 공동체적 존재로서 자신의 사명을 자각하여(친민親民) 타인과 만물의 본성의 덕을 실현시켜 주면서 함께 지선至善의 공동체를 건설하는 데 능참能參하지 않는다면, 그것은 이념으로서 인간 혹은 인간의 이념에 위배된다는 것이다. 인간이란 실로 본성의 이치를 궁구하여(궁리窮理) 본성을 남김없이 실현(진성盡性)함으로써 천명에 나아가고(이지어명以至於命), 또한 명을 낳는 생명生命의 존재라 하겠다.

"'사유로서 존재하고 · 존재로서 사유하는 인간'과 '기능하는 AI'는 비록 기능적인 측면에서 동일한 과제를 수행한다고 할지라도, 그 본성 · 작용방식 · 목적(행복)에서 구별된다."

## 1장. 유교 인문학의 이념과 목표 – '휴마니타스' 개념과 연관하여

1. 김명주, 「인문학 위기에 대한 인문학적 고찰」, 『인문학논총』 34, 충남대, 2007. 7~8쪽.
2. 『노자』 20장. "衆人皆有以 我獨頑且鄙 我獨異於人 而貴食母." 48장, 爲學日益 爲道日損. 67장. "天下皆謂我道大 似不肖." 또한 『장자』 「人間世」편 참조.
3. 『중용혹문』 「序」 "此篇乃孔門傳授心法 …放之則彌六合 卷之則退藏於密 其味無窮 皆實學也."
4. 안재원, 『인문의 재발견』, 논형, 23~31쪽 참조.
5. 『파이드로스』, 278d. 번역본으로는 다음을 참조. 조대호 역, 『파이드로스』, 문예출판사, 2008.
6. 『향연』, 202e.
7. 그리스어 paideia는 본래 '어린아이들의 놀이'를 의미한다(여기서 학교를 의미하는 라틴어 단어 ludus가 유래하였다). 일차적으로 놀이를 의미하지만, 이미 교육을 지칭하는 전문용어로 사용되고 있었기 때문에 키케로는 '사람이 되게 하는'의 의미, 즉 교육을 지칭하는 전문어로 humanitas를 번역–조어했다. 안재원, 「인문학(humanitas)의 학적 체계화 시도와 이에 대한 비판에 대해서 : ars 개념을 중심으로」, 『서양고전연구』 39, 2010, 91~127쪽. 안재원, 「저 삶의 한복판에서 탄생한 인문학」, 『인문의 재발견』 참조.
8. 『프로타고라스』, 312b. 번역본으로는 강성훈 역, 『프로타고라스』, 이제이북스, 2011.
9. 신오현, 「기술시대와 인간의 문제」, 『자아의 철학』, 문학과지성사, 1986, 402쪽 참조.
10. 『프로타고라스』 313e–319a. 조요한, 「그리이스의 인간관」 『인간의 본질』(신오현 편), 형설출판사, 1984, 73–4쪽 참조.
11. 키케로 『아르키아스 변론』 2장. 안재원, 앞의 책, 23 및 29쪽에서 재인용.

12. 안재원, 앞의 논문 참조.

13. 키케로, 『투수쿨라늄의 대화』 제5권 5장. 안재원, 앞의 책, 39쪽에서 재인용.

14. 박종기, 「길 위의 인문학」 기조발표, 『조선일보』 2010.06.22 / 문화 A25면 참조.

15. 박인철, 「인문학과 생활세계」, 『인문학연구』12, 경희대, 2007, 399~401쪽.

16. 신오현, 「유교의 교학이념」, 『인간의 본질』, 형설, 1984, 292쪽.

17. 『주역』 「賁卦·象辭」. "觀乎天文以察時變 觀乎人文以化成天下."

18. 鄭道傳, 『三峰集』, 「陶隱文集序」, 『韓國文集叢刊』5, 日月星辰 天之文也 山川草木 地之文也 詩書禮樂 人之文也 然天以氣 地以形 人則以道. 이승환, 「동양의 학문과 인문정신」, 『지식의 지평2: 인문정신과 인문학』, 아카넷, 2007, 29쪽에서 재인용.

19. 신오현, 「절대와 언어」, 『절대의 철학』, 문학과지성, 1993, 241-2쪽.

20. 學이란 "博學之 審問之 愼思之 明辨之 篤行之"(『중용』11장)의 약자로 이해할 수 있다.

21. 『사기』 「공자세가」, "退而脩詩書禮樂, 弟子彌衆... 孔子孔子晚而喜易 序彖 系象 說卦文言 以詩書禮樂敎, 弟子蓋三千焉, 身通六藝者七十有二人."

22. 『예기』 「經解」. 孔子曰 疏通知遠, 書敎也.

23. 『논어』 8:2. "子曰 恭而無禮則勞 愼而無禮則葸 勇而無禮則亂 直而無禮則絞. 2:3. 不知禮 無以爲立."

24. 『예기』 「樂記」. 樂者 通倫理者也.

25. 『논어』 7:16. "子曰 加我數年 五十以學易 可以無大過矣."

26. 『논어』 7:24. "子以四敎 文行忠信." 및 11:2. "德行 顏淵閔子騫冉伯牛仲弓 言語 宰我子貢 政事 冉有季路 文學 子游子夏." 참조.

27. 『주자어류』 권19, 45항. "王子充問學 曰聖人敎人 只是箇論語 ...論語須是玩味 今人讀書傷快 須是熟方得."

28. 하영삼, 『한자어원사전』, 도서출판3, 2014, 「學」항 참조.

29. 『논어주소』 1:1. 白虎通云 "學者, 覺也, 覺悟所未知也."

30. 『논어고금주』 1:1에 대한 다산주.

31. 『논어』 1:1 앞의 朱子細註. "但學之爲義 則讀此書者不可以不先講也 夫學也者 以字義言之 則己之未知未能 而曉夫知之能之之謂也 以事理言之 則凡未至而求至者 皆謂之學 雖稼圃射御之微 亦曰學 配其事而名之也 而此獨專之 則所謂學者 果何學也 蓋始乎爲士者所以學 而至乎聖人之事 伊川先生所謂儒者之學是也 蓋伊川先生之意曰 今之學者有三 詞章之學也 訓詁之學也 儒者之學也 欲通道 則舍儒者

之學不可 尹侍講 所謂學者 所以學爲人也 學而至於聖人 亦不過盡爲人之道而已."

32. 『논어』 5:12, "子貢曰 夫子之文章 可得而聞也 夫子之言性與天道 不可得而聞也."
    17:2, "子曰 性相近 習上遠也性."

33. 『묵자』 「경상」 참조.

34. 『묵자』 「비명상」 참조.

35. '性'자는 『대학』 1회, 『중용』 9회, 『맹자』 36회 나온다. 『중용』과 『맹자』에서 주도
    개념이 되었다.

36. 『皇帝内經』 「靈樞, 邪客」, "心者 五臟六腑之大主也 …… 心爲君主之官."

37. 전병술, 『심학과 심리학』, 모시는사람들, 2014, 34쪽.

38. 『설문해자』 「性部」, "人之陽氣性善也. 從心 生聲."

39. 『맹자』 3상:1, 6상:2, 6상:6 등.

40. 『니코마코스 윤리학』, 1097b 및 1169b. 이창우 외 역, 『니코마코스 윤리학』, 이제
    이북스, 2008.

41. 『맹자』 6상:11. "仁 人心也." 7상:16, "仁也者 人也." 2상:6. "惻隱之心 仁之端也."

42. 『설문해자』, 「仁部」 "仁 親愛也 由人 由二 會意."

43. 『논어』 15:26, 17:21, 12:22 등.

44. 최영찬 외, 『동양철학과 문자학』, 아카넷, 2003, 292~4쪽.

45. 『중용』 1장. "天命之謂性 率性之謂道 脩道之謂敎."

46. 『맹자』 7하:16. "仁也者人也 合而言之道也."

47. 『논어』 16:11, "行義以達其道."

48. 『논어』 4:16. "子曰 君子 喻於矣 小人 喻於利."

49. 『논어』 4:10. "子曰 君子之於天下也 無適也 無莫也 義之與比."

50. 白川靜, 『字統』, 平凡社, 2004, 168쪽 참조. 『중용』 20장 "義者 宜也."

51. 周桂鈿(문재곤 외 옮김), 『강좌중국철학』, 예문서원, 1992, 286쪽.

52. 『설문해자』, "義 己之威儀也 從我羊也."

53. 許進雄(전남대중국문학연구실 옮김), 『중국고대사회』, 지식산업사, 1993, 431쪽.

54. 『맹자』 6상:11. 仁 人心也. 『맹자』 7상:16. 仁也者 人也.

55. 『맹자』 2상:10. "孟子曰 自暴者 不可與有言也 自棄者 不可與有爲也 言非禮義 謂
    之自暴也 吾身不能居仁由義 謂之自棄", 6상:11. "孟子曰 仁 人心也 義 人路也."

56. 張垈年(김백희 옮김), 『중국철학대강:하』, 까치, 1998, 765쪽.

57. 칸트, 『실천이성비판』, A. 154. 최재희 역, 『실천이성비판』, 박영사, 2003(2판).

58. 칸트, 『윤리 형이상학 정초』, B52=IV421. 백종현 역, 『윤리형이상학 정초』 아카

넷, 2005.

59. 여기서 '자기-반성'이란 맹자가 말한 心의 특징인 '思'를 말한다. 梁澤波의 조사에 의하면, 『맹자』에서 '思'자는 총 27회로 '語詞' '思慮' '反思' 등 3가지 의미로 쓰였는데, 性에 대해서 말할 때에는 '反思'의 의미로 쓰였다. 梁澤波, 『孟子性善論研究』, 中國社會科學院博士論文文庫, 中國社會科學出版社, 1996, 111쪽

60. 신오현, 『자아의 철학』, 문학과지성, 1987, 218쪽.

61. 『논어주소』 5:38에 대한 邢昺疏.

62. 『논어집주』 5:38에 대한 朱子注.

63. 『논어고금주』 5:38에 대한 茶山注.

64. 슈테판 츠바이크(정민영 역), 『에라스무스 평전』, 아름출판사, 2006, 134~5쪽.


## 2장. 유가철학의 이념과 방법 − 플라톤과의 대비를 통하여

1. J.−F. Lyotard, The Post−modern Condition, Manchester Univ Press, 1984, p. xxiii, 및 p. 37.

2. 마단 사럽(임헌규 역), 『데리다와 푸고, 그리고 포스트모더니즘』, 인간사랑, 1992, 9−12쪽 참조.

3. '科學'이란 말에서 '科'는 '禾 + 斗'(벼를 말로 측량하는 것)로 풀이할 수 있는 바, 이는 모종의 대상적 실재를 도구를 통하여 실증적으로 계량하여 數量化하는 특징을 지니고 있음을 말해 준다고 생각된다.

4. M. Heidegger, *Was ist das − die Philosophie, Gunther Neske Pfullingen*, 1956, SS. 59−61. 신오현, 『철학의 철학』, 문학과지성, 1988, 59, 32, 88쪽 참조.

5. Plato, *Phaidros*, 278d. "파이드로스여, 그를 지혜있는 자(sophon)라고 부르는 것은 내가 보기엔 너무 높이 올라간 것 같고, 그런 말은 신에나 적용하면 적절한 것 같네. 그러나 지혜를 사랑하는 자(philosophon) 혹은 그 비슷한 말로 부른다면, 그 자신도 차라리 동의할 것이고, 보다 더 합당할 것 같네."

6. Plato, *Politeia*, 505e. 번역의 대본으로는 다음의 것을 사용하였다. 박종현 역주, 『국가 정체』, 서광사, 1997.

7. Plato, *Symposion*, 202e.

8. Plato, *Symposion*, 200b.

9. 이영경, 「후설의 철학이념과 플라톤」 『철학연구』 74, 242쪽. 신일철 외, 『고등학교

철학』, 대한교과서, 2002, 14-18쪽 참조.

10. Plato, *Symposion*, 201a.

11. Plato, *Politeia*, 6-7권, 509d-541b.

12. 신오현, 「유가철학의 교학이념」『철학의 철학』, 문학과지성, 1987, 385쪽 참조.

13. 『논어』14:25. "古之學者 爲己 今之學者 爲人."

14. 『논어』15:20. "君子求諸己 小人求諸人."

15. 『논어』6:2. "有顔回者 好學 不遷怒 不貳過."

16. 『중용』11장. "博學之 審問之 愼思之 明辨之 篤行之."

17. 『논어』2:4. "子曰 吾十有五而志于學 三十而立 四十而不惑 五十而知天命 六十
    而耳順 七十而從心所慾不踰矩."

18. 『논어』9:4. "子絶四 毋意 毋必 毋固 毋我"

19. Plato, *Politeia*, 514a-515d 참조. 앞으로 제시될 「동굴의 비유」는 앞서 제시한 박
    종현 역주의『국가 정체』를 기본으로 하면서, 다음의 논문과 해설서를 도움을 받아
    원의에 벗어나지 않는 범위 내에서 대화체를 재구성하였다. 이영경, 「후설의 철학
    이념과 플라톤」『철학연구』74, 2000, 227-243쪽. 장영란 풀어씀, 『플라톤의 국가,
    정의를 꿈꾸다』, 사계절, 2008. 손 세이어즈(김요한 역), 『플라톤의 국가해설』, 서
    광사, 2008. 그리고 이와 연관된 현대 철학적 해석과 비판으로는 다음을 참조. 하
    이데거, 「플라톤의 진리론」『이정표 I』, 한길사, 2005. 하이데거, 『진리의 본질에 관
    하여』1부, 까지, 2004. 최상욱, 『하이데거와 여성적 진리』14장 3-4절, 철학과현
    실사, 2006.

20. 이영경, 앞의 논문, 232쪽.

21. 『논어』15:20. "君子求諸己 小人求諸人."

22. 『논어』4:16. "子曰 君子喩於義 小人喩於利."

23. 『논어』2:14 "小人比而不周."

24. 『논어』16:8. "小人不知天命. 14:24 君子上達 小人下達."

25. 『논어』17:23. "小人有勇而無義." 14:7. "未有小人而仁者."

26. 『논어』7:36. "子曰 君子 坦蕩蕩 小人 長戚戚."

27. 『맹자』3상:1. "顔淵曰 舜何人也 予何人也."

28. Plato, *Politeia*, 515d-517a.

29. 플라톤이 제시한 학문의 순서를 보면, 우선 18세 까지 체육과 문예(시가)교육을
    받고, 이후 수호자계급에게는 산술, 평면기하학, 입체기하학, 천문학, 화성학 등의
    예비교육을 통해 영혼을 고양시키고, 그리고 50에 이르러 비로소 최종적인 학문인

변증술(철학, 보편학)을 배우는 것으로 되어 있다. Plato, *Politeia*, 522c—531c. 이에 대한 상세한 논구로는 다음을 참조. 장영란, 『플라톤의 교육 : 영혼을 변화시키는 힘』, 살림, 2009.

30. Plato, *Politeia*, 510d.

31. Plato, *Politeia*, 510c.

32. Plato, *Politeia*, 510b.

33. Plato, *Politeia*, 511b.

34. Plato, *Politeia*, 517c.

35. Plato, *Politeia*, 508e.

36. Plato, *Timaios*, 30a.

37. Plato, *Politeia*, 509b.

38. Plato, *Politeia*, 519c—e.

39. 『논어』 17:19. "子曰 予欲無言 子貢曰 子如不言 則小子何述焉 子曰 天何言哉 四時行焉 百物生焉 天何言哉."

40. 『논어』 7:22. "子曰 天生德於予 桓魋其如何."

41. 『논어』 14:37. "子曰 莫我知也夫 子貢曰 何爲其莫知子也 子曰 不怨天 不尤人 下學而上達 知我者 其天乎."

42. 『논어』 16:8. 14:24. "君子上達 小人下達. 16:8. 小人不知天命."

43. 『논어』 16:8. "孔子曰 君子 有三畏 畏天命 畏大人 畏聖人之言 小人不知天命而不畏也 狎大人 侮聖人之言."

44. 『논어』 6:19. "子曰 中人以上 可以語上也 中人以下 不可以語上也."

45. 『중용』 20:9—18장. "或勉强而行之 …誠之者 擇善而固執之者也."

46. 『맹자』 7하:25. "何謂善 … 充實而有光輝之謂大 大而化之之謂聖 聖而不可知之之謂神."

47. 『중용』 20:9—18. "或生而知之 …或安而行之… 誠者 天之道也 誠之者 人之道也 誠者 不勉而中 不思而得 從容中道 聖人也."

48. 『대학』經1장. "大學之道 在明明德 在親(新)民 在止於至善."

49. 『중용』首章. "天命之謂性." 및 이에 대한 朱子註 참조.

50. Meno, 80d.

51. 신오현, 「인간의 이념성과 역사성」, 『자아의 철학』, 문학과 지성, 1985, 48쪽.

52. 『대학』경1장 참조.

53. 신오현, 「인간의 이념성과 역사성」, 222쪽.

54. Plato, *Politeia*, 546a.

55. 김여수, 「한국철학교육의 현환분석 및 커리큘럼연구」『철학의 교수방법 및 교재
개발연구세미나』(유네스코한국위원, 1981. 10.17), 3–57쪽. 신오현, 「철학의 교
학이념: 한국고등학교 철학 교육문제에 대한 소견」『철학의 철학』, 문학과지성,
1989, 360–1쪽에서 재인용.

56. 신일철 외,『고등학교 철학』, 대한교과서주식회사, 2002. 진교훈 외,『고등학교
철학』, 교학사, 2002 등 참조.

## 3장. 유교의 근본 교의와 이념 – 종지(宗旨)와 도통(道統)

1. 전관응 감수, 「종교」,『불교학대사전』, 홍법원, 2001, 1436–7쪽.

2. '天' 자는 본래 갑골문에서 머리가 돌출(一)한 사람(人)의 형상으로 '偉大한 사람'
이란 뜻에서 출발하여, 그 사람이 사후에 거주하는 장소인 하늘(大+一=天), 그리
고 그 하늘에 거주하는 神을 상징했다. 돌출한 머리를 형상했다는 점에서 天은 高
遠・廣大・尊大를, 그리고 가치론적으로 尊敬・畏敬의 대상으로 그 의미가 점차
확장되었다. 그래서『설문』의 注에서는 "天은 정수리(顚: 꼭대기, 이마, 산정, 고
개)로서 지극히 높고 필적할 만한 것이 없다(至高無對). '一'과 '大' 자의 결합으로
사람이 머리 위에 이고 있는 장소이다(人所戴)"고 하였다.『석명』에서는 "天이란
坦然하고 高遠한 것이다"고 하였다.

3. 『논어』 17:19. "子曰 予欲無言 …… 天何言哉 四時行焉 百物生焉 天何言哉."

4. 『논어』 7:22. "子曰 天生德於予."

5. 『논어』 2:4. "五十而知天命."

6. 『논어』 20:3. "子曰 不知命 無以爲君子也."

7. 『논어』 14:37. "子曰 莫我知也夫 子貢曰 何爲其莫知子也 子曰 不怨天 不尤人 下
學而上達 知我者 其天乎."

8. 『서경』「召誥」. "嗚呼 皇天上帝 改厥元子 玆大國殷之命." 등 참조.

9. 『맹자』 7상:1. "孟子曰 盡其心者 知其性也 知其性 則知天矣 存心 養其性 所以
事天也"

10. Plato, *Politeia*, 517c, *Politeia*, 508e, *Timaios*, 30a, *Politeia*, 509b.

11. 신오현, 「인간의 이념성과 역사성」,『자아의 철학』, 문학과 지성, 1985, 48쪽.

12. 신오현, 「유가철학의 교학이념」『철학의 철학』, 문학과지성, 1987, 385쪽 참조.

13. 『순자』「天論」. 天行有常.

14. 『노자』1장. "道可道 非常道 名可名 非常名 無名天地之始 有名萬物之母 ……此 兩者 同出而異名 同謂之玄 玄之又玄 衆妙之門."

15. 『노자』25장. 字之曰道. 『설문해자』에 따르면, 도道란 '辶(辵=行止)' + '首'(사람 의 맨 위의 머리로서 가는 목적)로 구성된 회의문자로서 '향하여 가는 길(방법)'이 면서 목적'을 나타낸다. 『설문해자』, 「道」, "道 所行道也. 從辵從首, 一達謂之道." 도란 道路라는 의미에서 출발하여 인간과 사물이 마땅히 경유해야 하는(應由) 길, 사람들의 행위활동을 어떤 방향으로 이끌어야 하는 길, 지향해야 하는 목적 등을 의미한다. 그 후 그 의미가 더욱 확대 혹은 구체화·추상화되어 사람과 사물의 운 용원리이자 반드시 준수해야 할 법칙, 힘써 지켜야 할 원칙과 도리, 그리고 사물의 운동변화 과정과 운용원리 등을 의미하게 된다.

16. 『노자』40장. "天下萬物 生於有 有生於無."

17. 『노자』5장. "天地不仁 以萬物爲芻狗 聖人不仁 以百姓爲芻狗 天地之間 其猶橐 籥乎 虛而不屈 動而愈出 多言數窮."

18. 『노자』38장. 38. "上德不德 是以有德 下德不失德 是以無德."

19. 『노자』25장. "吾不知其名 字之曰道 强爲之名曰大 大曰逝 逝曰遠 遠曰反 故로 道大 天大 地大 王亦大 域中 有四大 而王居其一焉 人法地 地法天 天法道 道法自 然."

20. 『설문해자』, "孔子曰 (天地人) 一貫三爲王."

21. 우에다 요시부미(백태원 역), 『대승불교의 사상』, 민족사, 1989, 29쪽.

22. 『二程全書』「外書」11. "吾學雖有所受 天理二字 却是自家體貼出來."

23. 『주자어류』1:3. "理無情意 無計度 無造作 … 若理則只是個淨潔空闊底世界 無 形迹 他却不會造作."

24. 『성리대전』1. 「太極圖說」朱子註. "上天之載 無聲無臭 而實造化之樞紐 品彙之 根柢 故曰無極而太極 非無極之外 復有太極也."

25. 『대학혹문』傳5. 至於天下之物 則必各有所以然之故 與其所當然之則 所謂理也.

26. 『여유당전서』(이하 『전서』) II-6, 36, 「맹자요의」. 理者本是玉石之脈理…… 靜究 字義 皆脈理治理法理之假借爲文者.

27. 『전서』 II-6. 37, 「맹자요의」2. "夫理者何物 理無愛憎 理無喜怒 空空漠漠 無名 無體 而謂吾人稟於此而受性 亦難乎其爲道矣."

28. 『전서』 II-46, 「역학서언」2, 「한강백현담고」, "一陰一陽之上 明有宰制之天 而今 遂以一陰一陽 爲道體之本可乎."

29. 『전서』II-6, 38, 「맹자요의」, "鏞案天之主宰爲上帝 其謂之天者 猶國君之稱國 不敢斥言之意也 彼蒼蒼有形之天 在吾人不過爲屋宇帡幪 其品級不過與土地水火 平爲一等 豈吾人性道之本乎."

30. 『전서』II-36, 24, 「춘추고징」 4. "上帝者何 是於天地神人之外 造化天地神人萬 物之類 而宰制安養之者也."

31. 『논어』17:19. "子曰 天何言哉 四時行焉 百物生焉 天何言哉."

32. 『전서』II-33, 15, 「춘추고징」 1, "惟其皇皇上帝 無形無質 日監在玆 統御天地 爲 萬物之祖 爲百神之宗 赫赫明明 臨之在上."

33. '帝'자에 대해서는 ① 꽃꼭지(花帝)의 帝, ② 祭天儀式에 사용되던 땔나무를 쌓 던 틀(積薪置架), ③ 부락연맹의 軍事首長·天帝 혹은 人王의 뜻을 가진 바빌론 의 米자, ④ 태양광선이 사방을 비추는 형상, ⑤ 새가 하늘로 날아 오르는 형상에 서 인신引伸된 글자 등으로 설명된다. 즉 帝는 인간-자연신-조상신-상제로 연결 되는 관념체계에서 조상신(譽)들 중의 하나이지만 최고 지위와 역할을 지닌 인격 적 존재로 숭배되었는데, ① 天上에 존재하면서 신들의 위계에 가장 높은 지위를 지닌다는 점에서 上帝(地上을 다스리는 帝와 구별됨)라고 칭해졌으며, ② 비·천 둥·바람과 같은 자연현상과 운행을 총괄적으로 주재하여 농업에 영향을 끼침으 로써 인간의 경제적 豊凶을 좌우하고, ③ 인간만사를 주관하여 형벌을 내리는 권 능을 지닌 동시에 왕권을 성립시키는 권능의 존재로 간주되었다. 그리고 절대적 主宰神格으로서 帝가 인간사에 개입하여 그 길흉화복을 결정한다고 생각했기 때 문에, 인간은 재앙을 피하고 복을 얻기 위해 祭祀를 올리면서 占(龜)卜을 통해 上 帝의 뜻을 물어 그 뜻에 의거하여 중대사에 대해 최후의 결정을 내렸다. 최영찬 외, 『동양철학과 문자학』 아카넷, 2003 및 장영백, 「古代中國의 '天'思想初探(一)」, 『중국어문학논집』 4, 1992 참조.

34. 『중용』1:4. "中也者 天下之大本也 和也者 天下之達道也 致中和 天地位焉 萬物 育焉."

35. 『중용』22:1. "惟天下至誠 爲能盡其性 能盡其性則能盡人之性 能盡人之性則能盡 物之性 能盡物之 性則可以贊天地之化育 可以贊天地之化育則可以與天地參矣."

36. 『맹자』5下:6. "詩曰天生蒸民 有物有則 民之秉夷 好是懿德 孔子曰 爲此詩者 其 知道乎 故有物必有則 民之秉夷也 故好是懿德."

37. 『중용』1장. "天命之謂性 率性之謂道 脩道之謂敎."

38. 『朱子語類』5-9. "天則就其自然者言之 命則就其流行而賦於物者言之 性則就其 全體而萬物之所以爲生者言之 理則就其事事物物各有則者言之 合而言之則 天則

理也 命則性也 性卽理也."

39. 『중용혹문』1장에 대한 朱子註."性卽理也 天以陰陽五行化生萬物 氣以成形而理亦賦言 猶命令 於是人物之生 因各得所賦之理 以爲健順五常之德 所謂性也."

40. 『중용혹문』."天之所以命乎人者 是則人之所以爲性也 盖天地所以賦與萬物 而不能自已者 命也 吾之得乎是命 非生而莫非全體者性也 故以命言之 則曰 元亨利貞而四時五行庶類萬化 莫不由是而出 以性言之 則曰 仁義禮智 而四端五全萬物萬事之理 無不通於其間 盖在天在仁 雖有性命之分 而其理則未嘗不一 在人在物 雖有氣稟之異 而其理則未嘗不同 此吾之性所以純粹至善 而非若荀楊韓子之所云也."

41. 『朱子語類』68:35."以天道言之 爲元亨利貞 以四時言之 爲春夏秋冬 以引導言之 爲仁義禮智."

42. 『성서』「창세기」1:26-28.

43. M. Heidegger, *Was ist das － die Philosophie, Gunther Neske Pfullingen*, 1956, SS. 59-61. 신오현,『철학의 철학』, 문학과지성, 1988, 59, 32, 88쪽 참조.

44. 신오현,「유가철학의 교학이념」『철학의 철학』, 문학과지성, 1987, 385쪽 참조.

45. 『서경』「大禹謨」."帝曰 來禹 …… 天之曆數 在爾躬 …… 人心惟危 道心惟微 惟精惟一 允執厥中 …… 四海困窮 天祿永終."

46. 『논어』20:1."堯曰 咨爾舜 天之曆數 在爾躬 允執厥中 四海困窮 天祿永終 舜亦以命禹 (湯)曰…… 周有大賚……."

47. 『중용혹문』「序」."蓋自上古聖神繼天立極 而道統之傳 有自來矣 其見於經則允執厥中者 堯之所以授舜也 人心惟危 道心惟微 惟精惟一 允執厥中者 舜之所以授禹也 …… 自是以來 聖聖相承 若成湯文武之爲君 皐陶伊傅周召之爲臣 旣皆以此而接夫道統之傳 若吾夫子 則雖不得其位 而所以繼往聖開來學 其功 反有賢於堯舜者然 當是時 見而知之者 惟顔氏曾氏之傳 得其宗 及其曾氏之再傳 而復得夫子之孫子思 則去聖遠而異端起矣."

48. 『중용』1장."中也者 天下之大本 和也者 天下之達道, 致中和 天地位焉 萬物育."

49. 『중용』25장."誠者 非自成己而已也 所以成物也 成己 仁也 成物 知也 性之德也 合內外之道也 故 時措之宜也."

50. 이선경,「선진유가에 있어 時中의 문제」,『동양철학연구』55, 2008, 309쪽.

51. 『중용혹문』「序」."中者 不偏不倚無過不及之名 庸平常也 子程子曰 不偏之謂中不易之胃庸 中者天下之正道 庸者天下之定理."

52. 이원목,「중용사상의 형이하학적 논리구조」,『유교사상연구』25, 2006, 165-6쪽 참조.

53. 『중용』2 : 1. "仲尼曰 君子中庸 小人反中庸."

54. 『논어』6 : 27. "子曰 中庸之爲德也 其至矣乎 民鮮久矣." 『중용』3 : 1. "子曰 中庸 其至矣乎 民鮮能 久矣."

55. 『논어』2 : 18, 14 : 29 참조.

56. 『논어』8 : 17, 12 : 8, 15 : 16 등 참조.

57. 『논어』11 : 22 참조.

58. 『중용』4 : 1. "子曰 道之不行也 我知之矣 知者過之 愚者不及也 道之不明也 我知之矣 賢者過之 不肖者不及也."

59. 『논어』9 : 7. "子曰 吾有知乎哉 無知也 有鄙夫問於我 空空如也 我叩其兩端而竭焉."

60. 『중용』6 : 1. "子曰 舜其大知也與 舜好問而好察邇言 隱惡而揚善 執其兩端 用其中於民 其斯以 爲舜乎."

61. 『중용』7 : 1. "子曰 人皆曰予知 驅而納諸罟擭陷阱之中而莫之知也 人皆曰予知 擇乎中庸而不 能期月守也".

62. 『중용』8 : 1. "子曰 回之爲人也 擇乎中庸 得一善則拳拳服膺而弗失之矣."

63. 『중용』20 : 18. "誠之者 擇善而固執之者也."

64. 『중용』11 : 2. "君子 遵道而行 半途而廢 吾弗能已矣."

65. 『중용』9 : 1. "子曰 天下國家 可均也 爵祿 可辭也 白刃 可蹈也 中庸 不可能也."

66. 『논어』18 : 8. "逸民 伯夷叔齊 虞仲夷逸 朱張柳下惠少連 子曰 不降其志 不辱其身 伯夷叔齊與 謂柳下惠少連 降志辱身矣 言中倫 行中慮 其斯而已矣 謂虞仲夷逸 隱居放言 身中淸 廢中權 我則異於是 無可無不可."

67. 『論語集註』3:10에 대한 주. "謝氏曰 適 可也 莫 不可也 無可 無不可 苟無道以主 之 不幾於猖狂自恣乎 此佛老之學 所以自謂心無所住而能應變 而卒得罪於聖人也 聖人之學 不然 於無可無不可之間 有義存焉."

68. 『논어』4 : 10. "子曰 君子之於天下也 無適也 無莫也 義之與比."

69. 『논어』9 : 4. "子絶四 毋意 毋必 毋固 毋我."

70. 『논어』2 : 4. "七十而從心所慾不踰矩."

71. 『중용』20-18. "誠者 天之道也 誠之者 人之道也 誠者 不勉而中 不思而得 從容 中道 聖人也 誠之者 擇善而固執之者也."

72. 『맹자』2상 : 2〜9. 및 5하 : 1.

73. 『맹자』2상 : 9. "孟子曰 伯夷隘 柳下惠不恭 隘與不恭 君子不由也."

74. 『맹자』5하 : 1 참조.

75. 『맹자』2상 : 2.

76. '權'은 '木나무+藿황새'의 형성자로 '나뭇가지 위에 앉아 새'를 나타낸다. 나무에 새
가 앉으면 위로 향하던 가지가 아래로 내려오기 때문에 '權'은 '저울추'의 의미를 지
닌다. 따라서 권력勸力이란 '균형을 잡는 힘'을 말한다. 권력이란 정의실현을 위해
이익 당사자들 간의 균형을 잡아주는 힘이라는 점에서 본질적으로 상대성과 상황
성을 본유하고 있으며, 따라서 (정치)권력 역시 영구적인 것이 아니라 한시적인 것
이고, 그 한시성은 '정당성을 구비하고 있을 때'를 의미한다. 안외순, 『논어』에 나
타난 정치 관념」, 『동양문화연구』24, 2016 참조.

77. 『논어』9:29. "子曰 可與共學 未可與適道 可與適道 未可與立 可與立 未可與權."

78. 『맹자』7상:26. "子莫 執中 執中 爲近之 執中無權 猶執一也 所惡執一者 爲其賊
道也 舉一而廢百也."

79. 『孟子集註』7상:26에 대한 주자 주. "權稱錘也 所以稱物之輕重而取中也 執中而
無權 則膠於一定之中 而不知變 是亦執一而已矣 …… 言道之所貴者中 中之所貴
者權."

80. 『맹자』3상:17. "淳于髡曰 男女授受不親禮與 孟子曰 禮也 曰嫂溺則援之以手乎
曰嫂溺不援 是豺狼也 男女授受不親禮也 嫂溺援之以手者權也."

81. 『논어』14:15. "子曰 參乎 吾道 一以貫之 曾子曰 唯 子出 門人 問曰何謂也 曾子
曰 夫子之道 忠恕而已矣."

82. 『중용』13:03. "忠恕 違道不遠 施諸己而不願 亦勿施於人."

83. 『중용』首章. "喜怒哀樂之未發 謂之中……中也者 天下之大本也."

84. 『중용혹문』. "中者 不偏不倚無過不及之名."

85. 『논어집주』4:15. "盡己之謂忠."

86. 『논어』8:7. "曾子曰 士不可以不弘毅 任重而道遠 仁以爲己任 不亦重乎 死而後
已 不亦遠乎."

87. 『논어』6:28. "夫仁者 己欲立而立人 己欲達而達人 能近取譬 可謂仁之方也已."

88. 마태복음 7:12 및 22:20, 마가복음 12:31, 누가복음 6:31, 요한복음 13:34 등.

89. 『논어』15:23. "子貢問曰 有一言而可以終身行之者乎 子曰 其恕乎 其所不欲 勿
施於人."

90. 『대학』10장. "所惡於上 毋以使下 所惡於下 毋以事上 所惡於前 毋以先後 所惡
於後 毋以從前 所惡於右 毋以交於左 所惡於左 毋以交於右 此之謂絜矩之道也."

91. I. Kant, *Grunglegung zur Metaphysik der Sitten*, Reclam, 1955, S. 88. 김영철, 『윤리
학』, 학연사, 1982, 120쪽에서 재인용.

92. 「요한일서」 4:7-16.

93. 전관응 감수, 「종교」, 『불교학대사전』, 홍법원, 2001, 1436-7쪽.

94. K. McLeish(eds), 「religion」, *Key Ideas in Human Thought*, Prima Publishing, 1995, p. 626.

95. 『華嚴五敎章』卷一 참조.

96. 고건호, 「유교는 종교인가」, 『종교 다시 읽기』, 청년사, 1999 참조.

97. 고건호, 같은 논문, 108-110쪽 참조. 加地伸行(김태준 역), 『유교란 무엇인가』, 지영사, 1999, 45-7쪽 참조. "강유위의 의식 속에는 새롭게 출현한 서구세계가 있었고, 특히 기독교가 있었다. 그것에 굴복하지 않기 위해서는 공자는 유교의 교주가 되어야만 한다. …… 중국도 하늘의 아들인 만민들이 공자교孔子敎를 신봉해야만 한다.

98. 최근덕, 『한국유학사상연구』, 철학과현실사, 1992, 257쪽.

99. 『논어』 5:27. "子曰 十室之邑, 必有忠信如丘者焉, 不如丘之好學也. 1:1. 子曰. 學而時習之 不亦說乎."

100. Plato, *Theaitetos*, 150d2-5. Aristotle, *Metaphysica*, 980a.

101. 『중용』 27장. "故君子 尊德性而道問學 致廣大而盡精微 極高明而道中庸 溫故而知新 敦厚以崇禮. 11장. 博學之 審問之 愼思之 明辨之 篤行之."

102. 황필호, 「유교는 종교인가」, 『종교철학 에세이』, 철학과현실사, 2002, 328-351쪽 참조.

103. Wing-tsit Chan, *A Sourcebook in Chinese Philosophy*, Princeton Univ, 1963, p. 3.

## 4장. 유교란 무엇인가? - 권우 홍찬유 선생의 유교관

1. 홍찬유, 『권우집』, 심산, 2009. 간략성을 기하기 위해 이 책의 내용을 인용할 때에 본문에 쪽수만 기록하기로 한다.

2. 전관응 감수, 「종교」, 『불교학대사전』, 홍법원, 2001, 1436-7쪽.

3. 『설문해자』 「宗」. "宗 尊祖廟也 從宀從示"

4. 『설문해자』 「示」. "示 天垂象 見吉凶 所以示人也 從二(二 古文上字) 日月星也 觀乎天文以察時變 示神事也 凡示之屬皆從示 神至切."

5. 『주역』 「觀卦」, "聖人以神道設敎 而天下服矣."

6. 『사기』 「遊俠列傳」, ""魯人皆以儒敎 而朱家用俠聞.""

7. 『蔡中郞集』권5. 「司空楊公碑」, "太尉公承夙緒 世篤儒教 以歐陽尙書京氏易誨受 四方 學者自遠而至 蓋踰三千."

8. 『설문해자』. "儒柔也. 術士之稱."

9. 『주례』「地方大司徒」, "師儒 鄕里教以六藝者."

10. 『장자』「田子方」. "魯多儒士". 『열자』「周穆王」, "魯有儒生 自媒能治之." 『사기』 「秦始皇紀」, "與魯諸生議."

11. 『사기』「孔子世家」, "孔子以詩書禮樂教弟子 蓋三焉 身通六藝者七十有二人."

12. 『法言』「君子」, "通天地人曰儒."

13. 김충렬, 「儒」의 자의와 기능 『중국철학산고(II)』, 온누리, 1988, 160–5쪽.

14. 하영삼, 『한자어원사전』, 도서출판3, 2014, 「教」항.

15. 嚴復, 「救亡決論」, 中華書局, 1986, 「유교연구사의 자료보충」, 임계유 주편(금장 태·안유경 역), 『유교는 종교인가:유교종교론』1, 지식과교양, 2011, 317쪽에서 재인용.

16. 『논어』「述而」, "子以四教 文行忠信."

17. 嚴復 역, 『法意』, 「案語」, 第99條, 商務書館, 1909, 임계유 주편(금장태·안유경 역), 위의 책, 323쪽에서 재인용.

18. 『중용』20장.

19. 蔡元培, 「在信教自由會之演說」 『新青年』, 第2卷, 임계유 주편(금장태 안유경 역), 위의 책, 332쪽에서 재인용.

20. 『논어』11:11. "季路問事鬼神 子曰 未能事人 焉能事鬼 敢問死 曰未知生 焉知 死."

21. 『논어』7:34. "子疾病 子路請禱 子曰有諸 子路對曰有之 誄曰 禱爾于上下神祇 子 曰 丘之禱久矣."

22. 嚴復, 『法意』, 「案語」, 第145條, 商務書館, 1909, 임계유 주편(금장태 안유경 역), 위의 책, 325쪽에서 재인용.

23. 『논어』3:12. "祭如在 祭神如神在."

24. 『성서』「마태복음」16:3~20 참조.

25. 『서경』「大禹謨」. 帝曰 來禹 …… 天之曆數 在爾躬 …… 人心惟危 道心惟微 惟 精惟一 允執厥中 ……四海困窮 天祿永終.

26. 朱子, 「中庸章句序」 참조.

27. 『논어』3:1 子曰 中庸 其至矣乎.

28. 『논어』4:15. "子曰 參乎 吾道一以貫之. 曾子曰 唯 子出門人問曰 何謂也. 曾子曰

夫子之道 忠恕而已矣."

29. 『논어』 15:2. "子曰 賜也 女以予 爲多學而識之者與 對曰 然 非與 曰非也 予一以
貫之."

30. 김용옥, 『논어한글역주』 2, 통나무, 2008, 176-7쪽 참조. 물론 이 학설은 김용옥
의 고유한 학설은 아니다.

31. 『논어』 15:2에 대한 朱子注.

32. 김동인·지정민·여영기 역, 『세주완역논어집주대전』, 한울아카데미, 2009,
15:2에 대한 細注.

33. 다산의 『논어고금주』는 다음의 번역본을 참조하며 다소 수정하기도 하였다. 정
약용(이지형 역주), 『역주논어고금주』 4, 사암, 2010. 264~365쪽.

34. 『논어』 4:15에 대한 朱子注 참조.

35. 『논어』 15:23. "子貢 問曰 有一言而可以終身行之者乎 子曰 其恕乎 己所不欲 勿
施於人." 『대학』 9:4. "君子有諸己而後求諸人 無諸己而後非諸人 所藏乎身 不恕
而能喻諸人者未之有也……." 10:1-2. "所謂平天下…… 君子有絜矩之道也 所惡
於上 毋以使下 所惡於下 毋以事上…… 此之謂絜矩之道也." 『중용』 13:3-4. 13-
3. "忠恕 違道不遠 施諸己而不願 亦勿施於人. 君子之道四 丘未能一焉 所求乎子
以事父 未能也 所求乎臣 以事君 未能也 所求乎弟 以事兄 未能也 所求乎朋友 先
施之 未能也 庸德之行 庸言之謹 有所不足 不敢不勉 有餘 不敢盡 言顧行 行顧言
君子 胡不慥慥爾." 『맹자』 「盡心上」, "强恕而行 求仁莫近焉."

36. 『논어』 5:11. "子貢曰 我不欲人之加諸我也 吾亦欲無加諸人 子曰 賜也 非爾所及
也."

37. 『논어』 15:23. "子貢問曰 有一言而可以終身行之者乎. 子曰 其恕乎. 己所不欲 勿
施於人."

38. 『논어』 5:11에 대한 주자주 참조.

39. 朱子, 『중용혹문』 "此篇乃孔門傳授心法子思恐其久而差也 故筆之於書以授孟子
其書始言一理 中散爲萬事 末複合爲一理 放之則彌六合 卷之則退藏於密 其味無窮
皆實學也."

40. 『陸九淵集』, 卷36, 「年報」, "宇宙便是吾心 吾心卽是宇宙."

## 5장. 유교의 핵심, 인仁 개념의 형성과 전개

1. 『詩經』에서 仁은 2번 사용되었다. "叔于田 巷無居人 豈無居人 不如叔也 洵美且仁"(「鄭風」). "盧令令 其人美且仁"(「齊風」). 『서경』에는 1번 사용되었다. "雖有周親 不如仁人"(「周書」泰誓中). 그리고 『易經』에서는 8번 보이지만, 모두가 다 후대의 저작으로 인정되는 「繫辭傳」, 「說卦傳」 등에 나타나 있다.

2. Wing-tsit Chan, "*The Evolution of the Confucian Concept Jen*", Neo-Confucianism, Etc.: *Essays*, Oriental Society, 1969, p.2.

3. 『논어』 가운데 仁을 주제로 다룬 것이 58번(전체499절)이며, '仁'이란 글자는 105번 나타났다.

4. 『논어』 3:3. "子曰 仁而不仁 如禮何 人而不仁 如樂何."

5. 『논어』. "君子 無終食之間 違仁 造次 必於是 顚沛 必於是."

6. 『논어』 4:5. "君子 去仁 惡乎成名".

7. 『논어』 5:4, 5:7, 5:18 참조.

8. 『논어』 6:5. "子曰 回也 其心 三月不違仁 其餘則日月至焉而已."

9. 『논어』 14:5. "子曰 仁者 必有勇 勇者 不必有仁."

10. 『논어』 4:3. "子曰 惟仁者 能好人 能惡人."

11. 『논어』 4:4. "子曰 苟志於仁矣 無惡也."

12. 『논어』 15:8. "子曰 志士仁人 無求生而害人 有殺身而成仁."

13. 『논어』 8:7 참조.

14. A. Waley(trans), *The Analects of Confucius*, Vintage, 1938, pp. 27-28. Waley는 『논어』에 仁은 단지 두 차례, 즉 12:22, 17:21에서만 긍정적이며 따뜻한 개념으로 언급되고 있다고 말한다.

15. 『논어』 1:3, 4:6, 5:4, 5:7, 5:18. 6:20, 7:33, 9:28, 12:3, 14:2 등 참조.

16. 『논어』 7:33. "子曰 若聖與仁 則吾豈敢."

17. 『논어』 7:29. "仁遠乎哉 我欲仁 斯仁 至矣."

18. 『논어』 14:15. "子曰 參乎 吾道 一以貫之 曾子曰 唯 子出 門人 問曰何謂也 曾子曰 夫子之道 忠恕而已矣."

19. 『논어』 12:1. "顔然 問仁 子曰 克己復禮爲仁 一日克己復禮 天下歸仁焉 爲仁 由己而由人乎 顔然曰 請問其目 子曰 非禮勿視 非禮勿聽 非禮勿言 非禮勿動."

20. 『논어집주』 12:1. "己 謂身之私欲也…… 禮者 天理之節文也."

21. 『논어』 15:20. "子曰 君子求諸己 小人求諸人."

22.『중용혹문』. "中者 不偏不倚無過不及之名."

23.『논어집주』4:15. "盡己之謂忠."

24. 心과 仁의 연관성을 암시하는 구절로는 또한 다음 구절을 참조할 수 있겠다.『논어』6:5. "子曰 回也 其心 三月不違仁."

25.『논어』6:28. "夫仁者 己欲立而立人 己欲達而達人 能近取譬 可謂仁之方也已."

26.『논어』12:2. "仲弓問仁 子曰 出門如見大賓 使民如承大祭 己所不欲勿施於人."

27.『論語集註』4:15. "推己及人之謂恕."

28.『논어』12:22. "樊遲問仁 子曰 愛人 問知 子曰 知人."

29.『맹자』등문공상:9 참조.

30.『맹자』진심하:16. "仁也者 人也."

31.『맹자』고자상:11. "仁 人心也".

32.『논어』6:5. "子曰 回也 其心 三月不違仁."

33.『논어』17:2. "性相近 習相遠也."

34. 이와 연관하여 다음 구절을 참조하라.『논어』5:12. "子貢曰 夫子之文章 可得而聞也 夫子之言性與天道 不可得而聞也."

35. A. C. Graham, "*The Background of the Mencius Theory of Human Nature*," Studies in Chinese Philosophy and Literature, The Institute of East Asian Philosophies, 1986. 9. 13.

36.『맹자』공손추상:6. "孟子曰 人皆有不忍人之心 先王 有不忍人之心 斯有不忍人之政矣 以不忍人之心 行不忍人之政 治天下 可運之掌上 所以人皆有不忍人之心 謂者 今人 乍見孺子將入於井 皆有惻隱之心 非所以內交於孺子之父母也 非所以要譽於鄉黨朋友也 非惡其聲而然也 由是觀之 無惻隱之心 非人也 無羞惡之心 非人也 無辭讓之心 非人也 無是非之心 非人也 惻隱之心 仁之端也 羞惡之心 義之端也 辭讓之心 禮之端也 是非之心 智之端也 人之有四端也 猶其四體也 有是四端而自謂不能者 自賊者也 爲其君不能者 賊其君者也 凡有四端於我者 知皆擴而充之矣 若火之始然 泉之始達 苟能充之 足以保四海 苟不充之 不足以事父母."

37. 맹자는 또는 일종의 유비추리를 통해서도 인간 본성이 仁하다는 것을 증명하고 있는데, 이는『맹자』「고자상:7」에 나타나 있다.

38.『맹자』이루상:10 참조.

39.『孟子集註』序. "仲尼 只說一箇仁字 孟子 開口便說仁義 …… 只此二字 其功甚多."

40.『맹자』고자상:6 참조.

41.『맹자』고자상:7-8 참조.

42. 『맹자』 진심상:1 참조.

43. 『맹자』 진심상:8.

44. 『맹자』 고자상:19.

45. 『맹자』 고자상:2. 이루상:9.

46. 『맹자』 고자상:18.

47. 『맹자』 공손추상:2.

48. 『맹자』 고자상:18.

49. 『논어』 2:1. "爲政以德". 2:3. "道之以德 齊之以禮 有恥且格."

50. 이는 특히 『맹자』 양혜왕 상하 전편에 잘 나타나 있다.

51. 『맹자』 고자상:6. "天生烝民 有物有則." 진심상:1. "盡其心者 知其性 知其性者
    知天矣 存心 養性 所以事天."

52. 임종진, 「주자의 인설연구」, 『태동고전연구』10, 한림대태동고전연구소, 1993,
    9-11쪽 참조.

53. 『朱熹集』(四川教育出版社, 1996), 卷67, 「仁說」(3542-4面). "天地以生物爲心也
    而人物之生 又各得夫天地之心以爲心者也 故語心之德 雖其總攝貫通 無所不備
    然一言以蔽之 則曰仁而已矣."

54. '天地之心'은 『易經』 「復卦 象辭」의 "復 其見天地之心乎"에서 유래한다.

55. 『朱熹集』 卷32, 「答張欽夫-論仁說」, 1391面.

56. 『논어』 7:22. 子曰 天生德於予 桓魋其如予何.

57. 『맹자』 진심상:1. "孟子曰 盡其心者 知其性也 知其性者 則知天矣 存其心 養其性
    所以事天也."

58. I. Bloom, "Three Visions on jen," Meeting of Mind, eds. I. Bloom & J. A.
    Fogel. Columbia Uni Press. 1997. p. 9.

59. 이에 대한 좀더 상세한 논의로는 다음 논문을 참조. Wing-tsit Chan, "*The
    Evolution of the Confucian Concept Jen*" Neo-Confucianism, Etc. : Essays by
    Wing-tsit Chan, Oriental Society, 1969. 및 Wing-tsit Chan, *Chinese and Western
    interpretation of Jen(Humanity)*, Journal of Chinese Philosophy 2, D. Reidel
    Publishing Company, 1978. 이 두 논문에서 陳榮捷은 유가의 仁 개념이 ①보편적
    인 덕으로서의 仁(孔子), ② 사랑(愛)으로서 仁 – 體用(仁義)적 전개(孟子, 設問),
    ③ 博愛로서 仁(韓愈), ④ 仁 = 理 = 性의 理一分殊論적 전개(孟子 → 張載, 程 ,
    朱熹), ⑤ 萬物一體論적 仁(정호), ⑥ 生生으로서 仁(二程), ⑦ 心之德이자 愛之理
    (朱熹)로 전개되었다고 기술하면서 朱熹가 仁 개념의 頂點이었음을 논증했다.

60.『朱熹集』卷60「答曾擇之」(3111面). "仁者心之德 濕者水之德 燥者 火之德."

61.『二程遺書』卷18 項2.

62.「仁說」. "蓋天地之心 其德有四 曰元亨利貞 而元無不通 其運行焉 則爲春夏秋冬 之序 而春生之氣無所不通 故人之爲心 其德亦有四 曰仁義禮智 而仁無不包 其發 用焉 則爲愛恭宜別之情 而惻隱之心無所不關."

63.「仁說」. "或曰 若子之言 則程子所謂愛情仁性 不可以愛爲仁者 非歟 曰 不然 程 子之所訶 以愛之發而名仁者也 吾之所論 以愛之理而名仁者也 蓋所謂情性者 雖 其分域之不同 然其脈絡之通 各有攸屬者 則曷嘗判然離絶而不相管哉."

64.『朱熹集』卷32, [答張欽夫.又論仁說] 참조.

65.「仁說」, 3544面.

66.『논어』4:6, 7:29 참조.

67.『맹자』고자상:6, 진심상:1.


# 6장. 유교의 인간관계론 – 유자의 길로서 자기정립과 타자완성

1. 신오현,「유가철학의 교학이념」,『철학의 철학』, 문학과지성, 1988, 376쪽.『春秋 左傳』, 哀公 21年條 참조.

2.『논어』12:22. "樊遲問仁 子曰 愛人."

3.『맹자』7상:19.4 참조.

4.『중용』25장 참조.

5.『논어』14:25. "古之學者 爲己 今之學者 爲人."

6.『논어』15:20. "君子求諸己 小人求諸人."

7.『논어』7:36. "子曰 君子 坦蕩蕩 小人 長戚戚

8.『대학』6:2. "小人閒居 爲不善 無所不至 見君子而后 厭然揜其不善 而著其善 人之 視己 如見其肺肝 然則何益矣 此謂 誠於中 形於外 故 君子必愼其獨也."

9.『논어』4:16. "子曰 君子喩於義 小人喩於利."

10.『논어』13:4. "樊遲請學稼 子曰 吾不如老農 請學爲圃 曰吾不如老圃 樊遲出 子曰 小人哉 樊須也 上好禮則民莫敢不敬 上好義則民莫敢不服 上好信則民莫敢不用情 夫如是則四方之民 襁負其子而至矣 焉用稼."

11.『논어』16:8 "小人不知天命", 2:14 "小人比而不周", 17:23. "小人有勇而無義", 14:7. "未有小人而仁者", 14:24 "君子上達 小人下達."

12. 『논어』20:3. "子曰 不知命 無以爲君子也."

13. 『중용』首章. "天命之謂性."

14. 『중용』首章. "率性之謂道."『대학』經1章. "大學之道 在明明德."

15. 『논어』7:33. "若聖與仁 則吾豈敢." 9:7. "吾有知乎哉 無知也." 7:19. "我非生而知之者 好古敏以求之者也."

16. 『논어』7:1. "子曰 述而不作 信而好古."

17. 『논어』7:33. "子曰 若性與仁 則吾豈敢 抑爲之不厭 誨人不倦 則可謂云爾已矣." 5:27. "子曰 十室之邑 必有忠信如丘者焉 不如丘之好學也." 7:32. "子曰 文莫吾猶人也 躬行君子 則吾未之有得."

18. 『논어』9:4. "子絶四 毋意 毋必 毋固 毋我."

19. 『논어』2:4. "子曰 吾十有五而志于學 三十而立 四十而不惑 五十而知天命 六十而耳順 七十而從心所慾不踰矩."

20. 특히『논어』11:21을 참조.

21. 『논어』14:15. "子曰 參乎 吾道 一以貫之 曾子曰 唯 子出 門人 問曰何謂也 曾子曰 夫子之道 忠恕而已矣."

22. 『중용』13:03. "忠恕 違道不遠 施諸己而不願 亦勿施於人."

23. 『중용』首章. "喜怒哀樂之未發 謂之中……中也者 天下之大本也."

24. 『중용혹문』. "中者 不偏不倚無過不及之名."

25. 『논어집주』4:15. "盡己之謂忠."

26. 『논어』8:7. "曾子曰 士不可以不弘毅 任重而道遠 仁以爲己任 不亦重乎 死而後已 不亦遠乎."

27. 『논어』12:1. "顔然 問仁 子曰 克己復禮爲仁 一日克己復禮 天下歸仁焉 爲仁 由己而由人乎 顔然曰 請問其目 子曰 非禮勿視 非禮勿聽 非禮勿言 非禮勿動."

28. 『맹자』7상:3-4. "孟子曰 求則得之 舍則失之 是求有益於得也 求在我者也 求之有道 得之有命 是求無益於得也 求在外者也孟子曰 萬物皆備於我矣 反身而誠 樂莫大焉 强恕而行 求仁莫近焉."

29. 『맹자집주』7상:3-4에 대한 집주. "在我者 謂仁義禮智 凡性之所有者 有道 言不可妄求 有命 則不可必得 在外者 謂富貴利達凡外物 皆是 此 言理之本然也 大則君臣父子 小則事物細微 其當然之理無一不具於性分之內也."

30. 『중용』25장. "誠者 自成也…… 誠者 物之終始 不誠 無物 是故君子 誠之爲貴誠者 非自成己而已也 所以成物也 成己 仁也 成物 知也 性之德也 合內外之道也 故時措之宜也."

31. 『맹자』 6상:11-15. "孟子曰 仁 人心也 義 人路也 舍其路而不由 放其心而不知求 哀哉 …… 體有貴賤 有小大 …… 養其小者爲小人 養其大者爲大人 …… 飲食之人 則人賤之矣 爲其養小以失大也…… 曰 耳目之官 不思而蔽於物 ……則引之而已矣 心之官則思 思則得之 不思則不得也 此天之所與我者 先立乎其大者 則其小者不能 奪也 此爲大人而已矣."

32. 『대학』 經1장. "大學之道 在明明德 在親(新)民 在止於至善."

33. 『중용』首章. "天命之謂性."

34. 『대학』경1장. "古之欲明明德於天下者 先治其國 欲治其國者 先齊其家 欲齊其家 者 先修其身 欲修其身者 先正其心 欲正其心者 先誠其意 欲誠其意者 先致其知 致 知 在格物."

35. 『論語集註』4:15. "盡己之謂忠 推己之謂恕 …… 或曰 中心爲忠 如心爲恕 於義亦 通 ……忠者 天道 恕者 人道 忠者 無妄 恕者 所以行乎忠也 忠者體 恕者用."

36. 『논어』 6:28. "夫仁者 己欲立而立人 己欲達而達人 能近取譬 可謂仁之方也已."

37. 『논어』 12:22. "樊遲問仁 子曰 愛人 問知子曰 知人."

38. 마태복음 7:12 및 22:20, 마가복음 12:31, 누가복음 6:31, 요한복음 13:34 등.

39. 『대학』 8:1. "所謂齊其家 在修其身者 人之其所親愛而辟焉 之其所賤惡而辟焉 之其所畏敬而辟焉 之其所哀矜而辟焉 之其所敖惰而辟焉 故好而知其惡 惡而知其 美者 天下鮮矣."

40. 『논어』 15:23. "子貢問曰 有一言而可以終身行之者乎 子曰 其恕乎 其所不欲 勿 施於人."

41. 정용환, [유가가치론의 다양성에 대한 범주적 담론], 『철학연구』104, 232-3쪽.

42. 『대학』9장. "堯舜帥天下以仁而民從之 桀紂帥天下以暴而民從之 其所令 反其所 好 而民不從 是故 君子有諸己而後求諸人 無諸己而後非諸人 所藏乎身 不恕 而能 喩諸人者未之有也."

43. 『대학』10장. "所謂平天下 在治其國者 上老老而 民興孝 上長長而 民興弟 上恤 孤而 民不倍 是以 君子有絜矩之道也."

44. 『대학』10장. "所惡於上 毋以使下 所惡於下 毋以事上 所惡於前 毋以先後 所惡 於後 毋以從前 所惡於右 毋以交於左 所惡於左 毋以交於右 此之謂絜矩之道也."

45. 『大學章句』10장에 대한 朱子 주, "絜度也 矩所以爲方也."

46. 문병도, 「유교와 민주주의」, 『동양철학연구』43, 2005, 326-333쪽.

47. I. Kant, Grunglegung zur Metaphysik der Sitten, Reclam, 1955, S. 88. 김영철, 『윤리학』, 서울, 학연사, 1982, 120쪽에서 재인용.

48.『논어』 8:9. "子曰 民可使由之 不可使知之."

49.『논어』 16:9. "孔子曰 生而知之者 上也 學而知之者 次也 困而學之 又其次也 困而不學 民斯爲下矣."

50.『논어』 12-19-01. "季康子問政於孔子曰 如殺無道 以就有道 何如 孔子對曰爲政焉用殺 子欲善而民善矣 君子之德風 小人之德草 草上之風必偃."

51.『중용』 28장. "非天子 不議禮 不制度 不考文."

52.『논어』 5:11. "子貢曰 我不欲人之加諸我也 吾亦無加諸人 子曰 賜也 非爾所及也."

53.『논어』 11:3. "德行 顔淵…… 言語 子貢…… 政事 冉有…… 文學 子游……."

54.『논어』 5:8 참조. 또한 11:3. 政事 冉有季路.

55.『논어』 1:15. "子曰 賜也 始可與言詩已矣 告諸往而知來者."

56.『논어』 2:12. "子曰 君子不器."

57.『論語集註』 5:4. "子貢 雖未至於不器 其亦器之貴者歟."

58.『논어』 20:3. "子曰 不知命 無以爲君子也 不知禮 無以立也."

59.『논어』 5:12. "子貢曰 夫子之文章 可得而聞也 夫子之言性與天道 不可得而聞也." 또한 14:37 참조.

60.『논어』 2:4. "七十而從心所慾不踰矩."

61.『논어』 5-6편 참조.

62.『논어』 5:11. "子貢言我所不欲人加於我之事 我亦不欲以此加之於人 此仁者之事 不待勉强 故夫子以爲非子貢所及 程子曰 我不欲人之加諸我 吾亦欲無加諸人 仁也 施諸己而不願 亦勿施於人恕也 恕則子貢或能勉之 仁則非所及矣 愚謂無者 自然而然 勿者禁止之謂 此所以爲仁恕之別."

63.『중용』 20-18 "誠者 天之道也 誠之者 人之道也 誠者 不勉而中 不思而得 從容中道 聖人也 誠之者 擇善而固執之者也."

64.『맹자』 4하:19. "舜明於庶物 察於人倫 由仁義行 非行仁義也."

65.『중용』 13:3. "忠恕 違道不遠 施諸己而不願 亦勿施於人."

66.『맹자』 7하:24. "曰可欲之謂善 有諸己之謂信 充實之謂美 充實而有光輝之謂大 大而化之之謂聖." 4하:32. "堯舜與人同耳." 6하:2. "人皆可以爲堯舜." 및『중용』 23장 참조.

67.『대학장구』 經1章에 대한 註. "程子曰 親 當作新 …… 新者 革其舊之謂也 言旣自明其明德 又當推以及人 使之亦有以去其舊染之汚也."

68.『논어』 12:7.12-17-01 "季康子 問政於孔子 孔子對曰 政者正也 子帥以正 孰敢不正."

69.『논어집주』02:01. "政之爲言正也, 所以正人之不正也."

70.『맹자』13:45. "孟子曰 君子之於物也 愛之而弗仁 於民也 仁之而弗親 親親而仁
民 仁民而愛物."

71.『논어』02:1. "子曰 爲政以德 譬如北辰 居其所 而衆星共之."

72.『중용』13장. "子曰 道不遠人 人之爲道而遠人 詩云 伐柯伐柯 其則不遠 緝而以伐
柯 睨而視之 猶以爲遠 故君子 以人治人 改而止."

73.『대학』傳4장. "子曰 聽訟 吾猶人也 必也使無訟乎."

74.『논어』2:3. "子曰 道之以政 齊之以刑 民免而無恥 道之以德 齊之以禮 有恥且格."


## 7장. 유교의 정치이념 – 정치란 정의구현이다

1.『논어』3:14, 7:5, 9:5 등 참조.

2. 벤저민 슈월츠(나성 역),『중국고대사상의 세계』, 살림, 1996, 25-6쪽.

3.『논어』15:28. "子曰 人能弘道 非道弘人."

4.『논어』6:20. "樊遲問知 子曰 務民之義 敬鬼神而遠之 可謂知矣."

5.『논어』11:11. "季路問事鬼神 子曰 未能事人 焉能事鬼 敢問死 曰未知生焉知死."

6.『논어』17:11. "子曰 禮云禮云 玉帛云乎哉 樂云樂云 鐘鼓云乎哉."

7.『논어』3:3. "子曰 人而不仁 如禮何 人而不仁 如樂何."

8.『논어』3:4. "林放問 禮之本 子曰 大哉問 禮與其奢也 寧儉 喪與其易也 寧戚."

9.『논어』18:6. "子路行以告 夫子憮然曰 鳥獸 不可與同群 吾非斯人之徒與而誰與
天下有道 丘不與易也."

10.『논어』3:1. "孔子謂季氏 八佾 舞於庭 是可忍也 孰不可忍也."

11.『논어』3:1-2. "三家者 以雍徹 子曰 相維辟公 天子穆穆 奚取於三家之堂."

12.『논어』3:6. "季氏 旅於泰山 子謂冉有曰 女不能救與 對曰 不能 子曰 嗚呼 曾謂
泰山 不如林放乎."

13.『논어』3:5. "子曰 夷狄之有君 不如諸夏之亡也."

14.『논어』16:2. "孔子曰 天下有道則禮樂征伐 自天子出 天下無道則禮樂征伐 自諸
侯出 自諸侯出 蓋十世希不失矣大夫出 五世希不失矣 陪臣執國命 三世希不失矣
天下有道則政不在大夫 天下有道則庶人不議."

15.『맹자』3下:9. "世衰道微 邪說暴行 有作 臣弑其君者 有之 子弑其父者 有之 孔子
懼作春秋 春秋 天子之事也 是故 孔子曰 知我者 其惟春秋乎 罪我者 其惟春秋乎."

16. 『논어』 12:17. "季康子 問政於孔子 孔子對曰 政者正也 子帥以正 孰敢不正."

17. 『논어』 13:3. "子路曰衛君 待子而爲政 子將奚先 子曰 必也正名乎."

18. 『논어』 12:11. "齊景公問政於孔子 孔子對曰 君君臣臣父父子子 公曰 善哉 信如 君不君 臣不臣 父不父 子不子 雖有粟 吾得而食諸."

19. 소공권(최명, 손문호 역), 『중국정치사상사』, 서울대 출판부, 2002, 97–99쪽..

20. 『논어』 3:14. "子曰 周監於二代 郁郁乎文哉 吾從周."

21. 『논어』 7:5. "子曰 甚矣 吾衰也 久矣 吾不復夢見周公."

22. 『논어』 9:5. "子畏於匡 曰文王 旣沒 文不在玆乎 天之將喪斯文也 後死者 不得與 於斯文也 天之未喪斯文也 匡人 其如予何."

23. 『논어』 3:14. "子曰 周監於二代." 02–23–02. "子曰 殷因於夏禮 所損益 可知也 周因於殷禮 所損益 可知也."

24. 『중용』 29장. "故君子之道 本諸身 徵諸庶民 考諸三王而不謬 建諸天地而不悖 質 諸鬼神而無疑 質諸鬼神而無疑 知天也 百世以俟聖而而不惑 知人也."

25. 풍우란(박성규 역), 『중국철학사一상』, 까치, 2002, 103쪽. 또한 다음 논문 참조. 박성규, 「공자의 정명의 의미」 『철학연구』 84, 2009, 66쪽.

26. 『논어』 6:23. "子曰 觚不觚 觚哉觚哉."

27. 『논어』 6: 23에 대한 朱子註. "程子曰 觚而失其形制 則非觚也 擧一器 而天下之 物 莫不皆然."

28. 『맹자』 5下:6. "詩曰天生蒸民 有物有則 民之秉夷 好是懿德 孔子曰 爲此詩者 其 知道乎 故有物必有則 民之秉夷也 故好是懿德."

29. 『중용』 1장. "天命之謂性 率性之謂道 脩道之謂教."

30. 『국가』, 508e, 509b, 517c. 『티마이오스』, 30a 등.

31. 『논어』 17:19. "子曰 予欲無言 子貢曰 子如不言 則小子何述焉 子曰 天何言哉 四 時行焉 百物生焉 天何言哉." 7:22. "子曰 天生德於予 桓魋其如何."

32. 『논어』 2:04. "子曰 …… 七十而從心所慾不踰矩."

33. 『논어』 13:1. "子路問政 子曰 先之勞之." 2:14. "子張問政 子曰 居之無倦 行之以 忠." 13:6. 子曰 其身正 不令而行 其身不正 雖令不從.

34. 『논어』 13:9. "子適衛 冉有僕 子曰 庶矣哉 冉有曰 旣庶矣 又何加焉 曰富之 曰旣 富矣 又何加焉 曰教之."

35. 『중용』 13장. "子曰 道不遠人 人之爲道而遠人 詩云 伐柯伐柯 其則不遠 執柯以 伐柯 睨而視之 猶以爲遠 故君子 以人治人 改而止."

36. 『중용혹문』 首章의 朱子註. "聖人因人物之所當行者 而品節之 以爲法於天下 則

謂之敎 若禮樂刑政之屬是也."

37. 『논어』 1:1의 朱子註. "學之爲言效也 人性皆善 而各有先後 後覺者 必效先覺之 所爲 乃可以明善 而復其初也."

38. 『논어』 2:1. "子曰 爲政以德 譬如北辰 居其所 而衆星共之".

39. 『논어』 2:3. "子曰 道之以政 齊之以刑 民免而無恥 道之以德 齊之以禮 有恥且格."

40. 『논어』 20:2. "子張曰 何謂四惡 子曰 不敎而殺 謂之虐."

41. 『논어』 12:19. "季康子問政於孔子曰 如殺無道 以就有道 何如 孔子對曰 爲政焉 用殺 子欲善而民善矣 君子之德風 小人之德草 草上之風必偃."

42. 물론 이 의문은 『논어』 4:11의 다음 구절로도 풀 수 있다. "子曰 君子 懷德 小人 懷土 君子 懷刑 小人 懷惠."

43. 『논어』 13:3. "子路曰衛君 待子而爲政 子將奚先 子曰 必也正名乎 子路曰 有是哉 子之迂也 奚其正 子曰 野哉 由也 君子於其所不知 蓋闕如也 名不正則言不順 言不 順則事不成 事不成則禮樂不興 禮樂不興則刑罰不中 刑罰不中則民無所措手足."

44. 『논어』 8:8. "子曰 興於詩 立於禮 成於樂." 16:13. "……曰學詩乎 ……不學詩 無以言 …… 曰學禮乎 .. 不學禮 無以立." 20:3. 不知禮 無以立也."

45. 『논어집주』 1:12의 "朱子註. 禮者天理之節文, 人事之儀則也."

46. 『논어』 9:10. "夫子 循循然善誘人 博我以文 約我以禮."

47. 『중용』 20:5. "仁者人也 親親爲大 義者宜也 尊賢爲大 親親之殺 尊賢之等 禮所生 也."

48. 『禮記』 「樂記」. "樂者 通倫理者也."

49. 『禮記』 「樂記」. "是故先王之制禮樂者也 非極口腹耳目之欲也 將以敎民平好惡 而 反人道之正也."

50. 『禮記』 「樂記」. "禮以道其志 樂以和其聲 政以一其行 刑以防其奸 禮樂刑政 其極 一也 所以同民心而出治道也."

51. 『禮記』 「樂記」. "禮節民心 樂和民聲 政以行之 刑以防之 禮樂刑政 四達而不悖 則 王道備矣."

52. 『논어』 20:3. "子曰 不知命 無以爲君子也."

53. 이에 대한 기존의 논의로는 다음을 참조. 이승환, 「유가는 법치에 반대하였는 가?」 『유가사상의 사회철학적 조명』 고대출판부, 1998, 169–199쪽. 강정인, 「德治 와 法治 : 양자 兼全의 필요성을 중심으로」, 『정치사상연구6』, 2002 봄, 67–96쪽.

54. 이승환, 앞의 논문, 184–190쪽. 강정인 앞의 논문, 73쪽 참조.

55. 강정인, 앞의 논문, 71쪽 참조.

56. 『중용』 20장. "哀公 問政 子曰 文武之政 布在方策 其人存則其政擧 其人亡則 其政息 ……故爲政在人 取人以身 修身以道 修道以仁 ……故君子 不可以不修 身……不可以不知人……不可以不知天."

57. 『맹자』 4上:1. "孟子曰 離婁之明 公輸子之巧 不以規矩 不能成方員 師曠之聰 不 以六律 不能正五音 堯舜之道 不以仁政 不能平治天下 今有仁心仁聞而民不被其 澤 不可法於後世者 不行先王之道也 故曰徒善不足以爲政 徒法不能以自行 是以 惟仁者 宜在高位 不仁而在高位 是播其惡於衆也 上無道揆也 下無法守也 朝不信 道 工不信度 君子犯義 小人犯刑 國之所存者幸也."

58. 『국가』, 353a–e.

59. 『메논』 78e.

60. 『티마이오스』 30b.

61. 『국가』 475c.

62. 『국가』 502d–505b.

63. 『논어』 17:19. "子曰 天何言哉 四時行焉 百物生焉 天何言哉."

64. 『논어』 7:22. "子曰 天生德於予".

65. 『논어』 16:8. 14:24 "君子上達 小人下達." 16:8. "小人不知天命."

66. 신오현, 「그리스의 인간이해: 고전적 시민이념」 『자아의 철학』, 문학과지성, 1985, 217–28쪽 참조.

67. 강정인, 앞의 논문, 74–5쪽.

68. 『논어』 2:21. "或謂孔子曰 子奚不爲政 子曰 書云孝乎 惟孝友于兄弟 施於有政 是 亦爲政 奚其爲爲政". 그렇지만 공자 또한 공적 정치와 사적 정치를 구분한 바 있 다. 다음을 참조. 13:14. "冉子 退朝 子曰 何晏也 對曰 有政 子曰 其事也 如有政 雖不吾以 吾其與聞之."

69. 강정인, 앞의 논문, 주19 참조.

70. 『논어』 13:18. "葉公語孔子曰 吾黨 有直躬者 其父攘羊 而子證之 孔子曰 吾黨之 直者 異於是 父爲子隱 子爲父隱 直在其中矣."

71. 『맹자』 7상:35. "桃應問曰 舜爲天子 皐陶爲士 瞽瞍殺人則如之何 孟子曰 執之而 已矣 然則舜不禁與 曰夫舜惡得而禁之 夫有所受之也 然則舜 如之何 曰舜視棄天 下 猶棄敝蹝也 竊負而逃 遵海濱而處 終身訢然樂而忘天下."

72. 『논어』 20:2. "子張問於孔子曰 何如 斯可以從政矣 子曰 尊五美 屏四惡 斯可以從 政矣 子張曰 何謂五美 子曰 君子惠而不費 ……因民之所利而利之."

73. 칸트의 『도덕 형이상학 원론 Grundlegung zur Metaphysik der Sitten』은 다음 번

역서를 참조하였다. 백종현 역, 『윤리형이상학 정초』 아카넷, 2005. 이원봉 역, 『도덕형이상학을 위한 기초 놓기』, 책세상, 2002. 이 책은 약어로 '『정초』'로 표기하며, 일반적인 관례에 따라 제2(B)판과 학술원판(IV권)을 병기하여 표기한다. 『정초』BLX=IV389. 『정초』, B76=434.

74. 『정초』, B83=438.

75. 『정초』, B 75=434.

76. 『논어』 14:25. "古之學者 爲己 今之學者 爲人."

77. 『논어』 15:20. "君子求諸己 小人求諸人."

78. 『논어』 12:1. "顏然 問仁 子曰 克己復禮爲仁 一日克己復禮 天下歸仁焉 爲仁 由己而由人乎 顏然曰 請問其目 子曰 非禮勿視 非禮勿聽 非禮勿言 非禮勿動."

79. 『중용』 首章. "天命之謂性." 『논어』 20:3. "子曰 不知命 無以爲君子也."

80. 『논어』 2:4. "子曰 吾十有五而志于學 三十而立 四十而不惑 五十而知天命 六十而耳順 七十而從心所慾不踰矩."

81. 『논어』 14:15. "子曰 參乎 吾道 一以貫之 曾子曰 唯 子出 門人 問曰何謂也 曾子曰 夫子之道 忠恕而已矣."

82. 『논어』 02:1. "子曰 爲政以德 譬如北辰 居其所 而衆星共之."

83. 『대학』 傳4장. "子曰 聽訟 吾猶人也 必也使無訟乎."

84. 『大學章句』 「序」. "一有聰明叡智能盡其性者出於其間 則天必命之以爲億兆之君師 使之治而教之 以復其性 此伏羲神農黃帝堯舜所以繼天立極 而司徒之職典樂之官 所由設也."

85. 『논어』 8:9. "子曰 民可使由之 不可使知之."

86. 『중용』 28장. "非天子 不議禮 不制度 不考文."

87. 『논어』 12:19. "季康子問政於孔子曰 如殺無道 以就有道 何如 孔子對曰爲政焉用殺 子欲善而民善矣 君子之德風 小人之德草 草上之風必偃."

88. 『맹자』 7하:24. "曰可欲之謂善 有諸己之謂信 充實之謂美 充實而有光輝之謂大 大而化之之謂聖". 4하:32. "堯舜與人同耳." 6하:2. "人皆可以爲堯舜." 및 『중용』 23장 참조.

89. 이에 대해한 상세한 논구로는 다음을 참조. 안외순, 「君子와 市民. 그리고 '시민의 군자화'」, 『동방학』 10, 2004.

# 8장. 유교, 보편적 가족주의의 이념

1. 이숙인, 「가족에 관한 유교적 상상」, 『현상과 인식』 2001 가을, 30–48쪽 참조.

2. 『陸九淵集』, 卷36, 「年報」, "宇宙便是吾心 吾心卽是宇宙."

3. 최재석, 『한국인의 사회적 성격』, 현음사, 1994, 112쪽.

4. 고은, 「가족제도의 운명과 새로운 공동체의 가능성」『창작과 비평』, 1999 및 이환, 『근대성, 아시아적 가치, 세계화』, 문학과지성, 1999. 이승환, 「한국 '家族主義'의 의미와 기원, 그리고 변화가능성」, 『유교사상연구』 20, 53쪽에서 재인용.

5. 『중용』 22:1장, "惟天下至誠 爲能盡其性 能盡其性則能盡人之性 能盡人之性則能盡物之性 能盡物之 性則可以贊天地之化育 可以贊天地之化育則可以與天地參矣."

6. 『논어』 17:19, "子曰 予欲無言 子貢曰 子如不言 則小子何述焉 子曰 天何言哉 四時行焉 百物生焉 天何言哉. 7:22. "子曰 天生德於予 桓魋其如何."

7. 湯可敬 撰, 『說文解字今釋』, 岳麓書社, 2005. 1066. "仁 親愛也 由'人' 由二 會意." 그리고 여기서 '二'란 ① 사람 둘, ② 천지, ③ 가장 가까운 관계로서 부모, ④두터움(厚) 상징한다고 한다. 우준호, 『삼강오륜의 현대적 조명』, 이화, 2007, 75쪽 참조.

8. 『여유당전서』(이하 『전서』) II–16, 40, 「논어고금주」(論語對策), "仁者二人也 其在古篆 疊人爲仁 疊子爲孫 仁也者 人與人之至也 子事父以孝 子與父二人也 臣事君以忠 臣與君二人也 兄與弟二人也 牧與民二人也 由是觀之 倉羲製字之初 原以行事會意."

9. 『전서』 II–13, 43, 「論語古今註」, "夫人生斯世 自落地之初 以至蓋棺之日 其所與處者人而已 其近者曰 父子兄弟 其遠者曰 朋友鄕人 其卑者曰 臣僕幼穉 其尊者曰 軍師耆老 凡與我同圓顱而方趾 戴天而履地者 皆與我相須相資相交相接 胥匡以生者也."

10. 『전서』 II–13, 43, 「논어고금주」, "吾道何爲者也 不過爲善於其際耳."

11. 『전서』 II–14, 15, 「논어고금주」, "人道不外乎求仁 求仁不外乎人倫 經禮三百 典禮三千 以至天下萬事萬物 皆自人倫起."

12. 『맹자』 6상:11. "仁 人心也." 7상:16, "仁也者 人也." 4상:10. 仁 人之安宅也."

13. 『맹자』 2上:6 참조.

14. 『二程集』「遺書」卷2上, "醫書言手足痿痺爲不仁 此言最善名狀 仁者以天地萬物爲一體 莫非己也 .. 學者須先識仁 仁者渾然與物同體 義禮智信皆仁也."

15. 『易經』繫辭傳. "易有太極 是生兩儀 兩儀生四象 四象生八卦 八卦定吉凶 吉凶生大業" 또한『太極圖說』참조.

16. 김충열, 「해체위기에 직면한 유가 전통가정을 지키는 길」, 『유교사상연구』20, 9–10쪽.

17. 『주역』 說卦 10, "乾, 天也, 故稱乎父, 坤, 地也, 故稱乎母, 震一索而得男, 故謂 之長男, 巽一索而得女, 故謂之長女, 坎再索而得男, 故謂之中男, 離再索而得女, 故謂之中女, 艮三索而得男, 故謂之少男, 兌三索而得女, 故謂之少女."

18. 엄연석, 「도덕적 이상의 관점에서 본 유가와 법가의 가족관」, 『중국학보』46, 429 쪽 참조.

19. 『禮記』「內則」, "禮始於謹夫婦也."

20. 『중용』12장, "君子之道, 造端乎夫婦; 及其至也, 察乎天地."

21. 『주역』「序卦傳」, "有天地然後有萬物 有萬物然後有男女 有男女然後有夫婦 有夫 婦然後有父子 有父子然後有君臣 有君臣然後有上下 有上下然後有禮義所錯 夫婦 之道不可以不久也, 故受之以恒, 恒者久也.. 또한 다음 참조. 『禮記』「昏義」: 男女 有別 而后夫婦有義 夫婦有義 而后父子有親 父子有親 而后君臣有正 故曰 昏禮者, 禮之本也."

22. 김충열, 앞의 논문, 10–1쪽 참조.

23. 『주역』「家人」, "象曰, 家人, 女正位乎內, 男正位乎外, 男女正, 天地之大義也. 家 人有嚴君焉, 父母之謂也. 父父, 子子, 兄兄, 弟弟, 夫夫, 婦婦, 而家道正, 正家而 天下定矣."

24. 『중용』12:4, "君子之道 造端乎夫婦 及其至也 察乎天地. 17:1–2. 子曰 舜其大孝 也與 德爲聖人 尊爲天子 富有四海之內 宗廟饗之 子孫保之故大德 必得其位 必得 其祿 必得其名 必得其壽. 25:3 誠者 非自成己而已也 所以成物也 成己 仁也 成物 知也 性之德也 合內外之道也 故 時措之宜也."

25. 『性理大全』4, 「西銘」, "乾稱父 坤稱母 予玆藐焉 乃混然中處 故天地之塞吾其體 天地之帥吾其性 民吾同胞 物吾與也 大君者 吾父母宗子 其大臣 宗子之家相 尊高 年 所以長其長 慈孤弱 小以幼其幼 … 知化則善述其事 窮神則善繼其志. …" 이에 대한 자세한 분석으로는 다음 논문 참조. 김홍경, 「주희 리일분수설의 두 가지 이 론적 원천」, 『동양철학연구』10, 동양철학연구회, 1989, 176–194쪽.

26. 『性理大全』4. 「西銘」 細註, "雖顔子仲弓之徒 … 至於仁之體 未嘗言也 … 言體而 不及用 恐其流遂至於兼愛."

27. 『性理大全』4. 「西銘」 細註, "西銘之爲書 推理以存義 擴先聖所未發 與孟子性善 養氣之論 同功 … 当墨氏之比哉 西銘明理一而分殊 墨氏則二本而無分 老幼及人 理一也 愛無差等 本二也 分殊之蔽 私勝而失仁 無分之罪 兼愛而無義 分立而推理

一 以正私勝之流 仁之方也 無別而遂兼愛至於無父之極 義之賊也."

28. Wing—Tsit Chan, *Patterns for Neo-Confucianism : Why Chu Hsi differs from Ch'eng I*, Journal of Chinese Philosophy 5, D. Reidel Publishing Co, 1978, 106쪽.

29. A. C. Graham, "*What Was New in the Ch'en-Chu Theory of Human Nature*," eds. Wing—tsit Chan, Chu Hsi and Neo—Confucianism, UH Press, note 24 및 그에 해당하는 원문.

30. Wing—Tsit Chan, *A Source Book of Chinese Philosophy*, Princeton Univ, 1963, 596~597쪽.

31. 『맹자』 7상:45-6, "孟子曰 君子之於物也 愛之而弗仁 於民也 仁之而弗親 親親而仁民 仁民而愛物.孟子曰 知者無不知也 當務之爲急 仁者無不愛也 急親賢之爲務 堯舜之知而不偏物 急先務也 堯舜之仁不偏愛人 急親賢也."

32. 『중용』 20:5, "仁者人也 親親爲大 義者宜也 尊賢爲大 親親之殺 尊賢之等 禮所生也."

33. 『논어』 1:2, "孝弟也者 其爲仁之本與."

34. 『논어』 2:21, "或謂孔子曰 子奚不爲政 子曰 書云孝乎 惟孝友于兄弟 施於有政 是亦爲政."

35. 『맹자』 7A:15, "孟子曰 人之所不學而能者 其良能也 所不慮而知者 其良知也 孩提之童 無不知愛其親也 及其長也 無不知敬其兄也 親親 仁也 敬長 義也 無他 達之天下也."

36. 『대학』 9:1, "所謂治國 必先齊其家者 其家不可教 而能教人者無之 故君子 不出家而成教於國 孝者 所以事君也 弟者 所以事長也 慈者 所以使衆也."

37. 이 또한 仁義와 연결된다. 『맹자』 4A:27. "仁之實 事親 是也 義之實 從兄 是也."

38. 신오현, 「유가적 인간이해: 초인이념으로서의 군자의 개념」, 『자아의 철학』, 문학과지성, 1987, 242쪽.

39. 『맹자』 6하:2, "堯舜之道 弟孝而已矣."

40. 班固, 『白虎通德論』 卷3, 宗族.

41. 許愼, 『설문해자』 卷7上. "族 矢縫也 束之族族也 段玉裁注. 族族 聚貌 毛傳云 五十矢爲束 引伸爲族類之稱."

42. 徐揚杰(윤재석 역), 『중국가족제도사』, 아카넷, 2000, 14-7쪽.

43. 메리 쏘온/메를린 얄톰(엮음), 『페미니즘의 시작에서 본 가족』(권오주 외 옮김), 한울, 2010, 20 및 49쪽.

44. 김동춘, 「유교(儒敎)와 한국의 가족주의」 『경제와 사회』 55, 2002가을, 96-7쪽

참조.

45. 이승환, 「한국 '家族主義'의 의미와 기원, 그리고 변화가능성」, 『유교사상연구』 20, 47-9쪽 참조.

46. 이종수, 『행정학사전』, 대영문화사, 2007, "가족주의."

47. 『논어』 13:18. "葉公語孔子曰 吾黨 有直躬者 其父攘羊 而子證之 孔子曰 吾黨之 直者 異於是 父爲子隱 子爲父隱 直在其中矣."

48. 김영우, 「유가의 가족 윤리론」, 『철학연구』 61, 49쪽 참조.

49. 현상윤, 『조선유학사』, 현음사, 1982, 7쪽.

50. 『중용』 20:5. "仁者人也 親親爲大."

51. 『노자』 5장. "天地不仁 以萬物爲芻狗……, 聖人不仁 以百姓爲芻狗."

52. 『한비자』 「五蠹」 잠조.

53. 윤무학, 「先秦 儒家의 五倫과 父子 倫理」, 『동양철학연구』 47, 2006, 256-7쪽. 또한 다음 논문 참조. 엄연석, 「도덕적 이상의 관점에서 본 유가와 법가의 가족관」, 『중국학보』 46, 425-444.

54. 『논어』 2:3. "子曰 道之以政 齊之以刑 民免而無恥 道之以德 齊之以禮 有恥且格."

55. 『논어』 6:28. "夫仁者 己欲立而立人 己欲達而達人 能近取譬 可謂仁之方也已."

56. 『논어』 15:23. "子貢問曰 有一言而可以終身行之者乎 子曰 其恕乎 其所不欲 勿施於人"

57. 『대학』 10장. "所惡於上 毋以使下 所惡於下 毋以事上 所惡於前 毋以先後 所惡於後 毋以從前 所惡於右 毋以交於左 所惡於左 毋以交於右 此之謂絜矩之道也"

58. I. Kant, *Grunglegung zur Metaphysik der Sitten*, Reclam, 1955, S. 88. 김영철, 『윤리학』, 학연사, 1982, 120쪽에서 재인용.

59. 이상익, 「유교적 공동체: 이상, 양상, 전망」, 『사회과학논총』 38, 2007봄, 38, 32쪽.

60. 『禮記』 「大典」 16:4. "上治祖禰, 尊尊也. 下治子孫, 親親也. 旁治昆弟, 合族以食, 序以昭繆, 別之以禮義, 人道竭矣."

61. 이숙인, 「가족에 관한 유교적 상상」, 『현상과 인식』 2001 가을, 40쪽.

62. 이승환, 「한국 '家族主義'의 의미와 기원, 그리고 변화가능성」, 『유교사상연구』 20.

63. 엘빈 토플러(이규행 감역), 『제3의 물결』, 한국경제신문사, 252쪽.

64. 김영우, 「유가의 가족 윤리론」, 『철학연구』 61, 49-62쪽 참조.

65. 김동춘, 「유교(儒敎)와 한국의 가족주의」, 『경제와 사회』 55, 2002가을 참조.

66. 『맹자』 4상:19. "孟子曰 事孰爲大 事親爲大 守孰爲大 守身爲大 不失其身而能事

其親者 吾聞之 失其身而能事其親者 吾未之聞也."

67. 『맹자』 4상:12. "孟子曰 居下位而不獲乎上 民不可得而治也 獲於上有道 不信於
友 弗獲於上矣 信於友有道 事親弗悅 弗信於友矣 悅親有道 反身不誠 不悅於親矣
誠身有道 不明乎善 不誠其身矣." 『중용』 20:17장 또한 몇 글자만 다르고 같은 내
용으로 구성되어 있다. "在下位 不獲乎上 民不可得而治矣 獲乎上 有道 不信乎朋
友 不獲乎上矣 信乎朋友 有道 不順乎親 不信乎朋友矣 順乎親 有道 反諸身不誠
不順乎親矣 誠身 有道 不明乎善 不誠乎身矣."

68. 『맹자』 4상 7:7. "孟子曰 人有恆言, 皆曰 天下國家 天下之本在國, 國之本在家,
家之本在身."

69. 『맹자』 7상:35. "桃應問曰 舜爲天子 皐陶爲士 瞽瞍殺人則如之何 孟子曰 執之而
已矣 然則舜不禁與 曰夫舜惡得而禁之 夫有所受之也 然則舜 如之何 曰舜視棄天
下 猶棄敝蹝也 竊負而逃 遵海濱而處 終身訢然樂而忘天下."

70. 『국가』 457b-464b 참조.

71. 『니코마코스 윤리학』 1262a16-31.

72. 김주성, 「저스티스(justice)와 의(義)」, 계간사상, 1998봄, 181-2쪽 참조.

73. 『논어』 2:3. "子曰 道之以政 齊之以刑 民免而無恥 道之以德 齊之以禮 有恥且格."

74. 『중용』 20:5. "仁者人也 親親爲大."

75. 『맹자』 1상:1. "未有仁而遺其親者也 未有義而後其君者也."


## 9장. 유교 도덕철학의 학적 정당성 탐구
### – 칸트의 정언명법으로 본 주자의 도덕철학

1. 칸트(최재희 역), 『순수이성비판』, 박영사, 1979, 19쪽(AVII-VIII).

2. 칸트(최재희 역), 앞의 책, 21쪽(AXI-XII).

3. 칸트(최재희 역), 앞의 책, 235쪽(B303-4).

4. 칸트(최재희 역), 앞의 책, 576쪽(B873).

5. 칸트(최재희 역), 앞의 책, 364쪽 및 574쪽(A481=B869).

6. 칸트의 『도덕 형이상학 원론 Grundlegung zur Metaphysik der Sitten』은 다음의 번역서
들을 함께 참조하였다. 백종현 역, 『윤리형이상학 정초』 아카넷, 2005. 이원봉 역,
『도덕형이상학을 위한 기초 놓기』, 책세상, 2002. 최재희 역, 『도덕철학서설』, in
『실천이성비판』, 박영사, 2003(2판). 이 책에 대한 서지사항으로는 백종현 번역본

의 26쪽 참고. 앞으로 이 책은 약어로 '『정초』'로 표기하며, 일반적인 관례에 따라
제2(B)판과 학술원판(IV권)을 병기하여 표기한다. 『정초』BLX=IV389.

7. 『정초』, BBXL=IV392.

8. 『정초』, B95-96=IV444-5.

9. 정진우, 「칸트의 이성론에 대한 고찰」, 『동서철학연구』 34, 2004, 5-27쪽 참조.

10. 막스 셸러(이을상, 김교영 역), 『윤리학에서의 형식주의와 실질적 가치윤리학』,
   서광사, 1998, 14쪽 참조.

11. 『정초』, B1=IV393.

12. 『정초』, B8=IV397.

13. 『정초』, B14=IV400.

14. 『정초』, B13-IV398.

15. 『정초』, B8=IV397.

16. 『정초』, B37=IV413.

17. 『정초』, B52=IV421.

18. "지(知)와 의(意)는 모두 마음에서 나오는 것으로, 지는 구별하여 아는 것을 주관
   하는 것이고, 의란 경영하고 실천하는 것을 주관하는 것이다."『朱子語類』15:124.
   知與意 皆從心出來 知則主於別識 意則主於營爲. 여기서 주자가 말하는 마음의
   두 측면, 즉 지(知: 別識)와 의(意:營爲)는 칸트에서 이론이성과 실천이성(의지)에
   거의 유비될 수 있다. 칸트 또한 이론이성과 실천이성은 별개의 다른 이성이 아니
   라, 동일한 이성으로, 이 양자는 이성의 적용(이론적 사용과 실천적 사용)에 관련
   해서만 구별된다고 말하고 있다. "순수 실천이성의 비판은 순수 사변이성의 비판
   만큼 그다지 필요하지 않다. 왜냐하면 인간 이성을 이론적으로 순수하게 사용할
   때는 변증적이지만, 도덕적인 것에서는 아주 평범한 지성이라고 해도 쉽게 정확하
   고 충분하게 사용할 수 있기 때문이다. 다른 한편 나는 순수 실천이상의 비판이 완
   성될 경우, 그것이 실천이성과 사변이성이 공통의 원칙 안에서 하나임을 보여줄
   수 있기를 희망한다. 왜냐하면 결국은 적용될 때만 구별될 뿐인, 동일한 하나의 이
   성만이 있기 때문이다."『정초』, B187=IV391.

19. 『서경』「大禹謨」. "人心惟危 道心惟微 惟精惟一 允執厥中."

20. 『중용혹문』「序」. "心之虛靈知覺 一而已矣 而以爲有人心道心之異者 則以其或生
    於形氣之私 或原於性命之正 而所以爲知覺者不同 是以或危殆而不安 或微妙而難
    見耳 然人莫不有是形 故雖上智不能無人心 亦莫不有是性 故雖下愚不能無道心."

21. 『朱子大全』卷65, "尙書大禹謨". 心者 人之知覺 主于身而應事物者也 指其生于

310

形氣之私者而言 則謂之人心 指其發于義理之公者而言謂之道心."

22. 『朱子語類』卷62, "如食幾飽寒暖之類 皆生于吾身 血氣身體而他人無與 所謂私也."

23. 『大學或問』傳5章. "一物之中 莫不有以見… 與其所以然而不可易者.『朱子語類』18:9. 如人見赤子入井 皆有怵惕惻隱之心 此其事所當然而不容已者也 然其所以如此者何故 必有箇道理之不可易者."

24. 『朱子語類』卷78, 「尙書大禹謨」, "人心如卒徒 道心如將."

25. 『朱子語類』같은 곳. "飮食 人心也 非其道非其義 萬鐘不取也 若是道心爲主 則人心聽命於道心耳."

26. 『정초』, B66-67=429.

27. 『정초』, B67=429.

28. 『정초』, B66=429.

29. 『정초』, B64-7=428-9.

30. 『정초』, B82-83=437-438.

31. H. J. 페이튼(김성호 역), 『칸트의 도덕철학』, 서광사, 1988, 253쪽.

32. 『朱子語類』4:39. "性畢竟無形影 只是心中底道理 是也."

33. 『朱子語類』5:56. "性 是心之道理 心 是主宰於身者."

34. 『朱子語類』5:46. "性 便是心之所有之理 心 便是理之所會之地."

35. 『孟子集註』6A:2. "性卽天理 未有不善者也."

36. 『朱子語類』5:9. "性是合當底."

37. 『朱子語類』5:14. "性是實理 仁義禮智皆具.『孟子集註』7상:21. 仁義禮智 性之四德也."

38. 『朱子大全』65, 「尙書·大禹謨」. "然四端之未發也 所謂渾然全體 無聲臭之可言 無形象之可見 何以知其燦然有條若此 蓋是理之可驗 乃依然就他發處驗得 凡物必有本根 性之理 雖無形 而端緒之發 最可驗 故由其惻隱 所以必知其有仁 由其羞惡 所以必知其有義 由其恭敬 所以必知其有禮 由其是非 所以必知其有智 使其本無是理于內 則何以有是端于外 由其有是端于外 所以必知有是理于內 而不可誣也."

39. 『朱子語類』5:30. "心者 氣之精爽 也."

40. 『孟子集註』6A:15. "心則 能思而思爲職."

41. 『朱子語類』23:23. "思在人最深 思主心上."

42. 『朱子語類』15:124. "知與意 皆從心出來 知則主於別識 意則主於營爲."

43. 『朱子語類』5:31. "心官至靈 藏往知來."

44. 『朱子大全』卷65,「尙書・大禹謨」. "心者 人之知覺 主於身 而應事物者也."

45. 『朱子大全』卷67,「觀心說」. "心者 人之所以主乎身者也 一而不二者也 爲主而不爲客者也 命物而不命於物者也."

46. 『정초』, B70=VI431.

47. 『정초』, B76=434.

48. 『정초』, B83=438.

49. 『정초』, B 75=434.

50. 『논어집주』1:1. "學之爲言效也. 人性皆善, 而各有先後, 後覺者必效先覺之所爲, 乃可以明善, 而復其初也."

51. 칸트(신옥희 역), 『이성의 한계 내에서의 종교』, 이대출판부, 1983, 제1권 I부「인간은 본성적으로 악하다」참조.

52. W. G. Lycan, 「Philosophy of Mind」, *Blackwell Companion to Philosophy*, N. Bunnin and E. P. Tsui-James(ed), Blackwell Publishers LTD, 1996 참조.